Irish Revision for
Leaving Certificate
Higher Level

Éamonn Maguire

Gill & Macmillan

Gill & Macmillan Ltd
An Pháirc Thiar
Baile Átha Cliath 12
agus cuideachtaí comhlachta ar fud an domhain

Dearadh agus clóchuradóireacht bunaidh arna ndéanamh in Éirinn ag Peanntrónaic Teoranta.

Rinneadh an páipéar atá sa leabhar seo as laíon adhmaid ó fhoraoisí rialaithe. In aghaidh gach crann a leagtar cuirtear crann amháin eile ar a laghad, agus ar an gcaoi sin déantar athnuachan ar acmhainní nádúrtha.

Admhálacha

Ba mhaith leis na foilsitheoirí a mbuíochas a ghabháil leis na heagraíochtaí agus leis na daoine seo a leanas as cead a thabhairt dóibh ábhar atá faoi chóipcheart a atáirgeadh:

'Gealt' ón gcnuasach *Gairdín Pharthais* (Coiscéim, 1988) le caoinchead an údair, Áine Ní Ghlinn;

Cló Iar-Chonnachta maidir le 'Níl Aon Ní' le Cathal Ó Searcaigh, 'An Cheád Dráma' le Johnny Chóil Mhaidhc Ó Coisdealbha agus 'Maigdiléana' le Cathal Ó Searcaigh;

Sáirséal Ó Marcaigh maidir le 'Jack' le Máire Mhac an tSaoi, 'Faoiseamh a Gheobhadsa' le Máirtín Ó Direáin agus 'Oíche Nollaig na mBan' le Seán Ó Ríordáin;

Nuala Ní Dhomhnaill maidir le 'Dán do Mhelissa';

Cathal Ó Luain maidir le 'An Mháthair' le Caitlín Maude;

Deirdre Brennan maidir le 'An tOileán' ón gcnuasach *Scothanna Geala* (Coiscéim, 1989);

Kevin Strong maidir le 'Dá mb'Fhéidir arís d'ár gCumann' le Eithne Strong.

Tá na foilsitheoirí sásta na socruithe cuí a dhéanamh le haon sealbhóir cóipchirt nár éirigh leo teacht air má dhéanann sé teagmháil leo tar éis foilsiú an leabhair.

CONTENTS

Réamhrá   v

    Ord agus leagan amach an scrúdaithe   vi

    Gnáthscéim mharcála   vii

An Scrúdú Béil   1

    Scéim mharcála an scrúdú béil   2

    Léamh próis don scrúdú béil   3

    Stór focal don scrúdú béil agus don cheapadóireacht   9

    Treoracha don scrúdú béil   16

Páipéar 1   19

    Leagan amach agus marcanna   19

    Ceist 1: Ceapadóireacht—treoracha   20

    Ábhar agus stór focal don cheapadóireacht   20

    Leideanna don cheapadóireacht   34

    Na ceisteanna scrúdaithe (ceist 1)   38

    Ceist 2: Léamhthuiscint—treoracha   45

    Na sleachta   47

An Chluastuiscint   105

    Treoracha   105

    Trialacha cluastuisceana   112

Páipéar 2   152

    Prós agus Filíocht don scrúdú ó 2006 ar aghaidh   152

       An Cúrsa Ainmnithe Próis   155

       Filíocht Ainmnithe   163

    Stair na Gaeilge   191

Gramadach   201

    Na briathra rialta   201

    Na briathra neamhrialta   203

    An forainm réamhfhoclach   205

    Céimeanna comparáide na haidiachta   207

    Briathra éagsúla   209

    Díochlaonadh an ainmfhocail   217

Páipéir Scrúdaithe   222

RÉAMHRÁ

Déanann an leabhar seo freastal ar gach gné den chúrsa Gaeilge don Ard-teistiméireacht, Ardleibhéal. Tá an leabhar leagtha amach san ord céanna is atá na páipéir scrúduithe.

Tá súil agam go gcabhróidh an leabhar go mór le daltaí agus iad ag ullmhú do scrúdú na hArdteistiméireachta agus go mbainfidh siad taitneamh agus tairbhe as.

This revision book covers the Leaving Certificate course and also includes a brief section on Irish grammar. The general layout is as follows:

1. An scrúdú béil
2. Páipéar 1
3. Cluastuiscint
4. Páipéar 2
5. Gramadach

In each section the general layout is given first, and each part in each section is dealt with in the order in which it appears on the examination paper.

Ba mhaith liom mo bhuíochas ó chroí a ghabháil leo siúd a chuidigh liom agus mé ag ullmhú agus ag scríobh an leabhair seo, go mór mór le Hubert Mahony (Gill & Macmillan), agus chomh maith leis sin leis na múinteoirí i mo scoil féin agus na daltaí a bhím ag múineadh i mo scoil féin agus ar chúrsaí éagsúla ar fud na tíre. Guím rath Dé oraibh, agus go raibh míle maith agaibh.

Scríobh mé an leabhar seo ar son na ndaoine thuas agus ar son mo chlainne féin: Joan, Edward, Susan, Alison, Paul, agus mo gharchlann, Conor Óg agus Luke Óg.

Ord agus leagan amach an scrúdaithe

A   **An scrúdú béil**   13–15 nóiméad   **150 marc**

B   **Páipéar 1**   2 uair an chloig agus 50 nóiméad   **170 marc**
    Ceist 1   Ceapadóireacht: 100 marc
    Ceist 2   Trialacha tuisceana: 70 marc (2 × 35 marc)

C   **An chluastuiscint**   40 nóiméad   **100 marc**

D   **Páipéar 2**   3 uair an chloig agus 20 nóiméad   **180 marc**

    Ceist 1   Freagair **A** *nó* **B**   **40 marc**
        A   Prós ainmnithe: 40 marc
        B   Prós roghnach: 40 marc

    Ceist 2   Prós breise: **40 marc**
        Freagair do rogha *ceann amháin* de **A**, **B**, **C**, nó **D**.

        A   Gearrscéalta   (*Scothscéalta* nó cnuasach roghnach gearrscéalta): 40 marc

        B   Úrscéalta   (*Máire Nic Artáin* nó úrscéal roghnach): 40 marc

        C   Dírbheathaisnéisí (*A Thig, Ná Tit Orm* nó dírbheathaisnéis roghnach): 40 marc

        D   Drámaí   (*An Triail* nó dráma roghnach): 40 marc

    Ceist 3   Filíocht: **70 marc**
        Freagair **A** *nó* **B** *agus* **C** anseo.

        A   Filíocht ainmnithe: 35 mharc
                nó
        B   Filíocht roghnach: 35 mharc
        C   Dánta dualgais bhreise: 35 mharc

    4   Stair na Gaeilge: **30 marc**

                              An t-iomlán: 600 marc

Gnáthscéim mharcála

Scrúdú béil: 150 marc

Cuid 1. Prós: Sliocht gairid a léamh: **30 mharc**
Cuid 2. Caint: (*a*) Stór focal: 75 marc
                    (*b*) Cumas teanga: 45 marc   **120 marc**

An chluastuiscint: 100 marc

Ábhar—eolas   **90 marc**
Cumas Gaeilge   **10 marc**

PÁIPÉAR 1: 170 marc

Ceist 1. Ceapadóireacht: **100 marc**
(*a*)   Ábhar: 20 marc
        Ionramháil ábhair atá i gceist anseo.
(*b*)   Cumas Gaeilge: 80 marc
        (i) Fairsinge agus saibhreas na Gaeilge agus
        (ii) cruinneas na Gaeilge atá i gceist anseo.

Ceist 2. Léamhthuiscint: **70 marc**
        A: 35 marc. Marcanna de réir an pháipéir.
            Eolas: 35 marc. Gaeilge lochtach: 0–3 mharc a bhaint den iomlán.
        B: 35 marc. Marcanna de réir an pháipéir.
            Eolas: 35 marc. Gaeilge lochtach: 0–3 mharc a bhaint den iomlán.

PÁIPÉAR 2: 180 marc

Ceist 1. Prós: **40 marc**
        Freagair **A** *nó* **B**.
        A   Prós ainmnithe: 40 marc
                Pé ceist a roghnaítear tugtar: Ábhar: 36 marc
                                                      Cumas Gaeilge: 4 mharc
        B   Prós roghnach: 40 marc
                Pé ceist a roghnaítear tugtar: Ábhar: 36 marc
                                                      Cumas Gaeilge: 4 mharc.

Ceist 2. Prós breise: **40 marc**
        A *nó* B *nó* C *nó* D. Pé ceist a roghnaítear tugtar:
        Ábhar: 36 marc
        Cumas Gaeilge: 4 mharc.

Ceist 3. Filíocht: 70 marc

Freagair **A** *nó* **B** *agus* freagair **C** anseo.

A Filíocht ainmnithe: **35 mharc.**
Pé ceist a roghnaítear tugtar:
Ábhar: 30 marc
Cumas Gaeilge: 5 mharc

B Filíocht roghnach: **35 mharc**
Pé ceist a roghnaítear tugtar:
Ábhar: 30 marc
Cumas Gaeilge: 5 mharc.

C Filíocht bhreise: **35 mharc**
Pé ceist a roghnaítear tugtar:
Ábhar: 30 marc
Cumas Gaeilge: 5 mharc.

Ceist 3. Stair na Gaeilge: 30 marc

Dhá cheann le déanamh as (*a*), (*b*), (*c*), (*d*), (*e*), agus (*f*).

1 13 mharc (ábhar)

Cumas Gaeilge 5 mharc

2 12 mharc (ábhar)

An Scrúdú Béil

Ba chóir go ndéanfadh gach dalta dianullmhú don scrúdú béil. Tabharfaidh mé roinnt leideanna daoibh sa leabhar seo.

NA MÍREANNA
Tá na míreanna seo a leanas sa triail nua:

Léamh próis
Iarrfar ort sliocht gairid amháin a léamh ón **gcúig shliocht déag** atá ainmnithe don scrúdú béil ag an **Roinn Oideachais**.

Triail chainte
(*a*) Stór focal
(*b*) Cumas teanga

Leideanna don phrós
1   Tá **cúig shliocht déag** ainmnithe ag an **Roinn Oideachais** don scrúdú béil, **cúig shliocht** i gcás gach **canúna**.
2   Caithfidh tú **cúig shliocht** a ullmhú ón gcúig déag sin.
3   Is féidir sleachta **i gcanúint ar bith** a roghnú agus **níos mó ná canúint amháin** a roghnú, más mian leat.
4   Bí ag cleachtadh na bpíosaí go minic.
5   Is féidir an píosa a léamh **i gcanúint ar bith** ag an scrúdú.
6   Moltar duit **athruithe foghraíochta** a dhéanamh roimh ré ionas go mbeidh tú in ann an léitheoireacht a dhéanamh i gceart.
7   Beidh **nóiméad amháin** agat chun an píosa a léamh **go híseal** duit féin sula dtosaíonn tú ar é a léamh don scrúdaitheoir.
8   Ná bíodh eagla ort **tú féin a cheartú** má dhéanann tú botún agus an píosa á léamh agat. D'fhéadfá rud éigin mar seo a rá: **'Gabh mo leithscéal. Léifidh mé é sin arís, le do thoil.'**
9   Ní chaithfidh tú **aon cheist a fhreagairt** ar an sliocht atá léite agat.

Scéim mharcála an scrúdú béil

Iomlán: 150 marc

Cuid 1

> **Prós**
>
> Sliocht gairid a léamh
>
> 30 marc

Cuid 2

> **Caint**
>
> (*a*) Stór focal   75 marc
>
> (*b*) Cumas teanga   45 marc
>
>   Iomlán   120 marc

AG AN SCRÚDÚ

1   Fan taobh amuigh den doras go n-iarrtar ort teacht isteach.

2   Nuair a théann tú isteach, fan i do sheasamh go n-iarrtar ort bheith i do shuí.

3   Ansin iarrfaidh an scrúdaitheoir d'ainm agus sloinne ort, agus iarrfar ort giota, atá ullmhaithe agat, a léamh ón gcnuasach.

4   Ansin cuirfear ceisteanna ort fút féin, faoi do theaghlach, do cheantar, an scoil ina bhfuil tú, agus cad a dhéanfaidh tú tar éis an scoil a fhágáil.

5   Ba chóir duit aire faoi leith a thabhairt do na haimsirí éagsúla agus don mhodh coinníollach.

Léamh próis don scrúdú béil

Is iad seo na sleachta atá roghnaithe don scrúdú béil.

- Ná déan dearmad go gcaithfidh tú **cúig shliocht** a ullmhú ón gcúig déag seo thíos.
- Is é an scrúdaitheoir a ainmneoidh **cé acu ceann a léifidh tú** ag an scrúdú.
- Tabharfar **nóiméad amháin** duit chun an sliocht a ullmhú sula n-iarrfar ort é a léamh.

SLIOCHT 1
As Mealladh le Máire Áine Nic Gearailt

An dinnéar le hullmhú. Caithfear ithe. Sceallóga inniu. Is breá leo an dinnéar sin, uibheacha, ispíní is sceallóga. Ba chóir go mbeadh lucht na leapa anuas feasta. Ba chóir dúinn uile a bheith cois farraige i mball éigin. Ach ní bheadh sé ann. Ní bheadh sé in aon bhall ina mbeinn. Ní raibh aon tuairisc uaidh, aon fhocal. 'Chuireas am amú leatsa, a Bhreandáin. Aithním anois tú. Bhí lá ann nár aithin. Scaoileas rún leat. D'éistíos leat. Chosnaíos tú dá n-abróinn an fhírinne. Nó dheineas iarracht. Bhíos lán dáiríre agus tusa …'

   An bháisteach mall ag titim. An fón balbh. 'Glaoigh, a Bhreandáin!'

   'A Lísa. Tá lucht na leapa chugam. Cá bhfuil mo *dhenims* dubha? Chuireas amach iad breis is dhá lá ó shin. Agus m'*Umbro Top*? Tá tú imithe sa diabhal, a Lísa, tú féin is do thoitíní. Ní dhéanann tú puinn, an ndéanann? Is fada liom go dtiocfaidh Mam abhaile.'

SLIOCHT 2
As An Gleann agus a Raibh Ann le Séamas Ó Maolchathaigh

Nuair a fhéachaim siar anois orthu, is é mo thuairim gurbh iad na blianta a thug mé ag dul go scoil Bhaile an Droichid na blianta ab aoibhne de mo shaol, cé nár shíl mé sin san am. Thug Dia meabhair cinn mhaith dom, míle buíochas leis, agus níorbh aon trioblóid mhór dom mo cheachtanna a fhoghlaim. Tá sé le rá agam, dá chrostacht a bhí an Paorach, nár leag sé barr slaite riamh orm i dtaobh gan mo cheachtanna a bheith agam. Ní fhágann sin nár thug sé léasadh dom i dtaobh rudaí eile. Bhí sé crosta cancrach nuair a bhíodh buile air. Ba mhinic a tugadh an chúis dó bheith crosta, ach théadh sé rófhada leis an scéal uaireanta. Bhíodh sé an-dian ar fad ar aon duine a bheadh ar seachrán ón scoil.

SLIOCHT 3
As Machnamh Seanmhná le Peig Sayers

Isteach linn ar an traein agus shuíomar. Bhí a lán daoine eile inár dteannta ann. Is ar éigean a bhí slí ar na suíocháin againn.

Nuair a shroicheamar stáisiún Thrá Lí stad an traein. Tháinig fear chugainn ag lorg ticéadaí agus de réir mar a d'fhaigheadh sé an ticéad, bhaineadh sé manta beag as agus shíneadh chugainn arís é. Bhuaileamar le cois a chéile amach as an traein.

'Sea, a fheara,' arsa Seán Eoghain agus é ag glanadh smúit an charráiste dá chuid éadaigh, 'cad tá le déanamh?'

'Cad tá le déanamh ach a bheith ag paidhceáil leat, a dhuine?' arsa Micil. 'Ná fuil leithead ár gcos de thalamh na hÉireann againn. Má bhímid ag gabháil siar tamall níl againn ach casadh agus ansin, bealach eile a thabhairt orainn féin. Tá an lá fada agus is linn féin a bheimid á chaitheamh.'

SLIOCHT 4
As An tOileánach le Tomás Ó Criomhthainn

Seachtain ón lá seo bhí an bheirt againn pósta, Tomás Ó Criomhthain agus Máire Ní Chatháin sa tseachtain dheireanach d'Inid, 1878. Níor lá go dtí é ar an mBuailtín. Bhí ceithre phob ann agus bhí tamall i ngach tigh acu nó go raibh an lá maol go maith. Bhí an sráidbhaile lán de dhaoine mar bhí a lán póstaí eile ann. Bhí ceithre veidhleadóir ann, fear i ngach tigh, agus fear eile ná raibh in aon tigh ach i gcorp na sráide; agus níorbh é an fear ba mheasa a bhí díolta é, mar ba lasmuigh a bhí an slua.

B'éigean dúinn scarúint leis an mBuailtín sa deireadh san am ba mhó a raibh greann ann, ó ba rud é go raibh an fharraige mhór romhainne agus cuid mhaith againn le tabhairt isteach.

SLIOCHT 5
As Mná as an nGnáth le hÁine Ní Ghlinn

Chreid a lán daoine go bhfuair Bidí Early bua an leighis ó na sióga. Nuair a bhí Bidí óg i gCo. an Chláir, i dtús an 19ú haois déag, chaitheadh sí an-chuid ama i gcúinne páirce in aice le cloch mhór ar a dtugtaí Cloch na Sióg. Uaireanta d'fhiafraíodh a máthair di céard a bhíodh á dhéanamh aici thíos ansin.

'Bím ag caint leis na sióga,' a deireadh Bidí, 'agus ag fáil eolais uathu.'

Bhí buidéal mór ag Bidí, buidéal draíochta. Deirtear gurbh iad na sióga a thug an buidéal sin di …

Oíche amháin, bhí Bidí ag tabhairt aire do leanbh comharsan. Bhí an leanbh ina luí sa chliabhán. Go tobann labhair sé léi.

'Tabhair dom an fhidil sin atá ar crochadh ar an mballa!' ar seisean.

4

Shín Bidí an fhidil chuige agus thosaigh an leanbh ag seinm. Ceol aisteach álainn a bhí á sheinm aige agus thuig Bidí nárbh aon ghnáthleanbh é seo ach síofra.

Tar éis tamaillín stop an ceol agus labhair an síofra arís.

'An bhfeiceann tú an buidéal sin atá thuas os cionn na tine?'

'Feicim!' arsa Bidí.

SLIOCHT 6
As Daoine Bochta le Liam Ó Flaithearta

D'éirigh an ghrian. Scairt solas an lae ar an tír, ar an trá, ar an bhfarraige. Dhúisigh éanacha an aeir agus chuireadar a gceol binn uathu ag rince trí dhoimhneas na spéire. Bhí brat feamainne ag lonradh ar an trá; dearg ar nós fola, ar a scairteann grian, in aghaidh dúghorm na farraige préachta. Bhí carnán mór bailithe ag Pádraig Ó Dioráin—deich mbord capaill. Chuaigh sé abhaile. Lag tar éis tinnis, is ar éigin a bhí sé in ann an bóthar a shiúl agus a ioscaidí losctha leis an sáile. Agus anois ag triall abhaile, meabhraíodh dó arís an dúbhrón a bhí ansiúd ag faire air, éagaoin chráite agus uaigh á hoscailt …

Bhí a theach ar cheann an bhaile, teachín fada geal, faoi bhrat aoil; an tuí go cúramach ar a cheann, gach uile rud glan piocaithe ar fuaid na sráide; craobhacha beaga glasa ag fás ag bun an tí. Bean mhaith. Fear maith.

SLIOCHT 7
As Béal Faoi le hEnda O'Coineen

Cé a bhí ann ach Maurice O'Doherty, RTE! Bhí mé sa mbaile! Bhí an oiread sin sceitimíní orm gur léim agus gur bhéic mé le háthas. Níor athraigh tada ó d'fhág mé an baile. Bhí siad fós ag robáil agus ag dul ar stailc. Is iomaí oíche ina dhiaidh sin a d'éist mé le popchlár Larry Gogan. Scríobh mé litir chuige uair amháin ach b'fhéidir gur mhaith an rud nár cuireadh i bpost ariamh í. De réir mar a chuaigh an *Kilcullen* soir tháinig luí na gréine níos luaithe gach oíche agus d'fheabhsaigh an éisteacht a bhí le fáil ar an raidió. Níorbh fhada go raibh mé in ann na cláir roimh chlár Larry Gogan a chloisteáil freisin.

D'ardaigh an ghaoth aniar aneas go moch an mhaidin dár gcionn. Chuir mé an *Kilcullen* ar chúrsa soir ó thuaidh i dtreo Chiarraí. Ba é seo an cúrsa ab fheiliúnaí agus an ghaoth díreach i gceart ag cúig mhuirmhíle dhéag san uair. Bhí mé tar éis fanacht ó dheas in aon turas ag súil leis an ngaoth seo agus bhí an t-ádh liom. Shéid sí go seasta mar seo ar feadh tríocha a sé huaire a chloig agus rinne an *Kilcullen* céad is daichead míle faoi lán seoil. Dá leanfadh sé seo bheinn sa mbaile faoi cheann seachtaine.

SLIOCHT 8
As Céard a Dhéanfas Tú Anois? le Diarmaid Ó Gráinne

Bhuail cloigín an bhus. Bhí Áine ag tuirlingt. Chrom Learaí síos agus lig air féin go raibh sé ag cuartú ticéid ar an urlár. Scinn sí thairis amach, síos an staighre. Lean Learaí tar éis ala agus amach leis den bhus. Bhí sí leathbhealach trasna an bhóthair ar bheith amuigh dó. Suas Ascaill Stradbrook a chuaigh sí. Nuair a shroich Learaí cúinne na sráide, ní raibh le feiceáil aige ach a cúl ag dul isteach i gceann de na tithe arda leathbhealach suas an ascaill. Rith Learaí ar a mhíle dícheall nó gur imigh an anáil uaidh ach bhí sí glanta léi suas an lána nuair a shroich sé geata an tí. Ní fhaca sé ach cúl a cinn ag dul isteach an doras di. Fágadh Learaí cosúil le peacach ag geata na bhflaitheas ag breathnú isteach thar an mballa ard a raibh sreangáin dheilgneacha agus buidéil bhriste ar a bharr.

SLIOCHT 9
As Ar Ais Arís le Muireann Ní Bhrolcháin

Luigh Fiona siar sa suíochán agus dhún a súile ar feadh soicind. D'oscail sí arís iad. A leithéid! Bhí sí anseo le faire ar uimhir 6. Sin árasán 6. Ní fhéadfadh sí a súile a dhúnadh. Thóg sí amach an leabhar crosfhocal a bhí aici ina mála mór. Bhí sí feabhsaithe go mór le dhá bhliain anuas! Bhí an t-am ann nuair nach bhféadfadh sí crosfhocal ar bith a dhéanamh. Anois bhí sí níos fearr ná éinne dá cairde. Bhí sí i bhfad níos fearr ná Mícheál! Bhíodh sé ar buile nuair a bhí sí in ann 'Crosaire' a dhéanamh níos tapúla ná é. Mícheál bocht! Ní fhaca sí anois é le beagnach seachtain! Bhí sí chomh gnóthach sin. Ach bhí an t-airgead uathu. Bhí an cíos an-ard. Ró-ard is dócha.

Chonaic sí an fear as uimhir 6 ag teacht ina treo. Bhí an bhean in éineacht leis an tráthnóna seo. Bhí a lámh ar a ghualainn agus bhí sise ag crochadh as. Bheadh scéal aici don bhean chéile amárach! An bhean bhocht. Ceathrar clainne aici agus an fear céile ina chónaí san árasán seo le cailín óg ocht mbliana déag.

SLIOCHT 10
As Idir Mná: Scríbhneoirí Ban Ros Muc le Máire Seoighe

Bhí cónaí ormsa le m'athair agus le mo mháthair agus m'aintín i nGleann Chatha. Ní raibh sa gclann ach mé féin. Mar sin, ní mó ná sásta a bhí mo mhuintir nuair a bheartaigh mé dul go Sasana. Bhí cara dhom ag dul anonn ag an am seo. Bhí sí seo sa mbaile as Meiriceá agus bhí cleachtadh aici ar thaisteal. Bheartaigh mé dul léi. Maidin álainn i mí Lúnasa, fuair muid an bus ar an nGort Mór agus *away* linn. Chuaigh muid ar an traein i nGaillimh agus muid ag triall ar Bhaile Átha Cliath. Ansin thóg muid an bád ó Dhún Laoghaire go Holyhead agus an traein ar ais go Euston. Ba mhíchompordach an turas é ach nár chuma linn.

SLIOCHT 11
As Laochas le Séamas Ó Searcaigh

Lá dá raibh na Fianna ag seilg fá Loch Léin i gCill Airne, chonaic siad chucu ar mhuin an eich bháin an cailín dóighiúil a raibh folt ar dhath an óir uirthi. Ar theacht i láthair na bhFiann di, bheannaigh sí go múinte d'Fhionn. Chuir seisean faisnéis uirthi cérbh í féin, go bhfuair amach gurbh í Niamh Chinn Óir í, iníon rí Thír na nÓg. Dúirt sí go dtug sí searc agus grá d'Oisín agus go dtáinig sí á bhreith léi go cúirt a hathar. Mhol sí go mór Tír na nÓg gur mheall sí Oisín léi. Trí chéad bliain a bhí Oisín i dTír na nÓg gan buaireamh gan brón, gan meath ná aois a theacht air, ach é faoi aoibhneas is faoi shonas.

SLIOCHT 12
As Rotha Móra an tSaoil le Micí Mac Gabhann

D'imigh muid linn ar an traein ar shiúl na hoíche go dtí gur shroich muid Missoula. Bhí an baile sin tuairim ar chéad go leith nó dhá chéad míle ón áit a d'fhág muid—ar an taobh thiar-thuaidh di. Bhí an lá ansin ann agus cha dtiocfaidh linn dhul ní b'fhaide ar an traein sin. D'fhág muid slán aici, mar sin, duine i ndiaidh an duine eile, agus í ag teacht isteach i stáisiún Missoula. Char chuir aon duine chugainn ná uainn i rith an ama ná char dhúirt duine ar bith nár cheart dúinn a bheith san áit a raibh muid.

Chaith muid an lá sin ag déanamh ár scíste go dtí go dtigeadh traein eile den chineál chéanna chugainn tráthnóna. Tháinig sí in am trátha agus choimhéad muid go maith go bhfuair muid isteach i gceann de na carráistí, an dóigh chéanna a bhfuair muid isteach an lá roimhe sin. Lig muid linn ansin amach fríd na cnoic (Bitter-Root Mountains) agus ar aghaidh fríd thír mhór fhada fhairsing nach raibh teach ná cró inti fad amhairc do shúl.

SLIOCHT 13
As Cith is Dealán le Séamas Mac Grianna

Ní raibh áit suí ar bith ag Tarlach, agus ní raibh gar dó a bheith ag dúil le cuidiú óna athair. Barraíocht a bhí caite ag an athair leis, ar feadh ar ghnóthaigh sé air. Ní raibh an dara suí sa bhuaile ag Tarlach ach imeacht go Meiriceá agus dornán airgid a shaothrú. Ansin a theacht chun an bhaile agus Síle a phósadh.

An tráthnóna sular imigh sé, chaith sé féin agus Síle tamall mór fada ina suí ar ardán os cionn na farraige. Bhí cineál de chuma ghruama ar an tráthnóna, mar a bheadh báisteach air. Thug Síle iarraidh an gol a choinneáil ar gcúl fad a thiocfadh léi, ach bhris na deora uirthi sa deireadh.

'Seo anois, ná caoin, a chéadshearc,' ar seisean. 'Is gairid uilig a bheas cúig bliana ag gabháil thart.'

'B'fhearr liom a bheith leat fann folamh mar atáimid,' ar sise.

SLIOCHT 14
As An Gnáthrud le Deirdre Ní Ghrianna

Bhí pictiúir gan fhuaim ag teacht ón teilifíseán i gcoirnéal an tseomra sa bheár seo i mBéal Feirste, a bhí lán ó chúl go doras. D'amharc Jimmy ar na teidil a bhí ag teacht agus ag imeacht ón scannán roimh nuacht a naoi a chlog. Bhain sé súimín beag as an phionta leann dubh a bhí roimhe agus smaoinigh sé ar an léirscrios a bheadh ina dhiaidh sa bhaile.

Bheadh Sarah, a bhean chéile, ag streachailt go crua ag iarraidh na páistí a chur a luí. Chuirfeadh John, an duine ba shine acu, gasúr crua cadránta i gceann a cheithre bliana, chuirfeadh sé ina héadan go deireadh, cé go mbeadh fáinní dearga faoi na súile aige ar mhéad is a chuimil sé leis an tuirse iad. Ach ní raibh amhras ar bith ar Jimmy cé aige a mbeadh bua na bruíne. Dá ndearcadh sé ar an am a chuaigh thart, déarfadh geallghlacadóir ar bith go mbeadh an bua le Sarah arís eile.

SLIOCHT 15
As Ná Bris Nós le hIarla Mac Aodha Bhuí

B'fhearr le Mícheál a bheith ar ais sa chathaoir. Níor bhain na daoine seo lena shaol: bhí sé as áit ar fad. Bhí sé ar a dhícheall go fóill ag iarraidh ciall a bhaint as caint an tseanchaí. Ní raibh brón air faoin tseanbhean. Ba strainséar í siúd fosta, iarsma caite den bhean a thug aíocht dóibh na blianta fada ó shin. Ach nár thuill na mairbh ómós? Cóisir cheart a bhí ar bun anois: buidéil bheorach á n-oscailt, gloiní á scaipeadh, an comhrá ag éirí glórach. Ba bhreá an rud é gur lár Meithimh a bhí ann nó ghealfadh an lá go luath agus dhéanfadh sé a bhealach ar ais nó ar éigean go tír mór a luaithe is a ghealfadh léas.

Nuair a thosaigh fear ag fáisceadh bosca ceoil, sheas Mícheál agus chuaigh sé isteach go seomra an mhairbh, é ar buile faoin easonóir do Chití. Dhruid sé an doras ar an ghleo agus sheas sé ag an fhuinneog ag amharc amach ar an oíche.

Stór focal don scrúdú béil agus don cheapadóireacht

Is fiú stór fairsing focal a bheith ar eolas agat agus tú ag tabhairt faoin scrúdú béil agus faoin scrúdú scríofa, go mór mór na haistí. Chuige sin táim ag cur stór oiriúnach focal ar fáil thíos anseo. Foghlaim cuid de, ar a laghad, agus bain úsáid as agus tú ag cleachtadh don scrúdú cainte agus don scrúdú scríofa.

Do theaghlach

teaghlach	family, household
muintir	family (including relatives)
clann	children (of one family)
neacht	niece
nia	nephew
aintín	aunt
uncail	uncle
garmhac	grandson
gariníon	granddaughter
fear/fear céile	husband
bean/bean chéile	wife
an duine is sine	the eldest
an duine is óige	the youngest
i lár baill	in the middle
m'athair	my father
mo mháthair	my mother
mo thuismitheoirí	my parents

Do cheantar

faoin tuath	in the country
álainn	beautiful
ciúin	quiet
míle amháin, dhá mhíle, trí mhíle, ceithre mhíle	one, two, three, four miles
seoladh	address
contae	county
baile fearainn	townland
sráidbhaile	village
baile mór	town
cathair	city
bruachbhaile	suburb

Ceisteanna coitianta

Tú féin, do theaghlach, do cheantar

Dia duit.

Cad is ainm duit?

Cén chaoi a bhfuil tú?/Conas tá tú?/Cad é mar atá tú?

Cén aois thú?

Cén lá breithe atá agat?

Inis dom faoi do theaghlach/do mhuintir.

Cá bhfuil tú i do chónaí?

Cén sórt áite é?

An bhfuil aon fhadhbanna ann?

Cad é an caitheamh aimsire atá agat?

Ar scoil

Cén t-ainm atá ar an scoil seo?

Cén sórt scoile í?

Cén fáth a dtaitníonn/nach dtaitníonn an scoil seo leat?

Cad iad na hábhair atá á ndéanamh agat?

Cén t-ábhar is fearr leat? Cén fáth?

Cén sórt áiseanna atá agaibh sa scoil?

Dá mbeifeá i do phríomhoide ar an scoil seo, cad a dhéanfá?

Cad iad na cluichí a imrítear sa scoil?

Cad a dhéanfaidh tú tar éis an scrúdaithe? Cén post ba mhaith leat?

Cén sórt traenála atá ag teastáil?

Fadhbanna

Cad é do mheas faoin dífhostaíocht?

Cad a cheapann tú faoi fhadbh na ndrugaí?

An bhfuil tuairim agat faoi cholscaradh?

Cad é do mheas faoi thruailliú na timpeallachta?

Meas tú an bhfuil réiteach ar bith ar fhadhb na coirpeachta?

Cad í an fhadhb is measa atá againn in Éirinn, i do thuairimse?

Cad a cheapann tú faoin Tuaisceart?

An bhfuil leigheas ar bith ar an imirce?

Cad a cheapann tú faoi chúrsaí eacnamaíochta na hÉireann?

Cad é do mheas faoi ghorta sa 'Tríú Domhan'?

Ábhair eile

Cad a rinne tú ag an deireadh seachtaine?

Conas a chaith tú do laethanta saoire anuraidh?

An raibh tú riamh sa Ghaeltacht?

Cá raibh tú? Inis dom faoi.

Conas a chuaigh sé i bhfeidhm ort?

Dá mbeifeá i do Thaoiseach cad a dhéanfá?

Dá mbeadh an bua agat sa Chrannchur Náisiúnta cad a dhéanfá?

Cad a cheapann tú faoi shaol na mban in Éirinn?

An raibh tú riamh thar lear?

Cá raibh tú? Conas a thaitin sé leat? Cad a rinne tú sa tír sin?

Cad iad na difríochtaí is mó idir an tír sin agus Éirinn?

Cad a cheapann tú faoi shaol an duine óig in Éirinn sa lá atá inniu ann?

Cad é do thuairim faoi bhrú na scrúduithe?

An ndearna tú ullmhú/cleachtadh faoi leith don scrúdú seo inniu?

An teach

teach dha urlár	two-storey house
bungaló	bungalow
an bunurlár	the ground floor
an chéad urlár	the first floor
an dara hurlár	the second floor
árasán	flat
ceap árasán	block of flats
thuas staighre	upstairs
thíos staighre	downstairs
díon	roof
simléar	chimney
fuinneog	window
tionónta	tenant
cistin	kitchen
cúlchistin	scullery
seomra bia	dining-room
seomra suí	sitting-room
seomra folctha	bathroom
leithreas	toilet
halla	hall
bean an tí	the woman of the house
fear an tí	the man of the house
ag glanadh	cleaning
ag scuabadh	sweeping
na comharsana	the neighbours

Caitheamh aimsire agus spórt

cluichí éagsúla	various games
peil	football
sacar	soccer
snámh	swimming
láithreán campála	campsite
is ball mé	I'm a member
is maith liom	I like
is breá liom	I love
cispheil	basketball
galf	golf
marcaíocht	riding
sléibhteoireacht	mountaineering
rothaíocht	cycling
seoltóireacht	sailing
siúl	walking
leadóg	tennis
Is maith liom a bheith …	
ag snámh	swimming
ag léamh	reading
ag seinm ceoil	playing music
ag rince	dancing
ag bailiú stampaí	collecting stamps
ag imirt haca	playing hockey
ag imirt snúcar	playing snooker
ag imirt cispheil	playing basketball
ag imirt iománaíocht	playing hurling
ag imirt sacar	playing soccer

Do cheantar (á leanúint)

in aice na cathrach	near the city
club óige	youth club
eastát	estate
lárionad siopadóireachta	shopping centre
séipéal	church/chapel
halla an bhaile	the town hall
monarcha	factory
malartán fostaíochta	employment exchange
óstán	hotel
amharclann	theatre
pictiúrlann	cinema
dánlann	art gallery

Fadhbanna éagsúla

fadhb, fadhbanna	problem, problems
áitiúil	local
fadhbanna sóisialta	social problems
comhairle	advice
comhairleoir	adviser
dífhostaíocht	unemployment
imirce	emigration
bochtaineacht	poverty
loitiméireacht	vandalism
coirpeacht	crime (in general)
coir, coireanna	a crime, crimes
coirpeach	a criminal
ciontóirí	offenders
cúisithe	charged
cúirt	court
breitheamh	judge
breithiúnas	verdict
alcól	alcohol
alcólachas	alcoholism
tobac	tobacco
toitíní	cigarettes
tionchar	influence
drugaí	drugs
andúileach	addict
drochshampla	bad example
oideachas sláinte	health education

Na meáin

clár teilifíse	television programme
clár raidió	radio programme
sraith	series
sraithscéal	serial
nuacht	news
cúrsaí reatha	current affairs
clár faisnéise	documentary
clár oideachais	educational programme
clár díospóireachta	discussion programme
clár grinn	comedy programme
clár spóirt	sports programme
clár ceoil	music programme
láithreoir	presenter
tuairisceoir	reporter

tuairisc	report
craoladh beo	live broadcast
Raidió na Gaeltachta	
Raidió na Life	
TG4	

Taisteal agus laethanta saoire

an Fhrainc	France
deisceart na Spáinne	southern Spain
baile turasóireachta	tourist town
daoine deasa cairdiúla	nice, friendly people
cois farraige	by the sea
plódaithe le turasóirí	packed with tourists
eitilt	flight
lóistín	accommodation
aerfort	airport
róthe	too hot
stáisiún traenach	railway station
breá brothallach	fine and warm
te grianmhar	hot and sunny
ticéad fillte	return ticket

Oideachas

bunscoil	primary school
meánscoil	secondary school
gairmscoil	vocational school
scoil phobail/pobalscoil	community school
scoil chuimsitheach	comprehensive school
scoil chónaithe	boarding-school
coláiste pobail	community college
scoil mheasctha	mixed school
scoil dara leibhéal	second-level school
príomhoide	principal
leas-phríomhoide	vice-principal

Sa scoil

áiseanna	facilities
halla tionóil	assembly hall
leabharlann	library
saotharlann teanga/teanglann	language laboratory
seomra staidéir	study room
seomra ceoil	music room

páirc pheile	football field
seomra ealaíne	art room
halla gleacaíochta	gymnasium
linn snámha	swimming-pool
seomra ríomhairí	computer room
bialann/proinnteach/ceaintín	canteen/restaurant

Na hábhair

Gaeilge	Irish
Béarla	English
Fraincis	French
Spáinnis	Spanish
Gearmáinis	German
Iodáilis	Italian
Laidin	Latin
Gréigis	Greek
léann Eabhrach	Hebrew studies
léann clasaiceach	classical studies
ceol agus ceoltóireacht	music and musicianship
ealaín	art
ealaín agus ceardaíocht	art and crafts
stair	history
tíreolaíocht	geography
corpoideachas	physical education
eacnamaíocht bhaile (ginearálta)	home economics (general)
eacnamaíocht bhaile (eolaíoch agus sóisialta)	home economics (scientific and social)
eacnamaíocht thalmhaíochta	agricultural economics
matamaitic	mathematics
matamaitic fheidhmeach	applied mathematics
líníocht theicniúil	technical drawing
fisic	physics
ceimic	chemistry
fisic agus ceimic	physics and chemistry
bitheolaíocht	biology
eolaíocht thalmhaíochta	agricultural science
staidéar foirgníochta	building studies
innealtóireacht	engineering
eagrú gnó	business organisation
eacnamaíocht	economics
stair eacnamaíoch	economic history
cuntasaíocht	accountancy

15

Treoracha don scrúdú béil

Nuair nach bhfuil freagra agat:

1   Más rud é nach dtuigeann tú an cheist, is féidir leat a rá: **'Gabh mo leithscéal, ach ní thuigim an cheist sin.'**

2   Más rud é go dtuigeann tú an cheist ach nach bhfuil aon eolas agat faoin ábhar sin, is féidir leat rud éigin mar seo a rá: **'Gabh mo leithscéal, ach níl mórán eolais agam faoin ábhar sin.'**

3   Más rud é go mb'fhearr leat gan aon rud a rá faoi ábhar ar leith, is féidir leat a rá: **'Gabh mo leithscéal, ach níl aon spéis agam san ábhar sin. An bhféadfá ceist eile a chur orm, le do thoil?'**

Idir 13 agus 15 nóiméad

Ba chóir go leanfadh an scrúdú cainte idir trí nóiméad déag agus cúig nóiméad déag; ach d'fhéadfadh an scrúdaitheoir dalta a choinneáil níos faide ná sin.

Má chuireann an scrúdaitheoir ceist ort faoin nGaeltacht, ná habair go raibh tú sa Ghaeltacht mura raibh. Tá na scrúdaitheoirí cliste: ní chreidfidh siad bréaga! (Agus má bhí tú sa Ghaeltacht, bí in ann go leor a rá fúithi.)

Sa Ghaeltacht

coláiste Gaeilge	Irish college
neart le hithe	plenty to eat
i mo shuí ar feadh na hoíche	awake all night
sháraigh mé/bhris mé cúpla riail	I broke a couple of rules
go leor cailíní, buachaillí	plenty of girls, boys
céilí chuile oíche	a céilí every night
bhain mé an-taitneamh go deo as	I really enjoyed it

Nathanna úsáideacha le scríobh nó le rá

is dóigh liom/táim ag ceapadh	I think
táim ag ceapadh go mbeadh sé fíor le rá	I think it would be true to say
táim ag ceapadh go bhféadfainn a rá	I think I could say
sílim/measaim/ceapaim	I think
táim lánchinnte de	I'm quite certain
déarfainn	I'd say

Taitneamh agus míthaitneamh

is maith liom	I like
is breá liom	I love
thar barr/go hiontach/go diail	excellent
is fuath liom/is gráin liom	I hate
cuireann sé fearg orm/cuireann sé ar buile mé	it angers me
cuireann sé déistin orm	it disgusts me
go holc/go hainnis/go huafásach	awful
seafóideach	daft

Am

faoi láthair/san am i láthair	now, at the present time
i láthair na huaire	now (at this precise moment)
sa lá atá inniu ann	nowadays
le déanaí	lately
amach anseo	in the future
fadó	a long time ago
tamall ó shin	a while ago
le blianta beaga anuas	for the past few years

Éagsúil

ar an gcéad dul síos	first of all
is mithid dúinn/tá sé in am againn	it's time for us
práinneach	urgent
chuile sheans/gach uile sheans	there's every chance
muise, ní bheadh a fhios agat	indeed you'd never know
creid é nó ná creid	believe it or not
tá sé dochreidte	it's unbelievable
chun an fhírinne a rá/a insint	to tell the truth
de dhéanta na fírinne	as a matter of fact
tá a fhios ag an saol	everybody knows
mar a dúirt mé cheana	as I said previously
tá béim rómhór ar	there's too much emphasis on
mar shampla	for example

17

cuiream [= cuirimis] i gcás (go)	let us suppose (that)
níl barúil dá laghad agam	I have no idea
ní aontaím leis sin ar chor ar bith	I don't agree with that at all
níl tuairim dá laghad agam	I have no opinion whatever
níl a fhios agam ó thalamh an domhain	I have no idea whatever
níl cur amach ar bith agam ar an rud sin	I have no knowledge of that
is trua liom a rá/is oth liom a rá	I'm sorry to say
dála an scéil	by the way
pé scéal é	in any case
tá sé deacair a rá	it's hard to say
cad is féidir linn a dhéanamh?	what can we do?
is maith an scéalaí an aimsir	time will tell/better to wait and see
an gcreidfeá?	would you believe?
ní chreidfeá	you wouldn't believe
níl cíos, cás ná cathú orm	I haven't a worry in the world
tríd is tríd/go ginearálta	generally speaking
taobh amháin den scéal	one side of the story
an taobh eile den scéal	the other side of the story
ar ais nó ar éigin	by hook or by crook
dul thar na bearta	to go too far
ní raibh tásc ná tuairisc air	there was no sign of him
tá sé i gceist agam	it's my intention
tá mé dóchasach	I'm hopeful
de réir dealraimh	apparently
riachtanach	necessary
buntáistí	advantages
míbhuntáistí	disadvantages
deacrachtaí	difficulties
go háirithe	especially
ach go háirithe	anyway/at any rate
ar chuma ar bith/ar aon nós	anyway/in any case
chomh fada agus is eol dom	as far as I know
tar éis an tsaoil	after all/when all is said and done
dáiríre	really, in earnest
b'fhéidir	perhaps
is fíor sin	that's true
go sábhála Dia sinn	God help us
go bhfóire Dia orainn	God protect us
meas tú?	would you think?
dar m'anam	upon my soul
mar a déarfá	as you might say
is amhlaidh	it seems
gan amhras ar bith	without a doubt

PÁIPÉAR 1

Leagan amach agus marcanna

Páipéar 1: 170 marc

Ceist 1. Ceapadóireacht: 100 marc

Freagair do rogha *ceann amháin* de A, B, C, nó D.

N.B: Ní gá dul thar 500 nó 600 focal nó mar sin i gcás ar bith.

A—Aiste—(100 marc)

B—Scéal—(100 marc)

C—Alt Nuachtáin/Irise—(100 marc)

D—Díospóireacht nó óráid—(100 marc)

Ceist 2. Léamhthuiscint: 70 marc

Freagair A *agus* B.

A—(35 marc)

B—(35 marc)

Ceist 1. Ceapadóireacht: 100 marc

TREORACHA

1   Ní gá duit dul thar 500–600 focal nó mar sin sa cheapadóireacht.

2   Bí lánchinnte go dtuigeann tú *teideal* an phíosa ceapadóireachta.

3   Bí cinnte go bhfuil stór focal fairsing go leor agat chun an aiste, scéal, alt, díospóireacht nó óráid a scríobh. *Be sure you have a sufficient vocabulary to write a full composition on the subject you choose.*

4   Bí cinnte go bhfuil ord agus eagar ar an gceapadóireacht agat. D'fhéadfá plean a ullmhú roimh ré, mar seo a leanas.

PLEAN NA CEAPADÓIREACHTA

(1) **Tús.** Ní gá ach *réamhrá ginearálta* a scríobh. Ba chóir duit do thuairim féin a lua; agus más rud é gur aiste ghinearálta atá i gceist, ba chóir duit teideal na haiste a mhíniú.

(2) **Croí.** Gan amhras is í an chuid seo den aiste a mbaineann an tábhacht is mó léi. Ba chóir go mbeadh trí nó ceathair d'ailt sa chuid seo agus go ndéantar dianscagadh iontu ar ábhar na haiste. Ná déan dearmad gur chóir dhá thaobh an scéil a lua má tá níos mó ná taobh amháin ann. Ba chóir *pointe tábhachtach amháin* a bheith agat le haghaidh gach ailt, agus bí cinnte go dtugann tú na buntáistí chomh maith leis na míbhuntáistí.

(3) **Críoch.** Achoimre [*summary*] atá i gceist anseo, agus caithfidh sí a bheith an-éifeachtach. Ba chóir duit tagairt a dhéanamh do na pointí a bhí agat sna hailt roimhe sin.

(4) **Saibhreas Gaeilge.** Ba chóir go mbeadh sé soiléir ón scéim mharcála (leathanach vii) go bhfuil tromlach na marcanna—80 as 100—le fáil do chruinneas agus do shaibhreas na teanga. Dá bhrí sin molaim duit aire faoi leith a thabhairt don dá rud seo. Tá liosta de nathanna úsáideacha ar leathanach 21–33 thíos, agus molaim duit cuid acu ar a laghad a chur de ghlanmheabhair [*learn off by heart*]. Tabhair aire faoi leith *d'aimsirí na mbriathra*, do na *hainmfhocail,* agus do na *forainmneacha réamhfhoclacha.*

(5) **Dul siar.** Nuair atá an aiste scríofa agat ba chóir duit dul siar uirthi agus í a cheartú. Agus *ná déan dearmad ar na síntí fada!*

Ábhar agus stór focal don cheapadóireacht

The great majority of pupils preparing for the Leaving Certificate, Higher level, are concerned about the compositions they may be required to write and the vocabulary necessary to maximise marks. This section of the book deals with both these questions and also endeavours to help pupils to acquire the *saibhreas teanga* that is essential for achieving higher grades. A thorough preparation for this part of the examination will also be very helpful for the oral and aural exams.

CÚRSAÍ OIDEACHAIS

Is féidir scolaíocht in Éirinn a roinnt ina trí chuid. Ar an gcéad leibhéal tá na bunscoileanna. Tá na meánscoileanna éagsúla ar an dara leibhéal; agus tá na hollscoileanna, na hinstitiúidí teicneolaíochta agus na coláistí oiliúna ar an tríú leibhéal.

Stór focal

an chéad, dara, tríú leibhéal	first, second, third level
meánscoil	secondary school
gairmscoil/ceardscoil	vocational school
scoil phobail	community school
scoil chuimsitheach	comprehensive school
scoil chónaithe	boarding-school
ollscoil	university
institiúid teicneolaíochta	institute of technology
coláiste oiliúna	training college
gan léamh gan scríobh	illiterate
neamhlitearthacht	illiteracy
róchúng	too narrow
Ní thagann ciall roimh aois (seanfhocal)	Wisdom doesn't come before age
brú na scrúduithe	the pressure of examinations
córas na scrúduithe	the examination system
deacrachtaí foghlama	learning difficulties
imithe ó smacht	gone out of control
taighde	research
fadhb fhorleathan	a widespread problem
inmholta	recommended
comhlíonadh	fulfilling
acadúil	academic
aoisghrúpa	age group
deis	opportunity
dearcadh	outlook
drochbhail	poor state
cothrom na Féinne	fair play
éirimiúl	intelligent
a chur faoi agallamh	to interview
áiseanna	facilities
gairmthreoir	career guidance
scoil mheasctha	mixed school
teangacha	languages
sa lá atá inniu ann	nowadays
fostaíocht	employment
folúntas	vacancy
táillí	fees

an iomarca béime	too much emphasis
cumas acadúil	academic ability
pearsantacht a fhorbairt	developing personality
iomlánú mar dhuine	developing as a person
milleán	blame
caidreamh	friendship
stádas	status
dírithe	directed
ciste an stáit	state funds
tuisceanach	understanding
páirtíocht	participation
ghnóthaigh	achieved

Abairtí úsáideacha

- Tá neamhlitearthacht le fáil i mbeagnach gach aon tír. Is fadhb mhór í san Afraic agus san Áis. Meastar go bhfuil breis is 20 faoin gcéad d'fhir an domhain agus 30 faoin gcéad de mhná gan léamh gan scríobh sa lá atá inniu ann. Is fadhb í in Éirinn chomh maith, mar a bhfuil beagnach 100,000 duine gan léamh gan scríobh acu.
- Tá míbhuntáistí pearsanta, eacnamaíochta agus sóisialta ag baint le saol duine ar bith nach bhfuil léamh agus scríobh aige.
- Fágann go leor daoine óga scoileanna ar fud na hÉireann róluath agus gan léamh ná scríobh ceart acu.
- Is é bunréiteach na faidhbe ná líon na ndaltaí sna ranganna a laghdú, sna bunscoileanna agus sna meánscoileanna.
- Réiteach eile ná scéimeanna litearthachta a chur ar siúl, go mór mór do dhaoine fásta. Tá scéimeanna mar seo ar siúl cheana féin in áiteanna áirithe.
- Tá sé riachtanach go gcuirfeadh an Rialtas oideachas cúitimh [*compensatory education*] ar fáil, go háirithe sna bunscoileanna nach bhfuil scéimeanna iontu cheana.
- Deirtear go gcuireann córas na scrúduithe brú rómhór ar dhaltaí agus nach bhfuil ciall ar bith le 'rás na bpointí', mar a thugtar air uaireanta. Caithfidh daltaí méid áirithe pointí a fháil san Ardteistiméireacht chun áit a fháil ar chúrsa tríú leibhéal. Tá daoine ann a cheapann go mbeadh sé níos fearr daltaí a chur faoi agallamh chomh maith.
- Ceapann daoine áirithe go bhfuil córas na bpointí róchúng agus nach bhfuil baint ar bith ag roinnt de na hábhair atá le déanamh ag daltaí lena saol féin.

Cleachtadh (100 marc)

1 Scríobh aiste ar an ábhar seo: 'Aos óg tíre an mhaoin is luachmhaire inti'. (Iar-Ardteist)
2 Scríobh an chaint a dhéanfá i ndíospóireacht scoile ar son *nó* in aghaidh an rúin seo a leanas: 'Tá córas oideachais an-mhaith againn in Éirinn'. (Iar-Ardteist)

3   Is é seo do lá deireanach mar phríomhoide scoile. Scríobh an óráid a thabharfá do na daltaí, na múinteoirí, agus na tuismitheoirí.

4   Ceap scéal a mbeadh an seanfhocal 'Mol an óige agus tiocfaidh sí' oiriúnach mar theideal air.

5   Chuir tú agallamh ar thriúr iardhaltaí de chuid do scoile féin. Scríobh alt a bheidh bunaithe ar an agallamh sin d'iris na scoile. (Iar-Ardteist)

6   Scríobh an chaint a dhéanfá i ndíospóireacht scoile ar son *nó* in aghaidh an rún seo a leanas: 'Níl córas na bpointí ag tabhairt cothrom na Féinne do dhaltaí an lae inniu'.

7   Scríobh aiste ar an ábhar 'Oideachas'.

8   Scríobh an chaint a dhéanfá i ndíospóireacht scoile ar son *nó* in aghaidh an rún seo a leanas: 'Cuireann scrúduithe an iomarca brú ar dhaoine óga'.

CÚRSAÍ NA TIMPEALLACHTA

Nuair a bhíonn daoine ag caint faoin timpeallacht bíonn siad ag caint faoi ghnéithe éagsúla den dúlra: na cnoic agus na gleannta, an t-uisce, an t-aer, agus an fásra. Chomh maith leis sin tá an duine féin i gceist, mar aon leis na hainmhithe agus na héin, agus na sráidbhailte, na cathracha agus na tithe ina bhfuil na daoine ina gcónaí.

Ó thus an domhain tá an cine daonna ag iarraidh slí mhaireachtála a bhaint amach gan cur isteach an iomarca ar an timpeallacht. Ach, dar ndóigh, tá sé fíordheacair é sin a dhéanamh. Bhí fadó, tá anois agus beidh i gcónaí coimhlint idir forbairt agus an timpeallacht, agus tá eagraíochtaí ar nós 'Voice' ar an saol chun súil ghéar a choinneáil ar an bhforbairt sin agus chun an timpeallacht a chosaint.

Stór focal

truailliú na timpeallachta	pollution of the environment
scrios na timpeallachta	the destruction of the environment
laghdú ocsaigine mar thoradh ar dhíothú na bhforaoiseacha	reduction of oxygen because of the destruction of forests
truailliú ón trácht	pollution from traffic
truailliú eithneach	nuclear pollution
truailliú ó bhruscar	pollution from refuse
truailliú ceimiceach	chemical pollution
truailliú ó fheirmeacha	pollution from farms
truailliú torann	noise pollution
an t-aerbhrat	the atmosphere
poll i gciseal an ózóin	a hole in the ozone layer
dumpáil	dumping
todhchaí an chine daonna	the future of humankind
míshláintiúil	unhealthy
millte/scriosta	destroyed
salachar	dirt

salaíonn daoine an domhan	people dirty the world
díothú	destruction, extermination
tírdhreach	landscape
dúshaothrú	exploitation
géarchéim	crisis
acmhainní nádúrtha	natural resources
smacht	control
claochlú	transformation
cothromaíocht	balance
dul chun cinn	progress
eisilteach	effluent
a shárú	to overcome
neamhchúram	lack of care
rachmas	wealth
brú	pressure
thar na bearta	too far, excessive
díobhálach	harmful
a chaomhnú	to preserve
ciontach	guilty
inathnuaite	renewable

Abairtí úsáideacha

- Tá go leor fianaise againn go bhfuil an cine daonna ag déanamh an-dochar dó féin agus don timpeallacht, in ainm na forbartha, an rachmais, agus dul chun cinn eacnamaíochta.
- Tá Baile Átha Cliath i gcruachás faoi láthair le salachar.
- Mhair an duine ar feadh na gcéadta bliain gan stró ar bith agus gan dochar a dhéanamh don timpeallacht; ach ó ré na tionsclaíochta i leith tá brú uafásach á chur ar aerbhrat agus ar thírdhreach an domhain.
- Ceapaim go bhféadfaí a rá go bhfásann an duine as a thimpeallacht féin. Déanann éiceolaithe [*environmentalists*] sárobair chun an timpeallacht a chosaint. Tá imní orthu faoi dhíothú na bhforaoiseacha sna teochreasa [*tropics*]. Ceapann siad go bhféadfadh díothú na bhforaoiseacha dochar thar cuimse a dhéanamh do chothromaíocht na timpeallachta. Tá sé soiléir anois go gcaithfimid na foraoiseacha a chosaint mar go bhfuil gnó riachtanach acu chun ocsaigin a chur ar fáil don aerbhrat.
- Creideann saineolaithe anois go bhfuil baol ann freisin go dtosóidh Oighearaois [*Ice Age*] nua san Eoraip de dheasca na n-athruithe atá déanta ar an aimsir.
- Fuair 'cosantóir na timpeallachta', Jacques Cousteau, bás sa bhliain 1997. Chaith sé a dhúthracht ag iarraidh an timpeallacht a chosaint agus a chaomhnú, go háirithe trí mheán scannán agus clár teilifíse.

24

CLEACHTADH (100 MARC)

1 Is ball tú de chraobh áitiúil de Greenpeace, an ghluaiseacht idirnáisiúnta im-shaoil. Tá ort píosa cainte a thabhairt ag cruinniú bliantúil na craoibhe ar an téama 'Tábhacht ár dtimpeallachta'. Scríobh an píosa cainte a thabharfá ar an ócáid sin. (Iar-Ardteist)

2 Táthar chun foirgneamh tábhachtach i do cheantar féin a leagan. Scríobh an tuairisc a chuirfeá chuig nuachtán faoin scéal. (Iar-Ardteist)

3 Scríobh an chaint a dhéanfá i ndíospóireacht scoile ar son *nó* in aghaidh an rún seo a leanas: 'A leas féin, agus ní hé leas an phobail, is mó is cás le gach duine inniu'. (Iar-Ardteist)

4 Scríobh an chaint a dhéanfá i ndíospóireacht scoile ar son *nó* in aghaidh an rún seo a leanas: 'Tá an t-aos óg dall ar thionchar a dtimpeallachta orthu'. (Iar-Ardteist)

5 Scríobh an chaint a dhéanfá i ndíospóireacht scoile ar son *nó* in aghaidh an rún seo a leanas: 'Tá lá an tírghrá thart in Éirinn'. (Iar-Ardteist)

6 Scríobh aiste ar an ábhar 'Truailliú agus milleadh na timpeallachta'.

7 Táthar chun seanfhoirgneamh cáiliúil a leagadh chun bóthar nua a dhéanamh i do cheantar. Scríobh an tuairisc a chuirfeá chuig nuachtán faoin scéal.

8 Scríobh aiste ar an ábhar seo: 'Tá an timpeallacht á lot san am i láthair'.

BOCHTAINEACHT—CARTHANACHT—TÍORTHA BOCHTA

Táim ag ceapadh go mbíonn i bhfad níos mó daoine ag caint faoin mbochtaineacht, faoi charthanacht agus faoi thíortha bochta sa lá atá inniu ann ná mar a bhíodh fadó. Ach ní gá duit dul go tíortha san Afraic nó san Áis chun bochtaineacht a fheiceáil. Cé go bhfuil córas cuimsitheach leasa shóisialta againn in Éirinn, ceaptar go bhfuil beagnach an chúigiú chuid de mhuintir na tíre bocht.

Stór focal

carthanais	charitable organisations
eagraíochtaí deonacha	voluntary organisations
córas leasa shóisialta	social welfare system
cearta na ndaoine	people's rights
dínit an duine	the dignity of the person
fulaingt	suffering
práinneach	urgent
díchothaithe	undernourished
díhiodráitiú	dehydration
ganntanas	want
coilíniú	colonisation
a imdhíonadh	to immunise
easpa cothromaíochta	lack of equality
buinneach	diarrhoea

25

ar an gcaolchuid/an ngannchuid	needy, suffering from want (féach *Seal le Síomón*)
sclotrach	emaciated
sléibhte móra bia	big food mountains
Eagraíocht Bia agus Talmhaíochta na Náisiún Aontaithe	the Food and Agriculture Organisation of the United Nations (FAO)
Eagraíocht Dhomhanda na Sláinte	the World Health Organisation
Ciste na Náisiún Aontaithe um Leanaí	the United Nations Children's Fund (UNICEF)
Ar scáth a chéile a mhaireann na daoine (seanfhocal)	People survive by helping one another
cearta daonna á gceilt	human rights being denied
tacaíocht	support
polaimiailíteas	poliomyelitis (polio)
uisce truaillithe	polluted water
iasachtaí móra airgid	big money loans
an daonra ag méadú	the population increasing
galair thógálacha	infectious diseases
líon na mbocht méadaithe go mór	the number of poor people increased greatly

Abairtí úsáideacha

- Is rud uafásach ar fad iad agus is masla don chine daonna iad na híomhánna millteanacha scáfara den ghorta agus den fhulaingt a bhíonn ar na páipéir nuachta agus ar an teilifís beagnach gach lá den tseachtain.
- Deirtear go bhfaigheann níos mó ná 35,000 duine bás gach lá sna tíortha is boichte. Tugann UNICEF le fios dúinn go mbíonn ocras ar bheagnach 95 milliún leanbh agus iad ag dul a chodladh gach oíche. An gcreidfeá go bhfaigheann 8 milliún duine bás in aghaidh na bliana de bharr uisce truaillithe amháin! De réir Eagraíocht Dhomhanda na Sláinte is é ganntanas uisce nó uisce truaillithe atá freagrach as 75 faoin gcéad nó níos mó de ghalair i dtíortha bochta.
- Tá eagraíochtaí ar nós Gorta, Trócaire, Concern agus Goal ag déanamh sárobair sna tíortha sin, agus is é an cúram is mó a chuireann siad rompu ná uisce glan a chur ar fáil sna tíortha ina mbíonn siad ag obair. Is é an polasaí atá acu ná cabhair a thabhairt do dhaoine cabhrú leo féin, in ionad chuile rud a thabhairt amach saor in aisce i gcónaí.
- Tá go leor carthanas ag cabhrú le daoine bochta in Éirinn chomh maith. Déanann Cumann San Uinseann de Pól sárobair i measc daoine atá ar an gcaolchuid. Tá eagraíochtaí áitiúla ar nós Meals on Wheels i mbeagnach chuile cheantar in Éirinn, ag teacht i gcabhair ar dhaoine nach bhfuil in ann béilí a ullmhú dóibh féin.
- Carthanas eile is ea an eagraíocht darb ainm Alone, a bhunaigh Willie

Birmingham roinnt blianta ó shin. Ní mhaireann Willie Birmingham, ach maireann an eagraíocht a bhunaigh sé, agus tá obair fhiúntach chreidiúnach ar siúl ag Alone i mBaile Átha Cliath, é ag cabhrú le seandaoine aonaracha. D'aithin Willie Birmingham nach raibh an córas stáit in ann freastal ar chuile dhuine, go háirithe seandaoine a chónaíonn ina n-aonar. Dá bhrí sin tá Alone ann chun cabhair agus sólás a thabhairt dóibh.

CLEACHTADH   (100 MARC)

1   Scríobh aiste ar an ábhar 'Níl tír ar domhan gan a trioblóid féin aici', maidir le do rogha *dhá* thír iasachta. (Iar-Ardteist)

2   Ceap scéal a mbeadh an seanfhocal seo oiriúnach mar theideal air: 'Bíonn blas ar an mbeagán'. (Iar-Ardteist)

3   Scríobh aiste ar an ábhar 'Fadhb idirnáisiúnta a bhfuil an-spéis agam inti'. (Iar-Ardteist)

4   Ceap scéal nó aiste a mbeadh 'Cothrom na Féinne' oiriúnach mar theideal air. (Iar-Ardteist)

5   Scríobh an chaint a dhéanfá i ndíospóireacht scoile ar son *nó* in aghaidh an rún seo a leanas: 'A leas féin, agus ní hé leas an phobail, is mó is cás le gach duine inniu'. (Iar-Ardteist)

6   Ceap scéal a mbeadh an seanfhocal seo oiriúnach mar theideal air: 'Ar scáth a chéile a mhaireann na daoine'.

7   Scríobh aiste ar an ábhar seo: 'An gorta i dtíortha bochta inniu'.

8   Scríobh an chaint a dhéanfá i ndíospóireacht scoile ar son *nó* in aghaidh an rún seo a leanas: 'Níl réiteach ar bith ar fhadhbanna na dtíortha bochta'.

DRUGAÍ—FORÉIGEAN—COIRPEACHT

Níl amhras ar bith orm ná go bhfuil fadhb na ndrugaí, fadhb an fhoréigin agus fadhb na coirpeachta ag dul in olcas, ní hamháin in Éirinn ach ar fud an domhain. Tá sé fíordheacair teacht ar réiteach ar bith ar na fadhbanna seo, atá i bhfad níos measa faoi láthair ná mar a bhíodh am ar bith roimhe seo. Níl gach duine ar aon intinn faoi bhunchúis na bhfadhbanna seo, cé go n-aithnítear go forleathan go bhfuil an dífhostaíocht agus an bhochtaineacht ina measc.

Stór focal

éadóchas	despair
lionn dubh/lagar spride	depression
fuarchúis/patuaire	apathy
slí éalaithe	a means of escape
drugaí mídhleathacha	illegal drugs
hearóin	heroin
andúil	addiction
le fáil go forleathan	widely available
tionchar na ndrugaí	the influence of drugs
an saol mór	society

coirpeacht	crime
cúisithe	charged (in court)
díobháil	damage
ag dáileadh	distributing
dáileóirí	distributors, pushers
ar ais nó ar éigin	by hook or by crook
daoine á bhfuadach	people being kidnapped
Filleann an feall ar an bhfeallaire (seanfhocal)	The evil deed rebounds on the evil-doer

Abairtí úsáideacha

- Le roinnt blianta anuas tá fadhb an ndrugaí imithe ó smacht, agus tá drugaí mídhleathacha le fáil go forleathan i mbeagnach gach cathair agus baile mór sa tír. Is féidir drugaí ar nós 'ecstasy' agus hearóin fiú a cheannach gan stró, agus tá tionchar na ndrugaí le feiceáil i ngach áit.
- Dúirt Coimisinéir an Gharda Síochána, Pat Byrne, go bhfuil géarghá le beart a dhéanamh i gcoinne na ndáileoirí, atá ag scaipeadh an bháis i measc na n-andúileach. 'Múineann gá seift,' a deir an seanfhocal, agus níl amhras ar bith orm ná go bhfuil seift, nó b'fhéidir míorúilt, ag teastáil chun an nós urchóideach seo a chur faoi chois go deo na ndeor.
- Tá sé fíordheacair páipéar nuachta a léamh, éisteacht leis an raidió nó féachaint ar an teilifís sa lá atá inniu ann gan tuairiscí ar choireanna éagsúla agus ar eachtraí foréigneacha a bheith ar bharr na nuachta. Táim ag ceapadh go bhfuil réiteach nua-aimseartha práinneach ag teastáil sula dtagann meath níos measa ar an scéal, más féidir sin.
- Deirtear gur ceann de na cúiseanna is ea an córas eacnamaíochta atá ann in iarthar na hEorpa, mar go gcuireann sé leatrom ar dhaoine faoi leith, go mór mór ar dhaoine bochta. Dar ndóigh, tá baint ag drugaí agus ag alcól leis an bhfadhb seo. Mhol tuarascáil oifigiúil go mba chóir dúinn cúiseanna na bhfadhbanna a scrúdú, léirmheas a dhéanamh orthu, agus cíoradh a dhéanamh ar na lochtanna sóisialta a chruthaíonn meon na fuarchúise i measc daoine bochta atá ar imeall an tsaoil mhóir.

Cleachtadh (100 marc)

1 Scríobh aiste ar an ábhar seo: 'An choiriúlacht: fadhb mhór in Éirinn faoi láthair'. (Iar-Ardteist)
2 Scríobh aiste ar an ábhar seo: 'An foréigean: ní réiteach é ar fhadhb ar bith'. (Iar-Ardteist)
3 Scríobh aiste ar an ábhar 'Fadhb idirnáisiúnta a bhfuil an-spéis agam inti'. (Iar-Ardteist)
4 Scríobh aiste ar an ábhar seo: 'Príosúin agus príosúnaigh'. (Iar-Ardteist)

5 Ceap scéal a mbeadh an seanfhocal seo oiriúnach mar theideal air: 'Filleann an feall ar an bhfeallaire'.

6 Scríobh an chaint a dhéanfá i ndíospóireacht scoile ar son *nó* in aghaidh an rún seo a leanas: 'Tá an tír seo millte ag na drugaí'.

7 Táthar chun príosún a thógáil in aice do thí. Scríobh tuairisc do pháipéar nuachta faoi.

8 Ceap scéal a mbeadh an seanfhocal seo oiriúnach mar theideal air: 'Ní bhíonn an rath ach mar a mbíonn an smacht'.

NA MEÁIN CHUMARSÁIDE

I dtosach báire, cad iad na meáin chumarsáide? Dar ndóigh, i mbarr an chrainn tá an teilifís, agus ina dhiaidh sin tá na nuachtáin agus na hirisí. Chomh maith leis sin is fíor go n-éisteann an t-uafás daoine leis an raidió, go mór mór an raidió áitiúil, agus níl ceantar ar bith in Éirinn nach bhfuil stáisiún ar leith ann anois.

Tá ríomhairí thar a bheith tábhachtach sa lá atá inniu ann. Cuidíonn ríomhairí linn ar bhealaí éagsúla, mar shampla i gcúrsaí gnó, i gcúrsaí cumarsáide, agus i gcúrsaí oideachais.

Gan amhras, is cuid thábhachtach de na meáin chumarsáide tionscal na fógraíochta. Ní aontaím go hiomlán leo siúd a deir gur tionscal gan tairbhe an tionscal céanna, mar d'fhéadfaí a rá go gcuireann fógraí seirbhís eolais ar fáil don phobal.

Stór focal

na meáin chumarsáide	the mass media
raidió áitiúil	local radio
lonnaithe	situated
áibhéil	exaggeration
tairbhe	value, good
claonta	prejudiced, biased
mí-ionraic	dishonest
teoranta	limited
raon na gclár	the range of programmes
eagarthóir	editor
eagrán	edition
eagarfhocal	editorial
dul chun cinn	progress
is mithid	it's about time
acmhainn	resource
éagsúlacht	variety, diversity
ceannlínte	headlines
An rud is annamh is iontach (seanfhocal)	What's rare is wonderful
duine a agairt	to sue somebody
cumhacht	power
cinsireacht	censorship
cainéil teilifíse	television channels

féiniúlacht	identity
éileamh	demand
léiritheoir	producer
stiúrthóir	director
iriseoir	journalist
siamsúil	entertaining
scannal	scandal
réaltacht	reality
ar an meán	on average
tionchar	influence
teachtaireacht	message

Abairtí úsáideacha

* Nuair a bhíonn daoine ag plé na meán cumarsáide, agus go mór mór an teilifís agus ríomhairí, b'fhiú dóibh machnamh a dhéanamh ar thairngreacht [*prophecy*] Aldous Huxley ina leabhar *Brave New World* (1932). Dúirt Huxley go dtiocfadh an lá nuair a bheadh daoine ag adhradh meaisíní, na heolaíochta agus na teicneolaíochta nua in ionad bheith ag smaoineamh dóibh féin.

* Is é tuairim go leor daoine gur tháinig an tuar faoin tairngreacht [*the prophecy came true*] agus go bhfuil an ré sin tagtha cheana féin. B'fhéidir nach bhfuil an t-ollsmachtachas [*totalitarianism*] ar scríobh Huxley faoi forleathan go fóill, ach is cosúil go bhfuil an chuid eile dá fháistine [*prophecy*] fíor. Rinne an tOllamh Marshall McLuhan anailís ar thionchar na cumarsáide leictreonaí [*electronic communications*] agus dúirt ina leabhar *War and Peace in the Global Village* (1968) go mbeadh seomraí suí ar fud an domhain ina saghas sráidbhaile domhanda mar gheall ar an teilifís.

* Scríobh Neil Postman, ollamh in Ollscoil Nua-Eabhrac, dhá leabhar, *The Disappearance of Childhood* agus *Amusing Ourselves to Death,* ag maíomh—go mór mór sa dara leabhar—nach gcuireann Meiriceánaigh spéis i rud ar bith mura bhfeileann an 'íomhá' don teilifís.

* Ní féidir a shéanadh go bhfuil cumhacht uafásach ag na páipéir nuachta. Chuir Bernstein agus Woodward, beirt iriseoirí leis an *Washington Post,* deireadh le ré Richard Nixon mar Uachtarán na Stát Aontaithe nuair a nochtaigh siad scannal Watergate.

* Tá ré an idirlín [*internet*] linn anois, agus tá sé seo ag déanamh athrú réabhlóideach ar na meáin chumarsáide, in Éirinn agus i ngach áit eile. B'fhéidir go bhfuil tairngreacht Huxley fíor ar deireadh thiar agus gur sráidbhaile domhanda atá i ngach seomra suí ar domhan.

CLEACHTADH   (100 MARC)

1 Bhí fógra ar *An Dréimire* ag iarraidh ar dhaltaí Ardteistiméireachta ailt a scríobh ar an ábhar 'Teilifís na Gaeilge: áis iontach'. Scríobh an t-alt a chuirfeá chuig an eagarthóir ar an ábhar sin. (Iar-Ardteist)

2 Scríobh aiste ar an ábhar 'Fógraí teilifíse: is mór an crá iad'. (Iar-Ardteist)

3 Scríobh aiste ar an ábhar seo: 'An ríomhaire: níl teorainn lena bhuanna'. (Iar-Ardteist)

4 Ceap scéal nó aiste a mbeadh an seanfhocal 'An rud is annamh is iontach' oiriúnach mar theideal air. (Iar-Ardteist)

5 Ceap scéal nó aiste a mbeadh an nath cainte 'Cothrom na Féinne' oiriúnach mar theideal air. (Iar-Ardteist)

6 Scríobh aiste ar an ábhar 'Na meáin chumarsáide: is mór an dochar a dhéanann siad'.

7 Scríobh aiste ar an ábhar 'Tionchar na meán cumarsáide'.

8 Scríobh aiste ar an ábhar seo: 'An teicneolaíocht nua-aimseartha: ár leas nó ár n-aimhleas?'

CÚRSAÍ CULTÚRTHA—OIDHREACHT—AN GHAEILGE

Tá daoine ann a deir go bhfuil an Ghaeilge agus todhchaí na Gaeltachta i gcontúirt, ach nílim féin cinnte an bhfuil sé sin fíor. Is dócha go mbeadh sé fíor le rá go bhfuil meath ag teacht ar an nGaeltacht agus go bhfuil teorainneacha na fíor-Ghaeltachta ag cúlú le roinnt blianta anuas. Ach má tá, nach bhfuil an Ghaeilge ag scaipeadh agus ag neartú in áiteanna eile?

Go deimhin, tá feabhas nach beag ag teacht ar an scéal ar fud na tíre. Tá Raidió na Gaeltachta ag craoladh ar fud na tíre agus ag dul i bhfeabhas in aghaidh an lae. Agus cad faoi TG4? Tá roinnt de na cláir go hiontach ar fad. Chomh maith leis sin tá forbairt den scoth déanta ag na scoileanna Gaelacha le blianta beaga.

Stór focal

cúrsaí cultúrtha	cultural matters
oidhreacht	heritage
dúchas	heritage, native culture
Briseann an dúchas trí shúile an chait (seanfhocal)	You can't hide your nature
athbheochan	revival
meath	decline
cnuasach	collection
ceol tíre/ceol traidisiúnta	traditional music
seanchaíocht/scéalaíocht	storytelling
daltaí a spreagadh chun Gaeilge a labhairt	encouraging pupils to speak Irish
dátheangachas	bilingualism
Tír gan teanga tír gan anam (seanfhocal)	A country without a language is a country without a soul
ó ghlúin go glúin	from generation to generation
dearcadh dearfa	a positive outlook

Abairtí úsáideacha

• Nuair a bhíonn daoine ag caint agus ag scríobh faoi chúrsaí cultúrtha is iomaí uair nach ndéanann siad trácht ar rud ar bith ach an Ghaeilge, agus b'fhéidir ceol traidisiúnta; ach tá i bhfad níos mó ná na rudaí sin i gceist. Is cuid dár gcultúr iománaíocht, camogaíocht, peil Ghaelach, agus go deimhin liathróid láimhe.

• Ach tá áit ar leith i gcultúr na hÉireann ag an nGaeilge, mar is í an teanga an chuid is lárnaí de chultúr ar bith. Tá baint nach féidir a bhriseadh idir an Ghaeilge agus cultúr, ceol, litríocht, stair agus logainmneacha na hÉireann, agus fiú ár n-ainmneacha féin. Is fíor don té a dúirt, 'Tír gan teanga tír gan anam'.

CLEACHTADH (100 MARC)

1 Scríobh an chaint a dhéanfá i ndíospóireacht scoile ar son *nó* in aghaidh an rún seo a leanas: 'Is buntáiste mór é gur oileán í Éire'. (Iar-Ardteist)

2 Scríobh aiste ar an ábhar seo: 'Is trua nach aon náisiún amháin an cine daonna uile agus gan ach teanga amháin acu'. (Iar-Ardteist)

3 Aiste a scríobh ar an ábhar seo: 'Conradh na Gaeilge agus na heagraíochtaí eile Gaeilge: an maith iad?' (Iar-Ardteist)

4 Scríobh an tuairisc a thabharfá do dhuine ón iasacht ar cad is Éireannach ann. (Iar-Ardteist)

5 Scríobh an chaint a dhéanfá i ndíospóireacht scoile ar son *nó* in aghaidh an rún seo a leanas: 'Tá lá an tírghrá thart in Éirinn'. (Iar-Ardteist)

6 Scríobh aiste ar an ábhar 'Tír gan teanga tír gan anam'.

7 Scríobh aiste ar an ábhar seo: 'Níl spéis ag muintir na hÉireann in athbheochan na Gaeilge'.

CEOL AGUS SPÓRT

Gan amhras ar bith tá spéis faoi leith ag beagnach gach aon duine i gcúrsaí ceoil agus i gcúrsaí spóirt. Pléitear ceol agus spórt i ngach áit ar fud na tíre. An bhfuil U2 níos fearr ná Oasis? An bhfuil Liverpool níos fearr ná 'United'? An mbeidh an lámh in uachtar ag an Mí nó ag Maigh Eo? Cé acu is fearr, Contae an Chláir nó Contae Loch Garman? An raibh George Best níos fearr ná Pelé? Go deimhin, meas tú an mbeadh mórán le rá againn lena chéile murach an ceol agus an spórt?

Stór focal

ceol tíre/ceol traidisiúnta/ceol Gaelach	traditional music
pop-cheol, roc-cheol	pop music, rock music
ceol clasaiceach	classical music
snagcheol	jazz
ceol a sheinm	to play music
ranganna ceoil	music classes

amhránaíocht ar an sean-nós	traditional singing
ceolchoirm/coirm cheoil	concert
á n-eisiúint	being released
amaitéarachas	amateurism
gairmiúil	professional
bréag-amaitéarachas	false amateurism
gnó mór é an spórt	sport is big business
rathúil	successful
an phríomhroinn	the premier division
comórtas	competition
gníomhaire	agent, representative
conradh	contract
brabach	profit
tuarastal	income, pay
lucht tacaíochta	supporters
áiseanna	facilities
gan stró	effortlessly
bainisteoir	manager
gortú	injury
contúirt	danger
straitéis	strategy
corn	cup
ciniceas	cynicism
milliúnaí	millionaire
buaiteoir	victor
caismirt	scuffle
sábháilteacht	safety
coiste	committee
poiblíocht	publicity
pionóis	sanctions

Abairtí úsáideacha

- Táim ag ceapadh go dtaispeánann ceol, agus go mór mór pop-cheol agus roc-cheol, na difríochtaí agus an easpa cumarsáide atá ann idir daoine óga agus iad siúd nach bhfuil óg a thuilleadh. Is maith le glúin amháin saghas áirithe ceoil ach b'fhearr leis an nglúin eile a mhalairt. Dá gcasfadh DJ dlúth-cheirnín [CD] le Daniel O'Donnell ag dioscó bheadh rírá agus raic ann, agus chuile sheans go gcaithfí an DJ amach; agus dá dtosódh Daniel O'Donnell ag casadh 'Champagne Supernova' le Oasis, meas tú cad a dhéanfadh a lucht leanúna? Bhuel, gan amhras ar bith bheadh ionadh an domhain orthu.
- Ainneoin go bhfuil spéis ollmhór ag daoine óga i bpop-cheol agus i roc-cheol, níl amhras dá laghad orm ná go bhfuil níos mó daoine óga ag seinm ceol Gaelach anois ná mar a bhí le fada an lá.

- Tá athruithe móra tagtha ar spórt le roinnt blianta anuas. Is gnó mór é an spórt sa lá atá inniu ann. Tá urraíocht ar fáil ó dhaoine agus ó chomhlachtaí atá sásta deontais agus tacaíocht a thabhairt don lucht spóirt.
- Creidtear go bhfuil fadhb na ndrugaí go forleathan i measc lucht spóirt ar fud an domhain.
- Cé nach n-íoctar airgead le peileadóirí ná le hiománaithe anseo in Éirinn, tá go leor daoine ag rá go bhfuil bréagamaitéarachas ag teacht isteach i gcluichí na nGael.

Cleachtadh (100 marc)

1 Scéal nó aiste a cheapadh a mbeadh 'Cothrom na Féinne' oiriúnach mar theideal air. (Iar-Ardteist)
2 Scéal a cheapadh a mbeadh do rogha *ceann amháin* acu seo oiriúnach mar theideal air:
   (*a*) 'Ní bhíonn in aon rud ach seal'
   (*b*) 'Díomá'.   (Iar-Ardteist)
3 Scéal a cheapadh a mbeadh do rogha *ceann amháin* acu seo oiriúnach mar theideal air:
   (*a*) 'Bíonn blas ar an mbeagán'
   (*b*) 'Ar mhuin na muice'.   (Iar-Ardteist)
4 Aiste a scríobh ar an ábhar seo: 'An ceol: a thábhacht i saol an duine'. (Iar-Ardteist)
5 Tá iriseoir ceoil á lorg ag an nuachtán *Anois* agus tá spéis agatsa sa phost sin. Caithfidh gach iarratasóir alt samplach ar ghné shuntasach éigin den cheol a chur chuig an mbainisteoir. Scríobh an t-alt a chuirfeá féin ag triall ar an mbainisteoir sin. (Iar-Ardteist)
6 Aiste a scríobh ar an ábhar seo: 'Laochra staire, laochra spóirt, laochra d'aon saghas—is gairid í cuimhne na ndaoine orthu'. (Iar-Ardteist)
7 Scríobh aiste ar an ábhar 'Caitear an iomarca airgid ar chúrsaí spóirt'.
8 Scríobh aiste ar an ábhar seo: 'Pop-cheol agus gach a mbaineann leis: ár leas nó ár n-aimhleas?'

Leideanna don cheapadóireacht

Conas Díospóireacht a Scríobh

1 Tugtar rún duit, agus caithfidh tú an chaint a dhéanfá ar son *nó* in aghaidh an rúin sin a scríobh.
2 Tá an cheist seo oiriúnach dóibh siúd a bhfuil taithí acu i ndíospóireachtaí.
3 Tá an cheist seo oiriúnach freisin dóibh siúd a bhfuil go leor muiníne acu agus a bhfuil samhlaíocht mhaith acu.
4 Ba chóir tús agus deireadh na díospóireachta a bheith ullmhaithe agat roimh ré.

AN TÚS

A chathaoirligh, a mholtóirí, a chomhdhaltaí, agus a lucht an fhreasúra,

Is mise … agus tá áthas orm a rá libh go bhfuil mé chun labhairt ar son/in aghaidh an rúin seo. Beidh an fhoireann thall ag iarraidh a gcuid tuairimí a chur ina luí oraibh, ach molaim daoibh gan cluas a thabhairt dóibh. Ar aon nós tá mise ar son/i gcoinne an rúin seo ar chúiseanna suntasacha, agus cuirfidh mé roinnt de na cúiseanna sin os bhur gcomhair láithreach.

Ar an gcéad dul síos …

AN DEIREADH

A chathaoirligh, a mholtóirí, a chomhdhaltaí, agus a bhaill na foirne eile,

Táim beagnach tagtha go deireadh mo chuid cainte ar an rún seo. Tá súil agam go n-aontaíonn sibh leis an gcuid is mó de mo chuid tuairimí. Ní hionann ceart agus neart, ach táim ag ceapadh go bhfuil ceart ar mo thaobhsa nuair a deirim …

Chun críoch a chur le mo chuid cainte is mian liom mo bhuíochas a ghabháil libh as an éisteacht chineálta a thug sibh dom. Go gcúití Dia libh é, agus go raibh míle maith agaibh.

CONAS ÓRÁID A SCRÍOBH

Tá an oráid agus an díospóireacht mar an gcéanna ach go bhfuil difríocht thábhachtach amháin eatarthu. Bíonn an díospóireacht conspóideach, sa chaoi is go mbíonn ort saghas argóna a dhéanamh faoin rún; agus, dar ndóigh, bíonn dhá thaobh i gceist i gcónaí. Bíonn ort labhairt *ar son* an rúin agus ar son d'fhoirne sa díospóireacht. Ach nuair a bhíonn óráid i gceist is caint aonair a bhíonn ar siúl agat, agus bíonn tú ag labhairt go poiblí i dtaobh ábhair éigin.

Bíonn an leagan amach céanna ag an óráid agus ag an díospóireacht.

AN TÚS

A phríomhoide, a mhúinteoirí, agus a chomhdhaltaí go léir,

Is mise … agus tá áthas orm deis a fháil labhairt libh inniu/anocht ar feadh scaithimh. Ar an gcéad dul síos caithfidh mé a rá go bhfuilim neirbhíseach agus beagán trína chéile, agus dá bhrí sin tá mé ag impí oraibh a bheith foighneach liom.

AN DEIREADH

A phríomhoide, a mhúinteoirí, agus a chomhdhaltaí, tá ceann scríbe [*end of the journey*] bainte amach agam, agus tá súil agam gur bhain sibh taitneamh agus tairbhe de shaghas éigin as a raibh le rá agam. Go raibh míle maith agaibh as bheith lách cineálta. Guím rath Dé oraibh go léir, agus tá súil agam go n-éireoidh go geal libh.

CONAS AISTE A SCRÍOBH AR ÁBHAR TEIBÍ

Bíonn aiste amháin ar an bpáipéar scrúdaithe go minic a mbíonn baint aici le hábhar teibí. Más mian leat aiste mar seo a scríobh ba chóir duit a bheith cúramach faoi na gnéithe seo a leanas:

- go dtuigeann tú teideal na haiste
- go mbeidh tú in ann ábhar na haiste a láimhseáil gan stró
- go mbeidh tú in ann aiste *iomlán* a scríobh
- go bhfuil a fhios agat nach mbíonn ach *focal amháin* i dteideal na haiste, mar shampla 'Saibhreas', 'Síocháin', 'Uaigneas', 'Saoirse', 'Tírghrá', 'Áilleacht', 'Aoibhneas', 'Díomá', agus mar sin de.

CONAS AISTE A SCRÍOBH AR ÁBHAR SAINIÚIL

Bíonn ceapadóireacht amháin ar an bpáipéar de ghnáth a mbíonn baint aici le hábhar sainiúil. Seo cúpla leideanna faoi na haistí sin.

- Bíonn teideal uirthi ar nós 'Níl mórán measa ag muintir na hÉireann ar pholaiteoirí' nó 'Tír bhreá í Éire le saoire a chaitheamh inti' (Iar-Ardteist)
- Bíonn ort do thuairimí féin a chur in iúl agus tú ag scríobh aiste ar ábhar sainiúil.
- Ba chóir duit *na buntáistí agus na míbhuntáistí* a chur in iúl.

CONAS ALT NUACHTÁIN NÓ IRISE A SCRÍOBH

- Iarrtar ar dhaltaí alt a scríobh le haghaidh nuachtáin nó le haghaidh irise.
- Ba chóir duit cleachtadh a dhéanamh ar ghiotaí a scríobh i gcomhair nuachtáin áitiúil, más féidir leat.
- Má tá iris scoile agaibh ba chóir duit píosaí a scríobh di.
- Ba chóir duit píosaí a scríobh le ceannlíne oiriúnach ar gach alt.
- Ba chóir duit taithí a fháil
  —ar spórt
  —ar chúrsaí reatha
  —ar cheol
  —ar TG4 agus ar Raidió na Gaeltachta
  —ar do dhúiche féin.

CONAS SCÉAL A SCRÍOBH

Is minic a thugtar seanfhocal nó nath cainte mar theideal sa cheist seo. Go deimhin, d'fhéadfá scéal a cheapadh faoi fhocal amháin, mar shampla an focal 'Díomá' (Iar-Ardteist) Tá aithne agam ar go leor daltaí a cheap scéal bunaithe ar an teideal 'Díomá' sa bhliain sin, agus d'éirigh thar barr leo.

- Tugann an scéal go leor saoirse duit maidir le ciall a bhaint as an seanfhocal nó an nath cainte sa teideal.
- Tá sé furasta go leor focail agus nathanna cainte a bheith foghlamtha agat agus tú ag dul isteach chuig an scrúdú.

- Ós rud é gur *scéal* atá i gceist, is féidir leat é a scríobh san *aimsir chaite*.
- Is féidir leat *saibhreas teanga, fairsinge Gaeilge* agus *cruinneas* a thaispeáint sa saghas seo aiste.

ROINNT SEANFHOCAL AGUS NATHANNA CAINTE

- Ní bhíonn in aon rud ach seal [*life is short*] (Iar-Ardteist)
- Bíonn blas ar an mbeagán [*a little tastes nice*] (Iar-Ardteist)
- Ar mhuin na muice [*on the pig's back*] (Iar-Ardteist)
- An rud is annamh is iontach [*what's rare is wonderful*] (Iar-Ardteist)
- Cothrom na Féinne [*fair play*] (Iar-Ardteist)
- Is ait an mac an saol [*life is strange*] (Iar-Ardteist)
- Ní mar a shíltear a bítear [*things aren't always what they seem*] (Iar-Ardteist)
- Is glas iad na cnoic i bhfad uainn [*the far-off hills are greener*] (Iar-Ardteist)
- Mol an óige is tiocfaidh sí [*praise the young and they'll improve*].
- Is fearr cara sa chúirt ná punt sa sparán [*friends are more useful than money*].
- Briseann an dúchas trí shúile an chait [*you can't hide your true nature*].
- Is binn béal ina thost [*a closed mouth is best*].
- Ní bhíonn an rath ach mar a mbíonn an smacht [*there's no good without discipline*].
- Is í aois na hóige aois na glóire [*youth is the best time of your life*].
- Aithníonn ciaróg ciaróg eile [*it takes one to know one*].
- Níl aon tinteán mar do thinteán féin [*there's no place like home*].
- Is minic ciúin ciontach [*the silent are often guilty*].
- Cad a dhéanfadh mac an chait ach luch a mharú? [*people can only follow their nature*].
- Ní bhíonn saoi gan locht [*nobody's perfect*].
- I dtosach na haicíde is fusa í a leigheas [*it's better to act quickly and not let a problem get out of hand*].
- Is fearr an tsláinte ná na táinte [*health is better than wealth*].
- Beidh lá eile ag an bPaorach [*there will always be another day*].
- Tír gan teanga tír gan anam [*a country without its own language is like a country without a soul*].
- Filleann an feall ar an bhfeallaire [*a person's bad deeds will rebound on them*].
- Ar scáth a chéile a mhaireann na daoine [*people survive by helping one another*].

Na Ceisteanna Scrúdaithe (Ceist 1)

SCRÚDÚ NA hARDTEISTIMÉIREACHTA, 2004
GAEILGE—ARDLEIBHÉAL—PÁIPÉAR 1
(170 marc)

Ní mór do na hiarrthóirí cúram a dhéanamh de chruinneas na teanga. Caillfear marcanna trí bheith faillíoch ann.

CEIST 1	—CEAPADÓIREACHT—	[100 marc]

Freagair do rogha **ceann amháin** de *A, B, C nó D* anseo thíos.
Nóta: Ní gá dul thar 500–600 focal nó mar sin i gcás ar bith.

A	—AISTE—	(100 marc)

Scríobh **aiste** ar **cheann amháin** de na hábhair seo.
(a) Réaltaí spóirt (<u>nó</u> ceoil <u>nó</u> scannán) — tá an iomarca tionchair acu ar aos óg na linne seo.
(b) Saol an duine shingil — is é is fearr agus is taitneamhaí.
(c) Baol agus bagairt i saol an lae inniu.

B	—SCÉAL—	(100 marc)

Ceap **scéal** a mbeadh do rogha **ceann amháin** diobh seo oiriúnach mar theideal air.
(a) *Is binn béal ina thost.*
(b) Míthuiscint.

C	—ALT NUACHTÁIN nó IRISE—	(100 marc)

Freagair do rogha **ceann amháin** díobh seo.
(a) Léigh tú alt i gceann de nuachtáin an Domhnaigh faoi thábhacht agus faoi thairbhe na gCluichí Oilimpeacha Speisialta a bhí ar siúl in Éirinn anuraidh. Chuir an t-alt sin fearg ort.

Scríobh an t-**alt** a chuirfeá chuig eagarthóir an nuachtáin ar an ábhar sin.

(b) Mar chuid de 'Sheachtain na Sláinte' a bhí ar siúl i do scoil i mbliana, bhí ort agallamh a chur ar dhochtúir <u>nó</u> ar bhia-eolaí faoin ábhar *'An bia inár saol'*.

Scríobh **alt** d'iris na scoile a bheadh bunaithe ar an agallamh sin.

D —DÍOSPÓIREACHT nó ÓRÁID— (100 marc)

Freagair do rogha <u>**ceann amháin**</u> díobh seo.

(a) Scríobh an **chaint** a dhéanfá i ndíospóireacht scoile ar son **nó** in aghaidh an rúin seo a leanas:

'Níl ról ar bith ag Arm na hÉireann i saol an lae inniu.'

(b) Iarradh ort píosa cainte a thabhairt ag cruinniú tuismitheoirí sa scoil ar an téama:

'Is cúis imní an tionchar atá ag an ábhar léitheoireachta do dhéagóirí (irisí etc.), agus atá le fáil ar an margadh faoi láthair, ar dhéagóirí na hÉireann.'

Scríobh an **píosa cainte** a thabharfá ag an gcruinniú sin.

SCRÚDÚ NA hARDTEISTIMÉIREACHTA, 2003
GAEILGE—ARDLEIBHÉAL—PÁIPÉAR 1
(170 marc)

Ní mór do na hiarrthóirí cúram a dhéanamh de chruinneas na teanga. Caillfear marcanna trí bheith faillíoch ann.

CEIST 1 —CEAPADÓIREACHT— [100 marc]

Freagair do rogha <u>**ceann amháin**</u> de *A*, *B*, *C nó D* anseo thíos.
Nóta: Ní gá dul thar 500–600 focal nó mar sin i gcás ar bith.

A —AISTE— (100 marc)

Scríobh **aiste** ar <u>**cheann amháin**</u> de na hábhair seo.
(a) Ní hionann saibhreas agus sonas.
(b) Reiligiún i saol an lae inniu: is minic a bhíonn polaitíocht chomh maith le creideamh i gceist.
(c) Easpa cothromaíochta i ndáileadh an rachmais is cúis le mórchuid fadhbanna sóisialta.

| B | —SCÉAL— | (100 marc) |

Ceap **scéal** a mbeadh do rogha **ceann amháin** díobh seo oiriúnach mar theideal air.
(a) *Glacann fear críonna comhairle.*
(b) Caimiléireacht.

| C | —ALT NUACHTÁIN nó IRISE— | (100 marc) |

Freagair do rogha **ceann amháin** díobh seo.
(a) Rinne tú suirbhé i measc do chomhscoláirí ar chaighdeán, ar éifeacht (tionchar) agus ar chineál na gclár teilifíse a bhféachann daoine óga orthu.

Scríobh an t-**alt** a chuirfeá chuig nuachtán Gaeilge faoinar léiríodh sa suirbhé.

(b) Bhí comórtas i nuachtán Gaeilge ag lorg alt ar an ábhar seo a leanas:
Bíonn cúrsaí na Gaeilge agus na Gaeltachta rómhinic mar ábhar i bhfoilseacháin áirithe Gaeilge.

Scríobh an t-**alt** a chuirfeá isteach ar an gcomórtas.

| D | —DÍOSPÓIREACHT nó ÓRÁID— | (100 marc) |

Freagair do rogha **ceann amháin** díobh seo.
(a) Scríobh an **chaint** a dhéanfá – i ndíospóireacht scoile – ar son nó in aghaidh an rúin seo a leanas:
Is mó go mór a bhfuil de bhuntáistí ná de mhíbhuntáistí ag baint leis an idirlíon.

(b) Iarradh ort **caint** a thabhairt sa rang Gaeilge ar an téama seo:
Na fadhbanna a bhíonn ag seandaoine i láthair na huaire.

Scríobh an **chaint** a thabharfá ar an téama sin.

SCRÚDÚ NA hARDTEISTIMÉIREACHTA, 2002
GAEILGE—ARDLEIBHÉAL—PÁIPÉAR 1
(170 marc)

(Ní mór do na hiarrthóirí cúram a dhéanamh de chruinneas na teanga. Caillfear marcanna trí bheith faillíoch ann.)

| CEIST 1 | —CEAPADÓIREACHT— | [100 marc] |

Freagair do rogha **ceann amháin** de *A*, *B*, *C nó D* anseo thíos.
Nóta: Ní gá dul thar 500–600 focal nó mar sin i gcás ar bith.

| A | —AISTE— | (100 marc) |

Scríobh **aiste** ar **ceann amháin** de na hábhair seo.
(a) Ní fáiltiúil an tír í seo níos mó.
(b) Ní raibh de thoradh riamh ar chogaíocht ach tuilleadh cogaíochta.
(c) Éire—tír álainn trína chéile.

| B | —SCÉAL— | (100 marc) |

Ceap **scéal** a mbeadh do rogha **ceann amháin** díobh seo oiriúnach mar theideal air.
(a) An té a shantaíonn an t-iomlán, caillfidh sé an t-iomlán.
(b) Brú.

| C | —ALT NUACHTÁIN nó IRISE— | (100 marc) |

Freagair do rogha **ceann amháin** díobh seo.
(a) Chuir tú isteach ar áit ar chúrsa iriseoireachta trí Ghaeilge a bhí á eagrú ag Údarás na Gaeltachta. Bhí ort **alt** a scríobh, agus é a sheoladh le d'iarratas, ar an ábhar:
Is breá deas an rud í an óige.

Scríobh an t-**alt** a sheolfá chuig an Údarás.

(b) Bhí comórtas sa nuachtán *Foinse* ag iarraidh alt ar an ábhar seo a leanas:
A bhfuil i ndán don Ghaeilge sa chéad seo.

Scríobh an t-**alt** a chuirfeá isteach don chomórtas.

41

D —DÍOSPÓIREACHT nó ÓRÁID— (100 marc)

Freagair do rogha **ceann amháin** díobh seo.
(a) Scríobh an **chaint** a dhéanfá, i ndíospóireacht scoile ar son **nó** in aghaidh an rúin seo a leanas:
Is é an t-airgead cúis agus máthair gach oilc.

(b) Iarradh ort **caint** a thabhairt, ag cruinniú poiblí, ar an téama seo:
Neodracht na hÉireann agus Cúrsaí Idirnáisiúnta.

Scríobh an **píosa cainte** a thabharfá ag an téama sin.

SCRÚDÚ NA hARDTEISTIMÉIREACHTA, 2001

GAEILGE—ARDLEIBHÉAL—PÁIPÉAR 1
(170 marc)

(Ní mór do na hiarrthóirí cúram a dhéanamh de chruinneas na teanga. Caillfear marcanna trí bheith faillíoch ann.)

CEIST 1 —CEAPADÓIREACHT— [100 marc]

Freagair do rogha **ceann amháin** de *A*, *B*, *C nó D* anseo thíos.
Nóta: Ní gá dul thar 500–600 focal nó mar sin i gcás ar bith.

A —AISTE— (100 marc)

Aiste a scríobh ar **cheann amháin** de na hábhair seo.
(a) Nósanna agus tuairimí faiseanta—tá aos óg na linne seo ina sclábhaithe acu.
(b) An Fíorghrá—ní mórán de a fheictear i saol an lae inniu.
(c) 'Éireannachas'—cad é féin?

B —SCÉAL— (100 marc)

Scéal a cheapadh a mbeadh do rogha **ceann amháin** díobh seo oiriúnach mar theideal air.
(a) Is minic a bhíonn ciúin ciontach.
(b) Aoibhneas.

C   **—ALT NUACHTÁIN nó IRISE—**   **(100 marc)**

Freagair do rogha __ceann amháin__ díobh seo.

(a) Bhí fógra san iris *Feasta* ag iarraidh ar dhaltaí Ardteistiméireachta ailt a scríobh ar an ábhar *'Na meáin chumarsáide—tá an iomarca tionchair acu ar mheon an phobail.'* Scríobh an t-**alt** a chuirfeá chuig an eagarthóir ar an ábhar sin.

(b) Chuir tú agallamh ar thriúr iarscoláirí de chuid do scoile féin a bhfuil (**nó** a raibh) fadhb acu (fadhb óil nó drugaí, mar shampla). Scríobh **alt** d'iris na scoile a bheidh bunaithe ar an agallamh sin.

D   **—DÍOSPÓIREACHT nó ÓRÁID—** **(100 marc)**

Freagair do rogha __ceann amháin__ díobh seo.

(a) Scríobh an **chaint** a dhéanfá, i ndíospóireacht scoile ar son **nó** in aghaidh an rúin seo a leanas:

'Ní fhaigheann daoine óga éisteacht ar bith sa tír seo.'

(b) Is tú ambasadóir na hÉireann go Meiriceá. Tá ort píosa cainte a thabhairt ag cruinniú i mBoston a mheallfaidh turasóirí agus lucht tionscail go hÉirinn. Scríobh an **píosa cainte** a thabharfá ag an gcruinniú sin.

SCRÚDÚ NA hARDTEISTIMÉIREACHTA, 2000

GAEILGE—ARDLEIBHÉAL—PÁIPÉAR 1
(170 marc)

(Ní mór do na hiarrthóirí cúram a dhéanamh de chruinneas na teanga. Caillfear marcanna trí bheith faillíoch ann.)

CEIST 1   **—CEAPADÓIREACHT—**   **[100 marc]**

Freagair do rogha __ceann amháin__ de *A, B, C nó D* anseo thíos.
Nóta: Ní gá dul thar 500–600 focal nó mar sin i gcás ar bith.

| A | —AISTE— | (100 marc) |

Aiste a scríobh ar **ceann amháin** de na hábhair seo.
(a) Éire na Naomh agus na nOllúna—a bhfuil i ndán di.
(b) An Mhílaois Nua—ré an dóchais nó an éadóchais?
(c) Laochra an Fichiú hAois a chuaigh i bhfeidhm go mór orm. (Is leor trácht a dhéanamh ar **bheirt**.)

| B | —SCÉAL— | (100 marc) |

Scéal a cheapadh a mbeadh do rogha **ceann amháin** díobh seo oiriúnach mar theideal air.
(a) Bíonn an fhírinne searbh!
(b) Misneach.

| C | —ALT NUACHTÁIN nó IRISE— | (100 marc) |

Freagair do rogha **ceann amháin** díobh seo.
(a) Bhí fógra sa nuachtán *Foinse* ag iarraidh ar dhaltaí Ardteistiméireachta ailt a scríobh ar an ábhar *'Fadhbanna an aosa óig—is measa anois ná riamh iad.'* Scríobh an t-**alt** a chuirfeá chuig an eagarthóir ar an ábhar sin.
(b) Chuir tú agallamh ar thriúr iarscoláirí de chuid do scoile féin féachaint cén tionchar a bhí ag na laethanta scoile a chaith siad san iarbhunscoil ar an saol atá acu inniu. Scríobh **alt** d'iris na scoile a bheidh bunaithe ar an agallamh sin.

| D | —DÍOSPÓIREACHT nó ÓRÁID— | (100 marc) |

Freagair do rogha **ceann amháin** díobh seo.
(a) Scríobh an **chaint** a dhéanfá, i ndíospóireacht scoile ar son **nó** in aghaidh an rúin seo a leanas: *'Ba chóir torthaí scrúdaithe na n-iarbhunscoileanna a eisiúint go poiblí.'*
(b) Is ball tú de chumann áitiúil de pháirtí polaitíochta éigin. Tá ort píosa cainte a thabhairt ag cruinniú den pháirtí ar an téama *'An bhfuil polasaí na neodrachta i gcúrsaí idirnáisiúnta oiriúnach don tír seo?'* Scríobh an **píosa cainte** a thabharfá ag an gcruinniú sin.

Ceist 2. Léamhthuiscint—treoracha

- Caithfidh tú *dhá shliocht* a léamh agus ceisteanna a fhreagairt ar ábhar na sleachta.

- Is iomaí uair a thógtar na sleachta as irisí nó nuachtáin.

- Ba chóir go mbeadh na freagraí *i d'fhocail féin* chomh fada agus is féidir, ach is féidir leat roinnt de na focail atá sa sliocht a chur isteach i do fhreagra.

- Fiú mura dtuigeann tú ceist (nó ceisteanna) b'fhiú duit buille faoi thuairim [*guess*] a thabhairt.

- Molaim duit sliocht a léamh uair amháin ar dtús. Ansin léigh na ceisteanna a ghabhann leis an sliocht, agus cuir líne faoi *na focail is tábhachtaí sna ceisteanna*. Ansin léigh an sliocht arís agus cuir líne faoi *na focail chéanna sa sliocht*. Ba chóir go mbeadh an freagra le fáil in aice na bhfocal sin.

- Ná bíodh imní ort mura dtuigeann tú gach focal. Is é *brí ghinearálta* an tsleachta an rud is tábhachtaí.

- Féach ar an scéim mharcála (leathanach vii).

Anois táim chun go leor samplaí a thabhairt duit ionas go mbeidh tú in ann neart cleachtaidh a dhéanamh. Is féidir feabhas mór a chur ar do chuid oibre agus marcanna arda a fháil sa triail tuisceana má leanann tú na treoracha thuas.

Irisí agus nuachtáin

- *Foinse*
- *Lá*
- *Comhar*
- *Cumarsáid*
- *An tEolaí*
- *An Dréimire*
- *Saol*
- *Mahogany Gaspipe*
- *Irish Times*

AN LÉAMHTHUISCINT

Scrúdaítear *cumas tuisceana* an dalta ar pháipéar 1. Caithfidh tú *dhá shliocht* a léamh agus ceisteanna a fhreagairt.

Tá 70 marc le fáil sa cheist seo, mar atá:

A: 35 marc
B: 35 marc.

- Read the passage carefully.

- Read the questions.

- Read the passage again.

- Underline words in the passage that match words in the questions, using the number of the question. This is very useful for those who are unsure or who have no idea what that part of the passage means.

- Remember that there will often be two or three parts to a question. *Answer all parts of each question.*

- You may be asked your opinion: 'i do thuairim,' 'dar leat,' etc. In that case start your answer with 'Is é mo thuairim …' 'Ceapaim …', 'Is dóigh liom …' etc.

- Note that the great majority of the marks are for your comprehension of the passage and correct answering. While correct grammar is important, having the correct answer is much more important.

- Your answers should be in your own words; but don't hesitate to quote directly from the passage if you cannot form an answer in your own words.

Na sleachta

LÉAMHTHUISCINT 1 LE FREAGRAÍ SAMPLACHA
(Iar-Ardteist)

Léigh an sliocht seo a leanas agus freagair na ceisteanna a ghabhann leis. [*Bíodh na freagraí i d'fhocail féin, oiread agus is féidir leat.*]

SA BHEARNA BHAOIL

1. Tháinig deireadh le gairid le misean síochána na Náisiún Aontaithe sa Liobáin, áit a raibh fórsaí síochána na hÉireann lonnaithe le blianta fada. Ní túisce deireadh curtha le misean amháin ná go bhfuil ceann nua tosaithe in áit eile. Tá fórsaí síochána na tíre seo díreach tosaithe ar dualgas sa Libéir, tír bheag in iarthar na hAfraice, a raibh cogadh cathartha fuilteach ar siúl inti go dtí le fíorghairid. Misean crua dainséarach a bheidh ann mar cé go bhfuil an phríomhchathair, Monrovia, ciúin go maith, ní hionann an scéal sa chuid eile den tír sin, áit a bhfuil na bóithre breac le baracáidí a mbíonn páistí óga ina bhfeighil agus iad armáilte go draid agus gunna ina sheilbh ag gach uile fhear sa tír.

2. Téann fréamhacha an chogaidh chathartha sa Libéir siar go dtí bunú chathair Mhonrovia féin. I mí Feabhra, 1820, d'fhág bád a raibh 83 duine gorm inti cuan Nua-Eabhrac ag triall ar chósta na hAfraice. Iarsclábhaithe ba ea na daoine seo a d'éalaigh óna máistrí i nDeisceart na Stát Aontaithe agus a theith ó

thuaidh ag lorg tearmainn dóibh féin. Cuireadh feachtas ar bun i Nua-Eabhrac chun deis a thabhairt do na daoine seo saoirse agus saol nua a bhaint amach dóibh féin ina dtír féin san Afraic. De thoradh an fheachtais seo, d'éirigh le cuid de na hiarsclábhaithe Cape Mesurado ar chósta na Libéire a cheannach i mí na Nollag, 1821. I Meiriceá, tugadh an t-ainm 'Monrovia' ar an bhfeachtas seo agus go luath ina dhiaidh sin tugadh an t-ainm céanna ar an mbaile a tógadh timpeall ar bhá Mesurado.

3. D'eascair teannas idir na hiarsclábhaithe agus na daoine dúchasacha sa Libéir. Críostaithe ba ea na

hiarsclábhaithe agus rinne siad iarracht a gcreideamh a bhrú ar na dúchasaigh. Theip orthu san iarracht sin. De réir a chéile chuaigh tionchar na n-iarsclábhaithe i bhfeidhm ar an tír go dtí gur éirigh leo dul i gcumhacht. Bhain toradh tubaisteach leis na beartais a cuireadh i bhfeidhm ón am sin amach ar shaol na ndúchasach sa tír. Mheall an rialtas infheisteoirí Eorpacha chun na Libéire agus cuireadh talamh ar fáil chun plandálacha rubair a bhunú timpeall ar chathair Mhonrovia. Caitheadh go dona leis na dúchasaigh. Ní hé amháin sin ach sa bhliain 1930 tuairiscíodh gur fhulaing na dúchasaigh an sclábhaíocht cheannann chéanna ar fheirmeacha na n-iarsclábhaithe agus a d'fhulaing na hiarsclábhaithe féin ar na plandálacha cadáis i nDeisceart na Stát Aontaithe dhá ghlúin roimhe sin.

4. Sa bhliain 1980, d'éirigh leis na dúchasaigh duine dá mbunadh féin, Samuel Doe, a chur i gcumhacht mar uachtarán ar an tír. Ba de thoradh an oideachais a cuireadh ar na dúchasaigh agus i ngeall ar an eagrú polaitiúil a lean sin a d'éirigh leo an t-éacht sin a dhéanamh. Ach bhí stíl neamhthrócaireach ag Doe. Ní hé amháin gur thug sé tús áite dá threibh féin ach ruaig sé treibheanna eile as a ngabháltais dhúchasacha sa chaoi gurbh éigean dóibh teitheadh as an tír uile.

5. D'iarr na teifigh seo cabhair ar Uachtarán an Chósta Eabhair, Charles Taylor, Libéireach de shliocht na n-inimirceach agus fear a raibh nimh san fheoil aige do Doe agus dá lucht leanúna. D'ionsaigh Taylor an Libéir agus bhí an cogadh cathartha faoi lán seoil. Nuair a maraíodh Doe

i 1990 ceapadh Taylor mar uachtarán ar an Libéir, a thír dhúchais féin. Chreid bunáite na ndaoine go gcuirfí deireadh leis an gcogadh agus go bhféadfaí cneácha na tíre a leigheas. Faraor, ní mar sin a tharla. Ní raibh na treibheanna uile sásta a gcuid arm a ligean uathu de bharr a mímhuiníne as Taylor. Chuir dhá ghrúpa reibiliúnaithe ó dheisceart na tíre feachtas míleata ar siúl ina aghaidh agus nuair a rinneadh léigear fíochmhar ar Mhonrovia b'éigean

d'fhórsaí síochána Afraiceacha faoi stiúir Mheiriceá a ladar a chur sa scéal. Cuireadh deireadh le réimeas Taylor agus ghlac na Náisiúin Aontaithe cúram na síochána orthu féin. Is é an misean is contúirtí fós acu é agus is í an bhearna bhaoil is measa ar sheas saighdiúirí cróga na hÉireann riamh inti.

Ceisteanna

1. (a) Cén misean nua atá ag fórsaí síochána na Náisiún Aontaithe de réir an *chéad ailt*? (3 mharc)

   (b) Cén fhianaise atá san *alt céanna* a thaispeánann go mbaineann dainséar leis an misean seo? (4 mharc)

2. (a) Cén feachtas a cuireadh ar bun i Nua-Eabhrac de réir an *dara halt*? (3 mharc)

   (b) Cén chaoi a bhfuair Monrovia a ainm de réir an *ailt chéanna*? (3 mharc)

3. Luaigh **dhá** fháth ar eascair (fhás) teannas idir na hiarsclábhaithe agus na dúchasaigh de réir an *trú halt*. (6 mharc)

4. (a) Luaitear 'éacht' sa *cheathrú halt*. Cén t-éacht atá i gceist anseo? (4 mharc)

   (b) Cad dó a dtugtar an chreidiúint as an 'éacht' seo a bhaint amach (*an t-alt céanna*)? (4 mharc)

5. (a) Cén chaoi ar tharla sé gur bhain Charles Taylor uachtaránacht na Libéire amach de réir an *cúigiú halt*? (4 mharc)

   (b) Cén t-eolas atá san *alt céanna* a thabharfadh míniú dúinn ar an mímhuinín a bhí ag na dúchasaigh as Charles Taylor? (4 mharc)

LÉAMHTHUISCINT 1—NA FREAGRAÍ SAMPLACHA

(i) (a) Tá misean nua acu sa Libéir.

    (b) Is misean dainséarach é mar go bhfuil baracáidí ar na bóithre agus iad faoi chúram páistí óga armáilte.

(ii) (a) Bunaíodh feachtas i Nua-Eabhrac chun seans a thabhairt do na hiarsclábhaithe saoirse agus chomh maith leis sin saol nua a bhaint amach dóibh féin san Afraic. (b) Fuair sé a ainm ón ainm a tugadh ar an bhfeachtas.

(iii) D'fhás an teannas eatarthu mar . . .

- Bhrúigh na hiarsclábhaithe a gcreideamh féin ar na dúchasaigh, ach theip orthu.

- Bhí toradh uafásach ar na beartais a chuir na hiarsclábhaithe i bhfeidhm ar an tír ar shaol na ndúchasach.

(iv) (a) Gur chuir na dúchasaigh Samuel Doe duine dá mbunadh féin i gcumhacht mar uachtarán ar a dtír féin.

    (b) Tharla sé mar gheall ar an oideachas a fuair na dúchasaigh agus mar gheall ar an eagrú polaitiúil a tháinig de bharr sin.

(v) (a) Mar d'iarr na teifigh cabhair air; d'ionsaigh sé an Libéir agus nuair a maraíodh Samuel Doe bhain Taylor uachtaránacht na tíre amach.

    (b) Ní raibh muinín acu as mar ba de shliocht na n-imirceach é agus bhí nimh san fheoil aige do lucht leanúna Doe Chomh maith leis sin níor cuireadh deireadh leis an gcogadh.

LÉAMHTHUISCINT 2 LE FREAGRAÍ SAMPLACHA
(Iar-Ardteist)

Léigh an sliocht seo a leanas agus freagair na ceisteanna a ghabhann leis. [*Bíodh na freagraí i d'fhocail féin, oiread agus is féidir leat.*]

OIDHREACHT STAIRIÚIL Á COSAINT

1. Ag deireadh na bliana 2003, thángthas ar thaisí 23 duine le linn do chonraitheoirí innealtóireachta cáblaí leathanbhanda teileachumarsáide a bheith á leagan acu faoi cheann de na príomhshráideanna sa Mhuileann gCearr. Seo é an dara suíomh den chineál seo atá aimsithe ag conraitheoirí ann le roinnt blianta anuas. Sa bhliain 1999, thángthas ar reilig eile a bhaineann le mainistir de chuid Ord San Proinsias a théann siar go dtí an dara haois déag. Fuarthas 30 corp an uair sin i gcúinne amháin den reilig agus tugadh suntas mór do shliogáin éisc a bheith á gcaitheamh ag na manaigh nuair a adhlacadh iad. De

réir na gcuntas scríofa atá ar fáil, thugtaí sliogáin d'oilithrigh a théadh ar oilithreacht go dtí mainistir i gcathair Compostela i dTuaisceart na Spáinne.

2. Sa dá chás thuasluaite b'éigean do na conraitheoirí, faoi fhorálacha dlí a reachtaíodh níos mó ná cúig bliana déag ó shin, *Acht um Chosaint na dTaisí Náisiúnta*, stop a chur leis an tógáil agus fios a chur ar sheandálaithe leis na láithreacha a iniúchadh. Cleachtas é seo a léiríonn an cúram is gá do chonraitheoirí a ghlacadh orthu féin sa lá atá inniu ann leis an oidhreacht stairiúil a chaomhnú.

3. Ag an tochailt is deireanaí sa Mhuileann gCearr, thángthas ar thuama faoi thalamh. Cuid é de Phrióireacht Doiminiceánach a théann siar go dtí an tríú agus an ceathrú haois déag, dar le staraithe áitiúla. Bhunaigh teaghlach Normannach de shloinne, Nuinseann, an Phrióireacht seo i 1237. Shaothraigh duine acu, Gearóid, an léann dúchasach mar fhile gairmiúil agus bhain clú agus cáil amach dó féin. Cuireadh an Phrióireacht faoi chois faoin *Acht um Thoirmeasc na Mainistreacha*, a reachtaíodh faoi réimeas Anraí VIII i 1540. Baineadh leas aisti i ndiaidh a toirmisc mar phríosún ar feadh na gcéadta bliain. Tá ainm an cheantair féin, 'Blackhall', lán le macallaí na staire. San ainm Béarla sin, tá tuairisc ar stádas an Bhéarla mar

theanga labhartha sa limistéar thart ar chathair Bhaile Átha Cliath ar tugadh an Pháil air sa Mheánaois.

4. Aimsíodh cnámharlaigh 16 duine sa cheantar seo agus is léir ó leagan amach na reilige gur cuireadh na coirp ar bhealach nach raibh pleanáilte mar go raibh siad caite le chéile ann. Ní bhfuarthas míniú air seo nó gur cuartaíodh foinsí na staire scríofa. De réir annála an bhaile chuirtí daoine chun báis go poiblí os comhair gheata na Prióireachta, ar phríosún í féin faoin am seo, agus b'fhéidir gur míniú é seo ar na coirp a bheith caite le chéile sa reilig agus na cloigne (cinn) a bheith ar iarraidh ar chuid acu! Ba shin í an dara huair taobh istigh de chúig bliana ar tháinig stair scríofa nó an seanchas i gcabhair ar an tseandálaíocht le stair an bhaile a ríomh. Agus féach ar an scéal stairiúil, suimiúil a tháinig chun solais: daingean de chuid na Páile le hainm álainn, An Muileann gCearr, nár fhéad na Sasanaigh a chur as riocht lena n-iarracht ar é a bhéarlú; mainistir Phroinsiasach agus ceangal aici leis an Spáinn; teaghlach Normannach a sholáthraigh filí a fuair oiliúint i scoileanna na mbard; Prióireacht a coigistíodh san

16ú céad. Nach suimiúil an stair í!

5. Is d'Oifig na nOibreacha Poiblí, do An Taisce agus do Dhúchas atá an buíochas ag dul gur sealbhaíodh an oiread sin dár stair le blianta beaga anuas. Ba iad siúd, seachas na polaiteoirí, a rinne an gaisce. Cinnte, is mór an dul chun cinn a rinneadh ó thús na seachtóidí den chéad seo caite nuair a b'éigean do dhaoine príobháideacha ar nós F.X. Martin, ollamh agus sagart, feachtas aonair a chur ar bun in aghaidh Bhardas Bhaile Átha Cliath chun láthair fhíorthábhachtach seandálaíochta a bhain leis na Danair i Sráid Winetavern sa phríomhchathair a chaomhnú. Bhuail sé an chéad bhuille i gcath a d'fhás ina chogadh. Chaill an tOllamh misniúil an cath an t-am sin. De bharr a agóide sin, ámh, cuireadh ceangal docht dlí ar thógálaithe tús áite a thabhairt dár n-oidhreacht luachmhar, stairiúil.

Gluais: Prióireacht = Séipéal agus ionad cónaithe

(i) (a) Cén obair innealtóireachta a luaitear sa *chéad alt* a bhí ar siúl sa Mhuileann gCearr i 2003 nuair a thángthas ar na taisí? (4 mharc)

    (b) Cén chaoi ar chabhraigh na cuntais scríofa le míniú a thabhairt ar na sliogáin a fuarthas le linn na tochailte i 1999 (*an t-alt céanna*)?

(4 mharc)

(ii) Cén fáth arbh éigean do na conraitheoirí fios a chur ar na seandálaithe de réir an *dara halt*? (4 mharc)

(iii) (a) Luaigh **dhá** rud ón *tríú halt* faoin teaghlach a bhunaigh an Phrióireacht. (6 mharc)

    (b) Cad a tharla don Phrióireacht faoi réimeas Anraí VIII de réir an *ailt chéanna*? (3 mharc)

(iv) (a) Cén chaoi a n-éiríonn leis an stair scríofa míniú a thabhairt ar an gcuma a bhí ar na corpáin sa reilig de réir an *ceathrú halt*? (4 mharc)

    (b) Luaigh **dhá** ghné atá sa *cheathrú halt* a thaispeánann gur stair shuimiúil, dar leis an údar, atá ag an Muileann gCearr. (6 mharc)

(v) 'Chaill an tOllamh misniúil an cath an t-am sin,' a deirtear sa *chúigiú halt*. Cad atá i gceist leis an gcaint sin? (4 mharc)

LÉAMHTHUISCINT 2—NA FREAGRAÍ SAMPLACHA

(i) (a) Bhí cáblaí leathanbhanda teileachumarsáide á leagan faoi bhun ceann de phríomhshráideanna an Mhuileann gCearr.

    (b) Mhínigh na cuntais scríofa an fáth a dtugtaí sliogáin éisc do na hoilithrigh a théadh go Compostela na Spáinne.

(ii) Chun na láithreacha a iniúchadh agus an oidhreacht stairiúil seo a chaomhnú.

(iii) (a) • Bunaíodh an Phrióreacht i 1237.

      • Bhain duine acu, Gearóid, clú agus cáil amach mar fhile gairmiúil.

(iv) (a) Mar mhínigh na hannála go gcuirtí daoine chun báis go poiblí, ar aghaidh gheata an phríosúin, agus b'fhéidir gur míniú é sin ar bhfáth go raibh na coirp caite le chéile sa reilig, agus an fáth go raibh an chuma sin ar na corpáin.

    (b) • Mar theip ar na Sasanaigh é a bhéarlú.

      • Mar tá mainistir Phroinsiasach ann a bhfuil ceangal aici leis an Spáinn.

      • Mar gheall ar na filí, a sholáthraigh teaghlach Normannach. Fuair na filí sin oiliúint i scoileanna na mbard.

NB Any two of three

(v) Séard atá i gceist ná gur chuir sé feachtas ar bun in aghaidh Bhardas Bhaile Átha Cliath chun an láthair seandálaíochta a chaomhnú ach chaill sé an cath sin.

LÉAMHTHUISCINT 3
(Iar-Ardteist)

Léigh an sliocht seo a leanas agus freagair na ceisteanna a ghabhann leis. [*Bíodh na freagraí i d'fhocail féin, oiread agus is féidir leat.*]

Picasso agus Leabhar Cheanannais

'Guernica' le Picasso   *Giota as Leabhar*

An lá úd sa bhliain 1937 ba bhaile ciúin é Gernika, baile beag i dTír na mBascach. Is beag a shíl na daoine ann go rabhthas ar tí iad a shéideadh isteach i gCogadh Cathartha na Spáinne, agus go mbainfí áit lárnach amach dóibh dá thoradh sin i stair an domhain agus i stair na healaíne. Ní raibh a fhios acu go raibh Gernika roghnaithe mar áit tástála d'airm na Gearmáine chun cabhrú le Franco an cogadh cathartha a bhuachan.

Lá breá brothallach a bhí ann: na daoine ag dul thart ag tabhairt aire dá ngnóthaí féin, páistí ag súgradh, mná ag siopadóireacht, daoine ag léamh na nuachtán faoi imeachtaí an chogaidh. Go tobann bhí na heitleáin le cloisteáil sa spéir os a gcionn. D'fhéach na daoine suas le teann fiosrachta. Níor bhaol dóibh, dar leo. Díreach ansin is ea a thit na buamaí, áfach—arís agus arís eile, ag lot, ag dó, ag marú. Fágadh na mílte marbh nó loiscthe, agus bhí foirgnimh an bhaile go léir scriosta. Bhí Crann Gernika dóite chomh maith; ba é seo an crann dara a bhí ag fás i lár an bhaile, agus ba shamhailchomhartha é de shaoirse agus d'fhéiniúlacht na mBascach.

B'shin mar a thástáil Hitler na hairm mharfacha a bhí sé a ullmhú dá fheachtas mór go gairid ina dhiaidh sin. Chabhraigh an scrios sin le Franco chun an cogadh a bhuachan, ach níor chlóigh sé spiorad na saoirse sna daoine ann. I ndiaidh an chogaidh tógadh Gernika amhail mar a bhí sé roimh an scrios, lena chrann loiscthe i lár an bhaile. Ón uafás sin shíolraigh ceann de na saothair ealaíne is cáiliúla ar domhan, *Guernica* de chuid Picasso.

Rugadh Pablo Ruíz Picasso, duine de mhór-ealaíontóirí na haoise seo, i Málaga na Spáinne ar 25 Deireadh Fómhair 1881. Chaith sé mórán dá shaol i bPáras, agus tá cáil dhomhanda air mar athair na healaíne nua-aoisí. Cailleadh é i Mougins na Fraince ar 8 Aibreán 1973. Fiú daoine nach bhfuil aon chur amach acu ar Phicasso chuala siad trácht ar *Guernica*, múrmhaisiú in oladhath ar chanbhás a péinteáladh i 1937 don Taispeántas Idirnáisiúnta i bPáras. Is é an pictiúr is cáiliúla é de chuid Picasso. As bheith ag féachaint air is féidir le duine mórán den bhrón, den bhascadh, den bharbarthacht a bhí i gceist sa scrios úd a mhothú.

Go dtí le fíordhéanaí is istigh i seomra speisialta i nDánlann an Reina Sofía i Madrid a bhí *Guernica* le feiceáil, agus cás mór de ghloine philéardhíonach thart air lena chosaint ó dhaoine buile. Ach anois tá an ghloine bainte de agus is féidir é a fheiceáil gan aon loinnir air. Tá an cogadh cathartha úd thart le fada, agus níor chóir gurbh aon bhagairt é íomhá seo na barbarthachta a thuilleadh.

Tá domhainscrúdú déanta ag na saineolaithe ar na tionchair uile a chuaigh i bhfeidhm ar an bpéintéir agus *Guernica* á dhearadh aige, agus tá an saghas líníochta atá le fáil i Leabhar Cheanannais á áireamh acu i measc na dtionchar sin. B'fhiú, mar sin, cuairt a thabhairt ar Mhadrid agus seal a chaitheamh os comhair *Guernica* ann, teacht ar ais ansin agus bualadh isteach i gColáiste na Tríonóide, áit a bhfuil taispeántas nua díreach tar éis tosú ag ceiliúradh Leabhar Cheanannais, ceann de sheoda móra ealaíne na hÉireann.

[As alt in *Anois* le Pádraig Ó Domhnalláin.]

(i)   (*a*)   Cén fáth ar theastaigh ó Franco an baile beag úd a scrios?   (3 mharc)

      (*b*)   Cén fáth a raibh Hitler sásta cuidiú leis?   (4 mharc)

(ii)   Breac síos *trí* mhórphointe eolais faoin gcrann úd i nGernika.   (6 mharc)

(iii)   Breac síos, as an gceathrú halt, *dhá* mhórphointe eolais faoi Phicasso féin agus *dhá* mhórphointe eolais faoin bpictiúr *Guernica*.   (8 Marc)

(iv)   (*a*)   Cá bhfuil an pictiúr *Guernica* anois?   (2 mharc)

      (*b*)   Cén fáth a raibh cás gloine thart air ar feadh tamaill agus gur baineadh an cás sin de le déanaí?   (4 mharc)

(v)   (*a*)   Luaitear seoid áirithe d'ealaín na hÉireann san alt deireanach. Cén tseoid í, agus cá bhfuil sí le feiceáil?   (4 mharc)

      (*b*)   Cén chomparáid a dhéantar san alt céanna idir an tseoid sin agus an pictiúr *Guernica*?   (4 mharc)

LÉAMHTHUISCINT 4
(Iar-Ardteist)

Léigh an sliocht seo a leanas agus freagair na ceisteanna a ghabhann leis. [*Bíodh na freagraí i d'fhocail féin, oiread agus is féidir leat.*]

Titim na Fraince —————

Tá sé os cionn fiche bliain ó bhí mé sa Fhrainc cheana. Chaith mé roinnt míonna ag obair ansin i 1973. Bhí mé beo bocht agus ag iarraidh bheith i mo scríbhneoir. Caithfidh mé a rá gur thit mé i ngrá le Páras agus le muintir na Fraince, lena dteanga, a gcuid litríochta agus ealaíon. D'fhill mé i mí Iúil seo caite. Bhí mé ag dúil le tír tharraingteach m'óige arís, ach díomá a chuir gach a bhfaca mé orm. Ní raibh mé sa chathair ach dhá lá nuair a bhí fonn orm teitheadh abhaile.

An dúil chráite agus an tsaint san airgead is mó a ghoill orm. Mura raibh tú sásta béile daor a chaitheamh i mbialann níor léir dom go raibh aon fháilte romhat ag na freastalaithe. D'fhág formhór na bhfreastalaithe sin—i siopaí, i gcaifí agus i dtithe tábhairne—samhnas orm, agus bhí doicheall le léamh ar a ngoití. Níor chuala a bhformhór trácht riamh ar chúirtéis, gan trácht ar fháilte Uí Cheallaigh!

TÚR EIFFEL, PÁRAS

Ba mhó ná sin an t-athrú a bhí tagtha ar an aos óg. Le trí mhilliún duine dífhostaithe agus easnamh buiséid de 322 billiún franc (£43 billiún), ní hiontas iad a bheith imníoch faoin todhchaí. Bhí a gcuid radacachais caite i dtraipisí ag a bhformhór mór. Níor theastaigh uathu ach post a fháil ar ais nó ar éigean. Níor ghoill na teisteanna eithneacha san Aigéan Ciúin Theas orthu a dhath. 'Je m'en fous' ('Ní haon chuid de me ghnósa é') an nath ba thúisce chucu.

Bhí seo le haithint freisin ar an dóigh ar caitheadh le bochtáin agus trampanna. Níor casadh liom riamh trampanna chomh hainnis leis na trampanna a casadh liom i bPáras. Tá fíor-dhrochbhail orthu seo. Uair dá raibh d'fhéadfaidís síneadh siar ar na suíocháin sa Métro san oíche; ach chinn duine drochaigeanta éigin ar chathaoireacha crua stáin a chur isteach sa Métro sa chaoi nach bhféadfaidís síneadh ná codladh orthu. Codlaíonn na trampanna seo anois ar ghreillí sna sráideanna, áit a mbíonn aer te ag teacht aníos ó shiopaí báicéara agus a leithéidí. Is minic gan bróg ná stoca orthu agus cuma ainnis ghalrach ar a n-aghaidh. Trasna na sráide uathu d'fhéadfadh craosaire éigin a bheith ag alpadh béile a chosnódh suas le £100 in airgead na hÉireann. Níl aon dul as ag na bochtáin gan dídean ach codladh sna tuamaí agus sna luscaí i Reilig Montparnasse in iar-dheisceart na cathrach. Bhíodh cistin anraith sa tsráid ina raibh mé ag lonnú, Rue Jean-Baptiste de la Salle, chun fóirithint ar an lucht fáin seo, ach dúnadh é: meas fhear na cruaiche ar fhear na luaithe atá ar bhochtáin Pháras anois!

Leis an dúil chráite seo sa mhaoin, an bogadh ar dheis i gcúrsaí polaitíochta, agus an aeráid neamhchinnte eacnamaíochta, tá filistíneacht uafásach ag borradh i measc mhuintir na Fraince. Seo tír a thug Villon, Rousseau, Baudelaire, Hugo, Zola, Sartre, Camus agus a leithéidí dúinn ach nár chuir scríbhneoir, file, dearthóir ná péintéir den scoth ar fáil le os cionn fiche bliain. Eachtrannaigh príomhscríbhneoirí agus príomhfhilí na Fraince inniu. Is Seiceach é Milan Kundera, a bhfuil cáil dhomhanda ar a úrscéalta Fraincise, agus is ón Eilvéis an file is bisiúla acu, Jaccotte, a chónaíonn faoi scáth Mont Bernard.

[*As alt san* Irish Times *le Diarmuid Ó Gráinne.*]

(i) Luaigh *trí* mhórphointe as an gcéad alt faoin tréimhse a chaith an scríbhneoir sa Fhrainc i 1973. (7 marc)

(ii) Luaigh *dhá* mhórphointe atá aige sa dara halt faoi iompar an lucht freastail. (7 marc)

(iii) Luaigh *dhá* mhórphointe atá aige sa tríú halt faoin aos óg sa Fhrainc. (7 marc)

(iv) (*a*) Cén fáth nach féidir leis na bochtáin luí ar na suíocháin sa Métro a thuilleadh? (3 mharc)

    (*b*) Luaigh an *dá* áit i bPáras a dtéann na bochtáin a chodladh iontu anois. (4 mharc)

(v) San alt deireanach tá cur síos ar an athrú atá tagtha ar ghné áirithe de shaol na Fraince. Inis, i mbeagán focal, cén t-athrú é sin. (7 marc)

LÉAMHTHUISCINT 5
(Iar-Ardteist)

Léigh an sliocht seo a leanas agus freagair na ceisteanna a ghabhann leis.
[*Bíodh na freagraí i d'fhocail féin, oiread agus is féidir leat.*]

Údar misnigh?

Bhí **John Hume** i mbun oibre i nDoire ag seoladh plean eacnamaíochta don chathair agus **David Trimble** ag filleadh abhaile ó thuras geilleagrach i Meiriceá nuair a fógraíodh in Oslo gurbh iad a bhuaigh Duais **Nobel** na síochána i 1998. Luach saothair a bhí ann do **John Hume** agus dá bhean, **Pat**, as ucht na hoibre éachtaí a rinne siad le tríocha bliain anuas. Údar mór gairdis ba ea é dá lucht leanúna, agus bhí sceitimíní áthais ar mhuintir Dhoire agus ar náisiúnaithe an Tuaiscirt. Ní raibh na haontachtaithe chomh glórach céanna, ach ba mhór an t-údar misnigh an gradam do chairde **David Trimble**, mar go neartódh sé é in éadan a naimhde, dar leo.

Bhí ceiliúradh speisialta ar siúl i gColáiste Cholm Cille i nDoire, alma mater **John Hume** agus **Séamus Heaney**, a bhuaigh Duais **Nobel** na Litríochta i 1995. Is beag coláiste in aon áit a bheadh ábalta a mhaíomh gur oil sí beirt a bhuaigh Duais **Nobel** i bhfoisceacht cúpla bliain dá chéile—duine as ucht a chuid oibre don tsíocháin agus duine as filíocht. I 1976 bhuaigh beirt Thuaisceartach eile gradam síochána **Nobel**. Ba iadsan **Mairéad Corrigan** agus **Betty Williams** ó Ghluaiseacht na Síochána.

Chinn Coiste **Nobel** gur thuill **Hume** agus **Trimble** an duais as ucht a gcuid oibre ar mhaithe le deireadh a chur leis an gcoinbhleacht. Luadh ceannródaíocht **Hume** ina chuid cainteanna le **Gerry Adams** chun sos comhraic buan an IRA a chur sa tsiúl. Smaoinítear, ámh, ar an drochíde a tugadh do **Hume** a chuaigh sé chun cainte le **hAdams** i dtús ama. Maslaíodh é agus gortaíodh é, ach threisigh sé ar a chuid iarrachtaí. Bhí Sinn Féin ríméadach as ucht ainmniú **John Hume** ach doicheallach go maith faoi **David Trimble**, mar go bhfuil siad in amhras faoina dhea-thoil. Ní déarfadh **John Hume** dada go poiblí faoin sásamh pearsanta a bhain sé as an ngradam ach a rá gur onóir do gach aon duine a bhí gníomhach sa phróiseas síochána a bhí ann.

Ba í breith na coitiantachta go rachadh an gradam chun tairbhe don pholaitíocht. Bhí ceannaire an SDLP an-tomhaiste ina chuid cainte faoi. Ba mhór an onóir dó é, ach ba é an t-aitheanas agus an t-uchtach don phróiseas polaitiúil an ní ba thábhachtaí, ar seisean. Dúirt Coiste **Nobel** go raibh súil acu go gcuideodh a gcinneadh leis an bpróiseas. Bhí an Taoiseach, **Bertie Ahern**, den tuairim chéanna. Rinne sé comhghairdeas leis an mbeirt bhuaiteoirí ach thagair sé go speisialta don ardmheas atá ag an bpobal uilig ar **John Hume**.

Le blianta beaga anuas thug Coiste **Nobel** aitheantas do phróiseas na síochána san Afraic Theas, nuair a bhronnadar an gradam ar **Nelson Mandela** agus ar **F. W. de Klerk** i '93. Rinne siad iarracht i '94 freisin tacaíocht a thabhairt don phróiseas sa Mheán-Oirthear leis an ngradam a thabhairt do **Yasser Arafat**, **Yitzhak Rabin**, agus **Shimon Peres**. Tá an tacaíocht chéanna léirithe arís i 1998. Ach tá fainic ag baint le fógairt an ghradaim do **Hume** agus do **Trimble**, mar fógraíodh é an lá céanna a raibh iarracht eile á déanamh cainteanna idir **Arafat** na Palaistíne agus **Netanyahu** Iosrael a chur ar bun. Meabhraíonn an comhtharlú seo dúinn nach bhfuil cúrsaí polaitíochta sa Tuaisceart slán sábháilte fós.

Ainneoin seo, is maith an oidhe ar **Hume** agus ar **Trimble** a ngradam. Faoi mar a dúirt an Seanadóir **George Mitchell** fúthu, 'murach **John Hume** ní bheadh aon phróiseas síochána ann; murach **David Trimble** ní bheadh aon chomhaontú síochána ann.'

(As alt i *Foinse* le **Póilín Ní Chiaráin**.)

(i)   (a)   Cad a bhí ar siúl ag John Hume nuair a fógraíodh
        comhbhuaiteoirí Duais Nobel in Oslo i 1998?   (3 mharc)

      (b)   Cén fáth a raibh cairde David Trimble sásta gur
        bronnadh an duais seo ar Trimble?   (3 mharc)

(ii)   (a)   Cén chúis mhaíte atá ag an gcoláiste a luaitear sa *dara halt*?
                                                (4 mharc)

      (b)   Luaigh pointe **amháin** eolais atá luaite san *alt céanna*
        faoi Shéamus Heaney.   (3 mharc)

(iii)   (a)   Luaitear 'ceannródaíocht Hume' sa *tríú halt*. Cad atá
        i gceist leis seo?   (5 mharc)

      (b)   Luaitear san *alt céanna* go raibh Sinn Féin 'doicheallach
        go maith' faoi David Trimble. Cén fáth a raibh Sinn
        Féin doicheallach faoi?   (3 mharc)

(iv)   'Bhí an Taoiseach, Bertie Ahern, den tuairim chéanna.'
     Cad atá i gceist san abairt sin as an *gceathrú halt*?   (6 mharc)

(v)   (a)   Cén chosúlacht, de réir an *cúigiú halt*, atá idir bronnadh
        na duaise i 1998 agus an bronnadh a rinne Coiste Nobel
        le blianta beaga anuas?   (4 mharc)

      (b)   Cén fáth a ndeir an scríbhneoir go bhfuil 'fainic ag baint
        le fógairt an ghradaim do Hume agus do Trimble'?   (4 mharc)

LÉAMHTHUISCINT 6
(Iar-Ardteist)

Léigh an sliocht seo a leanas agus freagair na ceisteanna a ghabhann leis.
[*Bíodh na freagraí i d'fhocail féin, oiread agus is féidir leat*].

Scrios an *Lusitania*

Níl teorainn lena bhfuil scríofa faoin scannán *Titanic* le bliain anuas. Tionscadal rathúil eile de chuid Hollywood a rinneadh as scéal iomráiteach an *Titanic*. Ach d'fhéadfadh an scéal a bhaineann leis an *Lusitania* a bheith níos iomráití fós. Nuair a cuireadh an long seo go tóin poill 84 bliain ó shin, seacht lá tar éis di Nua-Eabhrac a fhágáil ar a bealach go Learpholl, ní raibh ceapadh ar bith ag an 2,000 duine ar bord gur i bhfarraigí na hÉireann a bheadh leaba a mbáis ag a bhformhór. Bhain gné shuntasach le scrios an *Lusitania* nár bhain leis an *Titanic*, ámh. Níor thimpiste mhí-ádhúil faoi deara an tubaiste ach gníomh réamhbheartaithe gránna an duine den sórt a tharlaíonn go minic le linn cogaíochta.

Tráthnóna álainn samhraidh a bhí ann an lá sin, an 7ú lá de Bhealtaine 1915. Bhí an *Lusitania* ag treabhadh léi laisteas de Chionn tSáile. Ar deic na loinge a bhí tromlach na bpaisinéirí neamhamhrasacha agus aoibhneas á bhaint acu as leoithne ghaoithe agus as radharc a fháil ar chósta iathghlas na hÉireann. Go tobann, gan fógra gan foláireamh, phléasc toirpéad díreach faoi dhroichead na loinge. Ar nós feallmharfóra ar bith, scaoil fomhuireán Gearmánach a urchar tubaisteach chun bealaigh gur réab sé taobh a íobartaigh neamhairdiúil. Rinne an Captaen Turner tréaniarracht an *Lusitania* a stiúradh i dtreo an chósta, ach ba ghearr gur tuigeadh dó go raibh an long imithe ó smacht air. Ní raibh sé in acmhainn í a stopadh ag gluaiseacht ach oiread chun na báid tharrthála a sheoladh go sabháilte.

Ag gol go faíoch a bhí mná agus páistí agus iad ag bordáil na mbád tarrthála. Bhí na fir á bhfágáil ina ndiaidh acu ar léir óna n-éadan go raibh an drochuair tagtha. Barr ar an mí-ádh, d'iompaigh cuid mhór de na báid tharrthála béal fúthu nuair a theagmhaigh siad leis an sáile, mar níorbh fhéidir an long a stopadh ó ghluaiseacht. Taobh istigh de 18 nóiméad tháinig an bás agus an léan de bharr ghníomh an U-bháid. Báthadh 1,195 duine agus tháinig 764 slán. Go dtí an **Cóbh**, 'Queenstown' mar a ghlaoití air ag an am, a tugadh formhór na gcorpán, áit ar cartadh oll-uaigh atá fós le feiceáil ann. Ba léanmhar an radharc é sraitheanna de choirp, gasúir agus leanaí ina measc, a fheiceáil agus iad sínte os cionn cláir sna marbhlanna. Tógadh leacht cuimhneacháin simplí ann i gcuimhne ar mhóreachtra millteanach.

Bhí an Cogadh Mór ar siúl agus bhain gach aon taobh a chasadh féin as an tubaiste … an Bhreatain ag maíomh nach raibh ach paisinéirí ar bord, an Ghearmáin ag áitiú go raibh airm ar bord chomh maith. Ón taighde atá déanta ó shin, tá sé tagtha chun solais go raibh 173 tonna d'armlón ar bord an *Lusitania,* 4,000,000 piléar raidhfil agus 5,000 sliogán pléascach san áireamh. Rinneadh cáineadh láidir ar an nGearmáin faoinar tharla, ach mheas na Gearmánaigh dá dtabharfaí an t-armlón sin i dtír go marófaí na mílte dá gcuid saighdiúirí. Ní raibh an dara rogha ag na Gearmánaigh mar gurbh iad féin a bheadh thíos leis, dar leo. Tá sé spéisiúil gur cheil an Bhreatain gach eolas a bhain leis an *Lusitania.* Creidtear gur baineadh mí-úsáid as na paisinéirí bochta aineolacha mar chumhdach. Tuairiscítear go bhfuair an Aimiréalacht i Londain tuairiscí faoi ghníomhaíocht na nU-bhád agus go bhféadfaidís an t-eolas sin a roinnt leis an *Lusitania* le go seachnódh sí an chontúirt. Ní dhearnadh sin. Creidtear freisin go raibh plean ag na Briotanaigh an long a chur sa chontúirt le Stáit Aontaithe Mheiriceá a tharraingt isteach sa chogadh. Bádh 128 saoránach de chuid na Stát Aontaithe, agus go gairid ina dhiaidh sin baineadh leas as scrios an *Lusitania* mar chúis le go dtaobhódh Meiriceá leis na Comhghuaillithe.

(As alt san *Irish Times.*)

(i) (*a*) Cén turas a bhí á dhéanamh ag an *Lusitania* nuair a cuireadh go grinneall í?   (3 mharc)

(*b*) Cén 'ghné shuntasach' a bhain le scrios an *Lusitania* nár bhain leis an *Titanic*?   (3 mharc)

(ii) (*a*) Sa *dara halt* cuirtear an fomhuireán Gearmánach i gcomparáid le 'feallmharfóir'. Cén fáth?   (4 mharc)

(*b*) Luaigh deacracht amháin a bhí ag an gCaptaen Turner leis an *Lusitania* tar éis na pléisce a luaitear san *alt céanna*.   (3 mharc)

(iii) (*a*) Luaitear sa *tríú halt* gur iompaigh cuid mhór de na báid
    tharrthála. Cén fáth ar iompaigh siad? (3 mharc)

    (*b*) Breac síos **dhá** phointe eolais faoin gCóbh atá rianaithe
    san *alt céanna*. (4 mharc)

(iv) 'Ní raibh an dara rogha ag na Gearmánaigh mar gurbh iad
    féin a bheadh thíos leis, dar leo.' Cad atá i gceist san abairt
    sin as an *gceathrú halt*? (8 marc)

(v) (*a*) Cén t-eolas a cheil an Bhreatain ar an *Lusitania* a luaitear
    san *alt deireanach*? (4 mharc)

    (*b*) Cén 'leas' a baineadh as scrios an *Lusitania*? (3 mharc)

LÉAMHTHUISCINT 7
(Iar-Ardteist)

Léigh an sliocht seo a leanas agus freagair na ceisteanna a ghabhann leis.
[*Bíodh na freagraí i d'fhocail féin, oiread agus is féidir leat.*]

Teangacha i mbaol a gcaillte

1. Faoi dheireadh na haoise seo, is é is dóichí ná a mhalairt ná nach
mbeidh tásc ná tuairisc ar leath de na 5,000 teanga atá á labhairt ar fud
na cruinne inniu. Imíonn teanga amháin as úsáid in aghaidh na coicíse!
Níl ansin ach cuid de na staitisticí duairce atá i leabhar nua an staraí
shóisialta, Andrew Dalby. Saothar is ea *Language in Danger* a chuirfidh
creathanna fuachta faoi dhaoine ar cás leo todhchaí na mionteangacha
(teangacha mionlaigh). Maíonn Dalby go bhfuil leath de mhuintir an
domhain ag foghlaim ceann éigin de na 11 phríomhtheanga
chumarsáide dhomhanda faoi láthair. Is é an Béarla an ceann is treise
agus is gasta fás agus measann an t-údar go bhfuil Béarla líofa ag 700
milliún duine agus go bhfuil eolas maith ag 1,800 milliún eile air.

2. Cad is cúis le bás teanga? Go minic, is amhlaidh a dhéanann glúin, nó
glúine, áirithe cinneadh—go feasach nó go neamhfheasach—gur mhian
leo go labhródh a gcuid páistí teanga a bhfeictear dóibh 'stádas' a bheith
ag baint léi: teanga an tromlaigh sa stát nó teanga na huasaicme, de
ghnáth. Uaireanta, bíonn cúis i bhfad níos urchóidí le bás teanga:
díothú an chine a labhraíonn í mar a tharla i gcás treibheanna Indiacha
i Meiriceá, Thuaidh, Láir agus Theas. Meastar go raibh breis is 90 teanga
beo i gCalifornia go luath sa naoú haois déag ach níl ach dornán beag

acu á labhairt anois—a bhformhór ag seanóirí i dtithe altranais. B'fhéidir gurb é an eiseamláir is uafásaí agus is truamhéalaí de seo ná an gortghlanadh ciníoch—'glanadh eitneach' i dtéarmaíocht an lae inniu— a rinneadh ar phobail dhúchasacha na Tasmáine, oileán taobh thoir theas den Astráil, sa naoú haois déag.

3. Bíonn deireadh i ndán do theanga, dar le Dalby, nuair nach mbíonn fágtha mar chéile comhrá ag cainteoir ach teangeolaí maoithneach le téipthaifeadán! Ach nach bhfuil a leithéid de rud agus sochaí dhátheangach ann? Tá agus bhí riamh. Ach ní gnách go maireann dhá theanga ar comhchéim le hais a chéile san fhadtréimhse: diaidh ar ndiaidh faigheann an ceann is láidre agus is forleithne an lámh uachtair ar an gceann eile. D'fhéadfaí a mhaíomh go bhfuil a chruthú sin ar leac an dorais againn féin i gcás na Gaeilge.

4. Ina dhiaidh sin is uile, is fíor go maireann teangacha, uaireanta, i gcúinsí mífhabhracha. San Fhionlainn, fad is a bhí an tSualainn (anuas go dtí 1809) agus an Rúis (go dtí 1917) i gceannas na tíre, ba í an Fhionlannais teanga na cosmhuintire—teanga tuathánach bocht agus daoine eile a bhí go minic gan acmhainn, gan seilbh, gan chumhacht— agus Sualannais nó Rúisis mar theanga riaracháin. Anois, cé go bhfuil aitheantas oifigiúil ag an tSualannais, is í an Fhionlannais teanga dhúchais breis is 90% den daonra. Maidir leis an Rúisis, ní chloistear á labhairt san Fhionlainn anois í ach ag cuairteoirí nó ag turasóirí de bhunadh na Rúise féin nó seanAontas na Sóivéide.

5. Ina theannta sin, is dealraitheach gur féidir teanga a thabhairt ar ais ó bhruach na huaighe nó fiú ón uaigh féin. Is minic an Eabhrais á lua sa chomhthéacs seo ach cás fíoreisceachtúil é cás na hEabhraise. Rinneadh teanga stáit den Eabhrais in Iosrael ar dhá phríomhchúis: ba í teanga eaglaise na nGiúdach í leis na mílte bliain; bhí oiread sin inimirceach Giúdach sa tír, a raibh ollmheascán teangacha acu, nárbh fholáir cinneadh ar theanga chomónta stáit. Cinneadh ar an Eabhrais, cé go raibh roinnt mhaith i bhfabhar na Giúdaise, teanga a bhí á labhairt go forleathan ag Giúdaigh san Eoraip agus sna Stáit Aontaithe. Uaireanta, luaitear an rath a bhí ar chur chun cinn na hEabhraise in Iosrael mar eiseamláir i gcás Athbheochan na Gaeilge. Meastar, áfach, nach slán an comórtas é: ní hionann, den chuid is mó, na cúinsí sa dá chás.

(Bunaithe ar alt in *Foinse*)

(i) Cad a deirtear *sa chéad alt* faoi chailliúint agus faoi ráta cailliúna teangacha?

(6 mharc)

(ii) I bhfianaise a bhfuil ráite *sa chéad alt* abair:
  (a) Cén ghairm bheatha atá ag Andrew Dalby; (2 mharc)
  (b) Cén fáth a gcuireann a bhfuil á mhaíomh ag Dalby mórimní ar dhaoine ar spéis leo caomhnú teangacha mionlaigh. (3 mharc)

(iii) Luaigh **dhá chúis** a d'fhéadfadh a bheith le bás teanga mionlaigh agus tabhair fianaise chun tacú le **ceann amháin** acu (*an dara halt*). (9 marc)

(iv) (a) Luaigh **comhartha amháin** a thugann le fios, dar le Dalby, go bhfuil teanga geall le bheith caillte (*an tríú halt*). (3 mharc)
  (b) Cén fáth a luaitear an Ghaeilge sa *tríú halt*? (6 mharc)

(v) (a) Luaigh **rud amháin** a deirtear *sa cheathrú halt* i dtaobh na Fionlainnise. (3 mharc)
  (b) Tabhair **cúis amháin** ar glacadh leis an Eabhrais mar theanga stáit in Iosrael (*an cúigiú halt*). (3 mharc)

LÉAMHTHUISCINT 8
(Iar-Ardteist)

Léigh an sliocht seo a leanas agus freagair na ceisteanna a ghabhann leis.
[*Bíodh na freagraí i d'fhocail féin, oiread agus is féidir leat.*]

SCÉAL SCANRÚIL: EASPA SÁBHÁILTEACHTA AR BHÓITHRE IS AR SHRÁIDEANNA

1. I litir a foilsíodh in *The Irish Times* um dheireadh Mhí Eanáir na bliana seo bhí a leithéid seo le rá ag an scríbhneoir: 'Tar éis roinnt mhaith tiomána a dhéanamh i ndeisceart na tíre le tamall beag anuas, is ar éigean a fhéadaim drochiompar tiománaithe áirithe a thuiscint. Is dealraitheach gur cuma leis na daoine seo béasa sibhialta, pointí pionóis agus na tuairiscí uafara faoi mharú 'daoine de dheasca drochthiomána.'

2. De réir na staitisticí, maraíodh 10 duine sa Phoblacht agus 18 sa Tuaisceart i dtimpistí bóthair sa tréimhse ceithre sheachtain idir 01.01.03 agus 28.01.03. Cad is cúis leis an scéal tragóideach seo? Glactar coitianta leis gur trí bhunchúis faoi deara é: an luas, an t-ól agus faillí i gcaitheamh criosanna sábhála.

3. Tá méadú ollmhór tagtha ar líon na bhfeithiclí ar na bóithre—go

GÉILL SLÍ

háirithe, na príomhbhóithre náisiúnta—le fiche éigin bliain anuas. Is mar an gcéanna an scéal sna cathracha agus sna bruachbhailte: an iomarca tráchta nua-aimseartha agus gréasán bóithre seanaimseartha. Sna cathracha agus sna bruachbhailte is minic gluaisteáin á ngoid agus á dtiomáint gan aird dá laghad ar an tsábháilteacht. Daoine óga díomhaoine sna cathracha, den chuid is mó, a dhéanann é seo mar 'spórt' nó mar chaitheamh aimsire, mar dhea! Nuair a thugtar na coirpigh seo os comhair cúirte gearrtar téarma coimeádta nó príosúnachta orthu. Is minic, ámh, a bhíonn siad saor lom láithreach toisc gan ionad oiriúnach coimeádta a bheith ar fáil d'ógánaigh dá n-aois.

4. Gné eile atá ag tarraingt suntais, maidir le hiompar tiománaithe, ná easpa foighne. Tarlaíonn, uaireanta, nuair a bhíonn tiománaí teanntaithe i dtranglam tráchta go mbristear ar an bhfoighne aige, go dtagann taom buile feirge air agus go dtugann faoi thiománaí eile—duine mall os a chomhair amach ag soilse tráchta b'fhéidir, nó duine dearmadach a choscfadh air bogadh isteach sa bhosca buí. Tarlaíonn a leithéid chéanna i gcás paisinéirí ar thurasanna eitléain. Is léir, sna cásanna sin áfach, go mbíonn éifeacht na dí meisciúla—an iomarca a bheith ólta ag an

bpaisinéir—go mór i gceist go minic.

5. I gcás tiománaithe gluaisrothar, deirtear gur minic a ghabhann siad, ar luas tapa, thar ghluaisteáin agus leoraithe agus iad ar an taobh mícheart de na línte leanúnacha bána i lár an bhóthair. Tuairimítear chomh maith gurb iad lucht na ngluaisrothar an dream is lú a thugann aird ar fhógraí rabhaidh ar nós NÁ SCOITEAR agus CEANSÚ TRÁCHTA. Cibé scéal ina thaobh sin é, is annamh riamh a d'fheicfeá duine ar ghluaisrothar nach mbeadh clogad cosanta á chaitheamh aige nó aici. Ní hamhlaidh atá ag an-chuid díobh siúd a bhíonn ag rothaíocht ar rothair troitheán. Maítear ina dtaobh seo nach gcaitheann ach an duine fánach clogad cosanta; nach bhfanann siad le 'glas' ag soilse tráchta; go dtéann siad amach istoíche gan solas tosaigh ná cúil ar na rothair; nach gcaitheann siad feisteas sofheicthe ná criosanna lonracha.

6. Cad faoi na coisithe— iadsan a thugann faoi aistear (fada nó gairid) de

shiúl cos? Arís, níl iompar mórán acu thar moladh beirte: siúlann siad ar an taobh clé den bhóthar in éagmais cosáin; níl siad sásta dul go dtí na soilse tráchta is cóngaraí chun dul trasna an bhóthair; siúlann siad trasna bóithre go mall, cliathánach agus caitheann siad éadaí dofheicthe i ndorchacht tráthnóna is oíche.

(30)

7. Luaitear dhá chúis eile le timpistí tráchta: staid na mbóithre agus bail na bhfeithiclí. Maidir leis na bóithre, is fíor go bhfuil cuid acu—go háirithe na cúlbhóithre—gan a bheith oiriúnach do riachtanais tráchta an lae inniu. I gcás na bhfeithiclí—go speisialta cinn a ceannaíodh mar 'mhargadh' ar athláimh, nó go mídhlíthiúil, nó cinn nach ndearnadh seirbhísiú mar ba chóir orthu—ní hannamh, nuair a dhéantar iniúchadh orthu, go bhfaightear amach nach mbíonn na soilse ag feidhmiú i gceart, go mbíonn na coscáin agus an córas stiúrtha fabhtach agus go mbíonn na boinn lomchaite.

(Bunaithe ar litir in The Irish Times)

(i)   (a)   Luaigh **rud amháin** atá le rá ag scríbhneoir na litreach (*an chéad alt*) faoi dhrochiompar tiománaithe áirithe.   (2 mharc)

(b) Cad iad na cúiseanna, de réir *an dara halt*, is mó is cúis le timpistí bóthair? (6 mharc)

(ii) (a) De réir *an tríú halt*, cén chosúlacht atá idir na bealaí taistil faoin tuath agus sna cathracha? (2 mharc)

(b) Luaigh **trí rud** a deirtear *sa tríú halt* faoi ghadaíocht gluaisteán.
(6 mharc)

(iii) Cén fáth a luaitear 'paisinéirí ar thurasanna eitleáin' *sa cheathrú halt?*
(6 mharc)

(iv) (a) Luaigh **rud amháin** a deirtear faoi iompar tiománaithe gluaisrothar agus **rud amháin** a deirtear fúthu siúd 'a bhíonn ag rothaíocht ar rothair troitheán' (*an cúigiú halt*). (4 mharc)

(b) Luaigh **dhá rud** a deirtear *sa séú halt* faoi iompar coisithe. (4 mharc)

(v) Cad a deirtear *sa seachtú halt* faoi fheithiclí dainséaracha? (5 mharc)

LÉAMHTHUISCINT 9
(Iar-Ardteist)

Léigh an sliocht seo a leanas agus freagair na ceisteanna a ghabhann leis.
[*Bíodh na freagraí i d'fhocail féin, oiread agus is féidir leat.*]

2001—Bliain chinniúnach eile don Tuaisceart

1. Bliain chinniúnach eile i stair phróiseas na síochána i dTuaisceart Éireann ba ea 2001: an bhliain nuair a chuir an tIRA ceann le díchoimisiúnú arm—beart a bhí doshamhlaithe go dtí sin, dar lena lán. Scaoil an díchur arm an mharbhfháisc a bhí ar an bpróiseas polaitiúil agus bhí na forais ag téarnamh go tréan ag druidim le saoire na Nollag.

2. Mairfidh an bhliain sa chuimhne as ucht chinneadh an IRA i mí Dheireadh Fómhair ach beidh cuimhne freisin ar an nasc idir an cor stairiúil sin agus na heachtraí talamhchreathacha sna Stáit Aontaithe ar an 11 Meán Fómhair nuair a maraíodh na mílte in ionsaithe sceimhlitheoireachta.

3. D'imigh an seanreacht polaitíochta nuair a d'éirigh John Hume as ceannaireacht an SDLP agus Séamus Mallon as an leas-cheannaireacht maille lena phost mar Leas-ChéadAire. Dúshlán mór do cheannaireacht nua Mark Durkan agus Bríd Rodgers é ról torthúil éifeachtach a aimsiú dá bpáirtí sa ré úr i ndiaidh imeacht ailtire na síochána, John Hume.

4. Bhuail an DUP agus Sinn Féin trombhuillí ar an UUP agus ar an SDLP, faoi seach, i dtoghcháin sa Mheitheamh nuair a dearadh léarscáil pholaitiúil úr. Bhí athruithe ionadaíochta níos réabhlóidí fós á dtuar acu ach deis vótála a fháil. Níorbh iad amháin a bhí dearfach, áfach, ag druidim le deireadh na bliana; bhí an Feidhmeannas faoi lánseol, an Tionól i Stormont gnóthach agus rabharta de chruinnithe trasteorann á reáchtáil. Bhí an-amhras go deo faoina bhfuil i ndán don UUP agus don SDLP ach, den chéad uair le fada, bhí David Trimble ag bailiú nirt ina pháirtí féin agus bhí ceannaireacht nua an SDLP i mbun atheagair.

5. Bhí an tSeirbhís Phóilíneachta nua i mbun oibre agus náisiúnaithe— an SDLP—ar an mBord den chéad uair riamh, cé go raibh Sinn Féin fós ag maíomh go raibh an tseirbhís easnamhach agus nach raibh ann ach RUC faoi ainm eile. Léirigh Ombudsman na bPóilíní, Nuala O'Loan, nach mbeadh sise ina gaidhrín uchta ag dream ar bith, póilíní ná polaiteoirí.

6. San fhómhar cuireadh alltacht ar an domhan nuair a chonacthas pictiúir theilifíse ó thuaisceart Bhéal Feirste d'agóid na nDílseoirí ag Scoil na Croise Naofa in Ard Eoin. Bhí dianteannas i dtuaisceart na cathrach ar feadh na bliana agus an UDA i mbun ionsaithe ar Chaitlicigh go seasta. Ar deireadh thiar thall chuir an Státrúnaí deireadh leis an gcur i gcéill oifigiúil go raibh sos cogaidh ar siúl ag an UDA nó ag an LVF. Lean easaontóirí poblachtacha, an Fíor-IRA agus an tIRA Leanúnach, leis an bhforéigean freisin.

7. Cailleadh naoi nduine déag in eachtraí foréigin; paraimíleataigh dhílseacha faoi deara marú chuig dhuine déag díobh agus Poblachtaigh a mharaigh ceathrar. Ba sa bhliain 2001, nuair a ceapadh deireadh nach mór a bheith leis na trioblóidí, a maraíodh an chéad iriseoir, Martin O'Hagan ón *Sunday World*.

(as alt in *Foinse*)

(i)   Deir teideal an tsleachta gur bhliain chinniúnach ba ea 2001 maidir le cúrsaí i dTuaisceart na hÉireann. Luaigh **dhá rud,** as an sliocht, a tharla le linn na bliana sin a bhí cinniúnach ó thaobh cur chun cinn na síochána de, dar leis an údar.   (7 mharc)

(ii) (a)   Cad eile a mhairfidh sa chuimhne chomh maith le cinneadh an IRA, de réir *an dara halt?*   (4 mharc)

      (b)   Cén dúshlán atá ann do cheannaireacht nua an SDLP, Mark Durkan agus Bríd Rodgers, de réir *an tríú halt?*   (4 mharc)

(iii) Inis, i d'fhocail féin, céard a tharla sna toghcháin i mí an Mheithimh, de réir *an ceathrú halt?*   (6 mharc)

(iv) Mínigh an difríocht idir dearcadh an SDLP agus dearcadh Shinn Féin ar an tseirbhís nua póilíneachta sa Tuaisceart, de réir *an cúigiú halt*?

(6 mharc)

(v) (a) Céard a chuir alltacht ar an domhan i bhfómhar na bliana 2001, de réir *an séú halt*? (4 mharc)

(b) Luaitear <u>sa seachtú halt</u> gur tharla tubaiste áirithe i 2001 nár tharla cheana le linn thrioblóidí an Tuaiscirt. Céard a tharla? (4 marc)

LÉAMHTHUISCINT 10
(Iar-Ardteist)

Léigh an sliocht seo a leanas agus freagair na ceisteanna a ghabhann leis.
[*Bíodh na freagraí i d'fhocail féin, oiread agus is féidir leat.*]

Dráma an Chéid

1. Breis agus 100 bliain ó shin a léiríodh an chéad dráma Gaeilge, *Casadh an tSúgáin,* le Dubhghlas de hÍde. Is tráthúil, mar sin, go bhfuil drámaíocht na Gaeilge go mór faoi chaibidil sna meáin faoi láthair.

2. Tamall gairid ó shin, in agallamh sa nuachtán *Foinse*, nocht an léiritheoir, Páraic Breathnach, roinnt tuairimí conspóideacha faoin drochstaid ina bhfuil drámaíocht na Gaeilge. I gcaint neamhbhalbh, léirigh sé a dhímheas ar na daoine sin 'a bhí ag plé go tubaisteach le drámaíocht na Gaeilge le 30 bliain anuas.'

3. Spreag an t-agallamh seo díospóireacht bhríomhar ar an chlár *Súgradh 's Dáiríre* ar Raidió na Gaeltachta, agus cúigear a bhfuil dlúthbhaint acu le drámaíocht na Gaeilge páirteach inti. Orthu sin bhí Deirdre Davitt, ó *Fhoras na Gaeilge*, a raibh páirt nach beag aici i mbunú *Amharclann de hÍde*—tionscnamh ar their air, den chuid is mó, lucht féachana a mhealladh chun freastal ar dhrámaí Gaeilge.

4. Chuir mé suim ar leith ina raibh le rá aici ar an chlár faoina thábhachtaí agus atá sé ionad buan a bheith ag drámaíocht na Gaeilge i mBaile Átha Cliath le compántas agus léiritheoir dá cuid féin aici. Aontaím léi. Tá mé féin sách sean chun cuimhne a bheith agam ar *Amharclann an Damer* san ardchathair, amharclann a raibh compántas aisteoirí agus pobal féachana dá cuid féin aici toisc drámaí Gaeilge a bheith ar siúl go rialta inti. Theip ar *Amharclann de hÍde* pobal mar sin a chothú mar go mbíodh sí ag bogadh ó áit go háit agus gurbh éigean poiblíocht as an nua á dhéanamh do gach léiriú, rud a bhí thar a bheith costasach.

5. Tá iarracht ar siúl anois ionad na drámaíochta Gaeilge a dhéanamh den *Theatre Space @ The Mint* in aice le hArd-Oifig an Phoist i mBaile Átha Cliath. Cheadaigh *Foras na Gaeilge* deontas €152,000 do *Theatre Space* chun cuidiú le foireann na hamharclainne an méid sin a dhéanamh. Tá an stiúrthóir, Patrick Cahill, dóchasach go mbeidh rath ar an iarracht. 'Creidimid go n-éireoidh linn freastal ar mhargadh a bhfuil neamart déanta ann—má bhíonn ár gcuid léirithe ar ardchaighdeán,' a dúirt sé in agallamh.

6. Ach ní leor ardchaighdéan léirithe chun pobal Gaeilge na mbruachbhailte a mhealladh isteach go lár na cathrach. D'fhreastail mé féin ar léirithe de chuid *Amharclann de hÍde*, a raibh aisteoirí den scoth iontu agus an léiriú féin thar a bheith ealaíonta, ach gan níos mó ná 20 duine i láthair ann. D'fhreastail mé ar léirithe a rinne grupaí amaitéaracha ina raibh cuid den aisteoireacht thar a bheith lag agus bhí an halla lán go doras.

7. Is cuma cé chomh healaíonta agus atá an léiriú agus cé chomh hoilte agus atá na haisteoirí; mura mbíonn an dráma féin go maith, ní chuirfidh an pobal stró orthu féin freastal air. Agus cad is dráma maith ann? An dá rud is tábhachtaí, dar liom, scéal maith agus carachtair a n-éiríonn leo an lucht féachana a mhealladh chun suim a chur ina bhfuil i ndán dóibh. Ba mhinic an dá rud sin in easnamh ar go leor de na drámaí Gaeilge a cuireadh ar an stáitse le blianta anuas.

8. Ceird ar leith is ea dráma a scríobh agus ní leor cáil a bheith ar dhuine mar fhile nó mar úrscéalaí chun go mbeidh ar a c(h)umas dráma maith a scríobh. Ar chlár Raidió na Gaeltachta, pléadh ceist na teanga sna drámaí Gaeilge agus a thábhachtaí agus atá sé aisteoirí a bheith iontu a bhfuil an Ghaeilge ar a dtoil acu.

9. Rinneadh iarracht tráth in *Amharclann na Péacóige* pobal an Bhéarla a mhealladh go drámaí Gaeilge le taispeántais ardáin a raibh mórchuid geáitsíochta iontu agus beagán cainte. Botún é, dar liom, a bheith ag iarraidh pobal an Bhéarla a mhealladh. Má chreidimid gur fiú drámaí Gaeilge a bheith ann, ba cheart an teanga a bheith ar ardchaighdeán. Má tá fiúntas ar bith sa dráma féin, cuirfidh na Béarlóirí stró orthu féin é a leanúint.

(as alt in *The Irish Times*)

(i)   Cén fáth, *de réir an chéad alt,* a bhfuil sé tráthúil go bhfuil drámaíocht na Gaeilge faoi chaibidil sna meáin i láthair na huaire?   (7 mharc)

(ii) (a) *De réir an dara halt,* an bhfuil Páraic Breathnach sásta le staid dhrámaíocht na Gaeilge faoi láthair? Cuir fáth amháin le do fhreagra.   (4 mharc)

    (b) *De réir an tríú halt,* cé a bhí páirteach sa díospóireacht bhríomhar a bhí ar an chlár *Súgradh 's Dáiríre* ar Raidió na Gaeltachta? (4 mharc)

(iii) (a) Céard a bhí le rá ag Deirdre Davitt, ar an chlár *Súgradh 's Dáiríre?* Ar aontaigh údar an ailt léi ina leith (*an ceathrú halt*)?   (4 mharc)

    (b) Céard a dúradh ar an chlár raidió faoi chúrsaí teanga agus drámaíochta na Gaeilge, *de réir an ochtú halt?*   (4 mharc)

(iv) (a) Cén fáth, dar leat, ar tugadh *Amharclann de hÍde* mar ainm ar an amharclann Gaeilge a raibh baint nach beag ag Deirdre Davitt lena bunú?   (4 mharc)

    (b) Theip ar *Amharclann de hÍde* lucht féachana a mhealladh chun freastal ar dhrámaí Gaeilge. Luaigh fáth amháin a bhí leis seo, de réir *an ceathrú halt.*   (4 mharc)

(v)   Cad is dráma maith ann, dar leis an údar *sa seachtú halt?*   (4 mharc)

LÉAMHTHUISCINT 11
(Iar-Ardteist)

Léigh an sliocht seo a leanas agus freagair na ceisteanna a ghabhann leis.
[*Bíodh na freagraí i d'fhocail féin, oiread agus is féidir leat.*]

Anois, cé atá chun deiridh?

Rinneadh scéal mór de sna meáin chumarsáide anuraidh faoi gur ainmníodh Giúdach, An Seanadóir **Joseph Lieberman**, mar iomaitheoir do leasuachtaránacht na Stát Aontaithe. Rinneadh comparáid idir sin agus ainmniúchán Caitlicigh, **J.F.Kennedy**, don uachtaránacht 40 bliain ó shin. Agus 55 bliain caite ó aimsir Hitler, is ábhar iontais dom go bhfuil an pobal a bhreathnaíonn orthu féin mar cheannairí ar an daonlathas agus atá ina gcónaí sa tír is mó forbairt ar domhan fós ag díospóireacht faoin gcreideamh atá ag a bpolaiteoirí.

Reáchtáladh an feachtas uachtaránachta sna Stáit Aontaithe anuraidh ar nós mar a reáchtálfaí feachtas ollmhór margaíochta. Bhain an caiteachas ba mhó a rinneadh le bolscaireacht teilifíse agus roinneadh an lucht vótála ina fho-mhargaí, na grúpaí eitneacha éagsúla, mná, Críostaithe, Giúdaigh, an eite dheis, na deoraithe ó Chúba, daonlathaigh Reagan agus araile. Rinne gach aon fheachtas iarracht margaí nua a aimsiú, a fháil amach cad ba mhian leo agus teachtaireacht an iomaitheora a dhíriú go sonrach orthu sin. Níor cheap na saineolaithe margaíochta sa tír is nua-aimseartha ar domhan, gurbh fhéidir le páirtí polaitíochta ar bith ann bean, ná duine gorm, ná Giúdach, a 'dhíol' leis an bpobal mar iomaitheoir san fheachtas uachtaránachta.

Thug an t-iarrthóir Poblachtánach, **John McCain**, faoina chomhpháirtí, **George W. Bush** mar gheall go raibh Bush ag lorg tacaíochta ó ollscoil **Bhob Jones** agus ó Chríostaithe ar an eite fhíordheis. Theip ar **McCain** sna 'réamhthoghcháin' i dtrí Stát ina dhiaidh sin, rud a chuir clabhsúr lena fheachtas toghchánaíochta. Léirigh an eachtra seo go bhfuil cumhacht na gCríostaithe Bunúsacha fós láidir i bpolaitíocht na Stát Aontaithe faoi mar a léirítear san aorscannán, *Bob Roberts*. D'fhéadfadh eolas a bheith ag roinnt mhaith sa tír seo ar ollscoil Bhob Jones mar gurb í sin an ollscoil a bhronn a dhochtúireacht ar an Dr. **Ian Paisley**.

Ba dheacair a shamhlú go dtabharfaí aird i bPoblacht na hÉireann ar an gcineál creidimh, nó easpa creidimh, a bheadh ag polaiteoir a bheadh ainmnithe do phost sinsearach. Tá triúr Giúdach, triúr Protastúnach agus líon níos mó ná sin nach mbaineann le hEaglais faoi leith sa Dáil. Bheadh sé rídheacair ar ghnáthphobal na tíre na polaiteoirí ó na grúpaí mionlaigh sin a ainmniú. Tá tionchar na nEaglaisí laghdaithe go mór ó thaobh cúrsaí polaitíochta de. Ní fhéadfaí a áitiú anois go n-éireodh leis an Eaglais Chaitliceach rialtas a bhriseadh mar a tharla i 1951 de bharr *Scéim na Máthar agus an Linbh* a d'fhógair an Dr. **Noel Browne**. Bhí ceannlínte sna nuachtáin le gairid faoi gur cháin an tAire Dlí, Cirt agus Comhionannais moltaí na n-easpag i dtaobh na dteifeach. Comhartha é seo go bhfuil tionchar na n-easpag ídithe ó thaobh polaitíochta de. Ní déarfainn go seasfadh ceachtar de na hiarrthóirí uachtaránachta sna Stáit Aontaithe chomh láidir sin i gcoinne eaglais ar bith mar nach dteastódh uathu múisiam a chur ar sciar téagartha den mhargadh polaitiúil.

Tharraing ainmniúchán mná, **Geraldine Ferraro**, den chéad uair, mar iomaitheoir do leasuachtaránacht na Stát Aontaithe, raic mhór i 1984.

Tar éis don fheachtas dianbhinibeach sin a bheith thart measadh nach raibh pobal 'aibí' Mheiriceá réidh fós le glacadh le bean i bpost chomh sinsearach sin. D'éirigh **Elizabeth Dole** as an iomaíocht don uachtaránacht anuraidh luath go maith san fheachtas. Díol spéise go bhfuil pobail an 'tríú domhan' nach bhfuil in ainm's a bheith chomh

'haibí' le Meiriceá, ar nós na hIndia, na Banglaidéise, Srí Lanca agus na nOileán Filipíneach, sásta mná a thoghadh mar uachtaráin. Níl pobal na tíre seo chun deiridh ach oiread. Roghnaíomar beirt bhan mar uachtaráin agus san fheachtas deireanach don uachtaránacht ba é an fear a bhí san iomaíocht ba lú a fuair vótaí!

(As alt in *Foinse*)

(i) (a) Cén tslí bheatha a bhí ag Emil Zátopek le linn forghabháil a thíre? (3 mharc)

  (b) Breac síos **dhá** shampla as an *gcéad alt* a léiríonn go raibh spéis mhór aige san reathaíocht. (4 mharc)

(ii) 'Máistir ar an raon reathaíochta a bhí ann gan aon agó' a deirtear faoi sa *dara halt*. Luaigh **dhá** phointe san *alt sin* a léiríonn fírinne an ráitis sin. (6 mharc)

(iii) (a) Cad atá i gceist ag an údar sa *tríú halt* nuair a deirtear gur fear 'éagsúil' a bhíodh i Zátopek nuair a bhíodh an rás thart? (4 mharc)

  (b) Cén fáth ar díbríodh an reathaí óg a luaitear sa *cheathrú halt* as foireann Oilimpeach na Seicslóvaice? (4 mharc)

(iv) (a) Cén gaisce a rianaítear sa *cheathrú halt* a rinne Zátopek ag na Cluichí Oilimpeacha i Helsinki? (4 mharc)

  (b) Cén fáth ar briseadh as an arm é de réir an *chúigiú halt*? (4 mharc)

(v) (a) Cén fáth ar tugadh 'dualgais shuaracha láimhe' dó tar éis é a bhriseadh as an arm de réir an *chúigiú halt*? (3 mharc)

  (b) Deirtear sa dara halt go raibh Zátopek 'an-fhial'. Cén fhianaise atá sa *séú halt* a léiríonn é sin? (3 mharc)

LÉAMHTHUISCINT 12
(Iar-Ardteist)

Léigh an sliocht seo a leanas agus freagair na ceisteanna a ghabhann leis.
[*Bíodh na freagraí i d'fhocail féin, oiread agus is féidir leat.*]

CORP DUINE UASAIL

Agus gaisce Sonia O'Sullivan i Sydney 2000 á comóradh againn níor mhiste cuimhniú ar ghaiscíoch eile, Emil Zátopek na Seicslóvaice, a bhásaigh anuraidh. Le linn a óige rinne an Ghearmáin forghabháil ar an tSeicslóvaic agus cé go raibh na Naitsithe i gcoinne spóirt eagraithe níor dúnadh na raonta reathaíochta. Bhain Zátopek leas as an raon reathaíochta i Zlin, áit a raibh sé ag saothrú i monarcha bróg. Tar éis an chogaidh, b'éigean dó liostáil in arm na Seicslóvaice. Bhí an oiread sin spéise aige san reathaíocht go gcaitheadh sé uair an chloig ag 'rith' ar an spota ina raibh sé ina sheasamh ar garda. Mar chaitheamh aimsire, d'fháisceadh sé buataisí móra troma air féin agus ritheadh trí fhoraoiseacha a bhí brata le sneachta.

Tugadh suntas den chéad uair dó i 1946 nuair a fuarthas amach gur thaistil sé ó Phrague go Berlin ar a rothar chun páirt a ghlacadh i rás 5000 méadar ann! Ag na Cluichí Oilimpeacha i Londain i 1948, ghnóthaigh sé an rás 10,000 méadar gan stró. Máistir ar an raon reathaíochta a bhí ann gan aon agó. Idir 1949 agus 1951, ghlac sé páirt i 69 rás fada agus ghnóthaigh gach ceann díobh. Sa rás 10,000 méadar, níor sháraigh aon reathaí é i gcomórtais ann idir 1948 agus 1954. I gCraobh-Chomórtais na hEorpa i 1951, ghnóthaigh sé an rás 10,000 méadar agus timpeall amháin den chúrsa le spáráil aige agus sa rás 5,000 méadar bhí sé 23 soicind chun cinn ar an dara hiomaitheoir. Sháraigh sé 18 curiarracht agus i 1951, ba é Zátopek an chéad fhear a rith an rás 20 ciliméadar faoi bhun uair an chloig.

B'fhurasta Zátopek a aithint agus é i mbun rásaíochta. Bhíodh a chloigeann ag luascadh i dtólamh agus cuma chomh ciaptha air ag rásaíocht go ndúirt iriseoir amháin go mba chosúil é le fear a raibh scian ag gabháil trína chroí. Chuir iriseoir eile Zátopek i gcomórtas le fear a bheadh ag coraíocht le hochtapas! Nuair a bhíodh an rás thart, ámh, b'fhear éagsúil a bhíodh ann, é ar a shuaimhneas, é cairdiúil, gealgháireach, an-fhial agus luí aige le teangacha agus cumarsáid.

Díreach roimh na Cluichí Oilimpeacha i Helsinki (1952), dhíbir an t-údarás Cumannach reathaí óg, Stanislav Jungwirth, as foireann Oilimpeach na Seicslóvaice mar gur chaith a athair tréimhse i gcarcair de bharr coireanna polaitiúla. Bhagair Zátopek go dtarraingeodh sé siar as na Cluichí Oilimpeacha. Ghéill an t-údarás agus ligeadh Jungwirth ar ais. I Helsinki rinne Zátopek spior spear dá chomhiomaitheoirí sa rás 10,000 méadar. Cúig lá ina dhiaidh sin ghnóthaigh sé an 5,000 méadar. Ba sa mharatón a thaispeáin sé a chumas dochreidte. Le linn an mharatóin d'fhiafraigh Zátopek de churadh an domhain, an Briotanach Jim Peters, an raibh siad ag gabháil sách tapa. 'Níl', a deir Peters, 'táimid an-mhall'. Leis sin thaispeáin Zátopek na sála do Pheters agus chríochnaigh sé an maratón 2.5 nóiméad roimh na reathaithe eile. Níor éirigh le haon lúthchleasaí gaisce Zátopek i Helsinki a shárú.

Cúpla bliain tar éis dó éirí as an rásaíocht rinneadh coirnéal de san arm. Briseadh as an arm é i 1968 mar gheall gur fháiltigh sé go poiblí roimh bheartas daonlathach Alexander Dubcek agus gur cháin sé an tSóivéid faoi thrúpaí a chur go Prague chun smacht na gCumannach a athbhunú ann. Tugadh dualgais shuaracha láimhe dó chun é a dhíspeagadh agus chun eiseamláir a dhéanamh de. Tugadh post dó faoi dheireadh ag aistriú irisí spóirt ón Iarthar.

An bhliain chéanna, d'fhág an reathaí clúiteach, Ron Clarke na hAstráile, cluichí Oilimpeacha Mheicsiceo faoi ghruaim, gan bonn óir ar bith aige, ainneoin gurbh é an reathaí ba thapúla le deich mbliana roimh sin é. Ar a bhealach abhaile thug sé cuairt ar a sheanchara, Zátopek. Ag an aerphort, bhrúigh Zátopek beart beag isteach i nglaic Chlarke. Sa chaoi nach náireodh sé Zátopek faoin mbeartán beag níor oscail Clarke é nó go raibh sé ar an eitleán. Ceann de bhoinn óir Oilimpeacha Zátopek a bhí ann, bronntanas ó lúthchleasaí a ghnóthaigh ceithre cinn díobh agus a mheas gur thuill a chomh-lúthchleasaí, Clarke, ceann amháin.

(As alt in *The Irish Times*)

(i) (a) Cén tslí bheatha a bhí ag Emil Zátopek le linn forghabháil a thíre?

(3 mharc)

    (b) Breac síos **dhá** shampla as an *gcéad alt* a léiríonn go raibh spéis mhór aige san reathaíocht. (4 mharc)

(ii) ' Máistir ar an raon reathaíochta a bhí ann gan aon agó' a deirtear faoi sa *dara halt*. Luaigh **dhá** phointe san alt sin a léiríonn fírinne an ráitis sin.

(6 mharc)

(iii) (a) Cad atá i gceist ag an údar sa *tríú halt* nuair a deirtear gur fear 'éagsúil' a bhíodh i Zátopek nuair a bhíodh an rás thart? (4 mharc)

    (b) Cén fáth ar díbríodh an reathaí óg a luaitear sa *cheathrú halt* as foireann Oilimpeach na Seicslóvaice? (4 mharc)

(iv) (a) Cén gaisce a rianaítear sa *cheathrú halt* a rinne Zátopek ag na Cluichí Oilimpeacha i Helsinki? (4 mharc)

    (b) Cén fáth ar briseadh as an arm é de réir an *chúigiú halt*? (4 mharc)

(v) (a) Cén fáth ar tugadh 'dualgais shuaracha láimhe' dó tar éis é a bhriseadh as an arm de réir an *chúigiú halt*? (3 mharc)

    (b) Deirtear sa dara halt go raibh Zátopek 'an-fhial'. Cén fhianaise atá sa *séú halt* a léiríonn é sin? (3 mharc)

LÉAMHTHUISCINT 13
(Iar-Ardteist)

Léigh an sliocht seo a leanas agus freagair na ceisteanna a ghabhann leis.
[*Bíodh na freagraí i d'fhocail féin, oiread agus is féidir leat.*]

LAOCHRA NÓ TRÉIGTHEOIRÍ?

I mBéal Feirste anuraidh, taispeánadh an scannán, *One Man's Hero*, den chéaduair. Séard atá sa scannán seo ná cur síos ar bhaicle bheag Éireannach, *Los San Patricios*, a throid faoi bhratach ghlas Naomh Pádraig ar son Mheicsiceo sa chogadh in aghaidh Mheiriceá, 1846—48. Ba é **John Riley** as an gClochán, Co. na Gaillimhe a bhí ina cheannaire orthu. An réalta cháiliúil, **Tom Berenger**, a ghlacann páirt **Riley** sa scannán. Is cuí go mbeadh sé sa pháirt seo mar is de bhunadh Éireannach é **Berenger**, tá suim mhór aige sa stair agus chuaigh scéal *Los San Patricios* i gcionn air ó chuala sé ó aisteoir eile é i 1976.

Ba den aicme oibre a mhuintir agus **Thomas Michael Moore** a tugadh air nuair a saolaíodh **Berenger** i Chicago. Thaitin gach spórt leis agus bhí sé ag iarraidh a bheith ina iriseoir spóirt go dtí oíche chinniúnach nuair a chuir cara geall leis nach ndéanfadh sé triail don dráma *Who's afraid of Virginia Woolf*. Rinne, ar ndóigh. Thug sé **Tom Berenger** mar ainm stáitse air féin in ómós dá chara darbh ainm **Behringer** nuair a fuarthas amach go raibh 'Tom Moore' eile ann a bhí ina bhall de Cheardchumann na nAisteoirí, *Equity*.

'Tá scéal na b*Patricios* tábhachtach ar chúpla cúis', dar le **Berenger.** 'Léiríonn sé gné amháin de shaol na nÉireannach nuair a tháinig siad go Meiriceá i gcéaduair. Gealladh airgead agus talamh dóibh dá rachaidís isteach in Arm Mheiriceá ach tar éis dóibh liostáil ann bhraith siad go raibh an seicteachas céanna agus an bhrúidiúlacht chéanna ann agus a bhí sa tír a d'fhág siad ina ndiaidh. Tugadh fíor-dhrochíde d'Éireannaigh agus d'imircigh', a deir sé. 'Tugann an scannán léargas freisin ar dhrochiompar an airm, rud a coinníodh faoi cheilt'. Ní raibh **Lance Hool**, léiritheoir an scannáin, ábalta an scannán a chur chun cinn le linn thréimhsí uachtaránachta **Reagan** agus **Bush** de bharr an 'tírghra' a bheith róláidir i Meiriceá agus nach dtaitneodh nochtadh na fírinne leosan.

'Tréigtheoirí' a bhí sna *Los San Patricios* dar leis na Meiriceánaigh. 'Laochra calma' a throid ar son daoine a bhí dearóil agus Caitliceach ba ea iad dar leis na Meicsicigh. Faoi Iúil 1847 bhí os cionn 200 saighdiúir faoi cheannas **Riley** agus ba ghearr go ndeachaigh a gcáil i bhfad agus i ngearr mar gheall ar a misneach. Is iomaí cath a bhuaigh siad ach ba é an cath fíochmhar deiridh i Churrasco i ngar do Chathair Mheicsiceo a chriog iad. Bhí siad chomh calma sin gur stróic siad anuas lena lámha féin bratacha bána a chroch na Meicsicigh mar chomhartha go raibh siad sásta géilleadh. Dhá chomplacht de 102 saighdiúir an ceann a bhí ag na *Los San Patricios* ag tús an chatha. Trí huaire an chloig ina dhiaidh sin bhí dhá dtrian díobh marbh nó gafa.

I Meán Fómhair 1847 crochadh 50 díobh. Crochadh an 30 deireanach díobh ar bhealach cruálach barbartha. Fágadh an drong seo ina seasamh ar ardán a gcrochta sa teas millteanach ar feadh uaireanta fada an chloig, sealáin na croiche faoina muineáil, ag féachaint ar chath a bhí ar siúl sa ghleann thíos fúthu nó go n-ardófaí bratach bhuacach Mheiriceá os cionn caisleáin a bhí faoi ionsaí. Níor cuireadh **Riley** chun báis ach dódh an litir 'D' (Deserter) ar a leicne faoi dhó mar go ndearnadh bun os cionn é an chéad uair. Ba mheasa leis a chuid fear a fheiceáil á gcur chun báis, ámh.

Déantar *Los San Patricios* a chomóradh sa Chlochán agus i gCathair Mheicsiceo gach bliain. Ar an 12 Meán Fómhair 1997, tháinig Uachtarán agus polaiteoirí Mheicsiceo, Méara na Cathrach, Ambasadóir na hÉireann i dteannta le Gael-Mheicsiceo le chéile ag láthair an chrochta chun a meas a thaispeáint ar an íobairt agus ar an ngaisce a rinne dream beag saighdiúirí as Éirinn ar son Mheicsiceo 150 bliain ó shin.

(As alt *An Curadh Connachtach*)

(i) (a) Céard air a bhfuil an scannán atá luaite sa *chéad alt* bunaithe?
(3 mharc)

(b) Luaigh **dhá** chúis a bhfuil sé cuí go mbeadh páirt ag Tom Berenger sa scannán seo. (4 mharc)

(ii) (a) Cén chaoi ar tharla sé go ndeachaigh sé le haisteoireacht? (3 mharc)

(b) Cén fáth nach raibh sé ábalta an t-ainm a thug a mhuintir air agus atá luaite sa *dara halt* a úsáid mar ainm stáitse? (3 mharc)

(iii) (a) Cén **dá** chosúlacht a rianaítear sa *tríú halt* a bhí idir an saol san Arm agus an saol in Éirinn ag an am sin, dar leis an aisteoir? (4 mharc)

(b) Cén fáth nach raibh léiritheoir an scannán ábalta an scannán a chur chun cinn nuair ba mhian leis? (4 mharc)

(iv) (a) Luaitear sa *cheathrú halt* go raibh Los San Patricios calma. Cén fhianaise atá san alt sin a léiríonn é seo? (4 mharc)

(b) 'Crochadh an 30 deireanach díobh ar bhealach cruálach barbartha.' Cad atá i gceist san abairt sin as an *gcúigiú halt*? (6 mharc)

(v) Cén fáth ar tháinig siad siúd atá luaite sa *séú halt* le chéile ag láthair an chrochta? (4 mharc)

LÉAMHTHUISCINT 14
(Iar-Ardteist)

Léigh an sliocht seo a leanas agus freagair na ceisteanna a ghabhann leis.
[*Bíodh na freagraí i d'fhocail féin, oiread agus is féidir leat.*]

• •

AN tUACHTARÁN INEZ

Bean as Tuaisceart na hÉireann a bhfuil a saol caite aici i mbun feachtais ar son na mbocht agus na gcoimhthíoch í, **Inez McCormack**, an t-uachtarán nuathofa ar *Chomhdháil na* gCeardchumann (ICTU). Bean láidir í a bhfuil lorg a láimhe le brath ar shaol poiblí an Tuaiscirt. Is é an bonn atá faoin obair atá déanta ag **Inez** le breis agus fiche bliain ná an mhian atá aici cearta daonna—sóisialta, eacnamaíochta agus polaitiúla, a bhaint amach dóibh siúd atá ar an ngannchuid. Tá rún aici é seo a chur i bhfeidhm sa Deisceart chomh maith nuair a rachaidh sí i mbun idirbheartaíochta le Rialtas agus le fostóirí Bhaile Átha Cliath faoin gComhréiteach Pá.

Murab ionann agus Tuaisceartaigh eile a bhí ina n-uachtaráin ar an gComhdháil, ní ghlacann sí leis an nós gur cheart an mhargáintíocht faoin gComhréiteach Pá a fhágáil faoi Dheisceartaigh. Moltar go poiblí í faoin seasamh seo ach go príobháideach ceistíonn dornán daoine a máistreacht ar cheisteanna an Deiscirt agus tá dornán eile in amhras faoina dearcadh sóisialach chun saibhreas a roinnt ar gach éinne. Tabharfaidh sí dúshlán an chórais chun buntáistí an Tíogair Cheiltigh a roinnt leo siúd atá ar an imeall.

'Scannal is ea é ag deireadh an chéid seo gur díol suntais agus eisceacht fós é toghadh mná mar uachtarán ar *Chomhdháil na gCeardchumann,*' deir sí. Séanann sí gur le pá agus le coinníollacha oibre amháin a bhaineann ceardchumannachas. 'Ar ndóigh tá ceart ar phá maith ag gach oibrí agus is é dualgas na gceardchumann é sin a bhaint amach ach tá cúram i bhfad níos mó ná sin orainn. Tá ról ag ceardchumainn i gcúrsaí oideachais do dhaoine fásta freisin'. Feictear di gurb é an dúshlán is mó sa Deisceart conas an rath eacnamaíochta a ionramháil ionas nach bhfágfar daoine imeallacha as an áireamh.

Tá **Inez** ag obair ar mhaithe le cearta daonna ó dheireadh na seascaidí. D'fhág sí an scoil nuair a bhí sí sé bliana déag agus chuaigh sí ag obair mar chlóscríobhaí sa Státseirbhís. De shliocht Protastúnach í a tógadh in Ard Mhic Nasca i gCo. an Dúin. Ní raibh aon bhaint ag a muintir le polaitíocht riamh agus ní raibh aon taithí aici féin ar Chaitlicigh. Baineadh geit aisti sa Státseirbhís nuair a thuig sí go gceilfí deiseanna ar dhaoine de bharr cúrsaí reiligiúin mar gur ceapadh nach bhféadfadh an Stát muinín a chur iontu.

D'fhreastail sí ar dhá ollscoil agus ina dhiaidh sin chuaigh sí go hIarthar Bhéal Feirste mar oibrí sóisialta áit ar bhuail sí lena fear, **Vincent**. Bhí seisean gníomhach i nGluaiseacht Chearta Sibhialta an Tuaiscirt. In Eanáir 1969, chuaigh sí in éindí leis ar an máirseáil stairiúil ó Bhéal Feirste go Doire a ionsaíodh go fíochmhar ag Burntollet. Bhí tionchar mór ar ar tharla an lá sin ar dhearcadh **Inez** faoi chúrsaí poiblí. Sna seachtóidí rinne sí sárobair le ceardchumann an *NUPE* agus rinneadh oifigeach den *NUPE* di do Thuaisceart Éireann i 1976. D'éirigh léi an deighilt sheicteach i measc na mball a shárú ba chuma cén dearcadh polaitiúil a bhí acu. Údar mór mórtais aici gur chothaigh an ceardchumann féinmhuinín i measc na mban a bhí 'gan ghlór' roimhe sin. Faoi láthair is ball í den *Choimisiún Chearta Daonna* a bunaíodh faoi *Chomhaontú Aoine an Chéasta.*

Bhláthaigh sí tráth a raibh mná á gcoinneáil sna cúlseomraí polaitiúla sa Tuaisceart. Bhí tionchar aici ar chúrsaí tionscail agus fostaíochta agus ar fhorbairt shóisialta. Chuaigh sí i bhfeidhm orthu siúd a bhí i gcumhacht agus tá a bhfuil déanta aici aitheanta ag **Mary Robinson**, **Bertie Ahern**, **Tony Blair** agus ag **Bill Clinton**. Ceist mhór anois í conas a bheidh fir Bhaile Átha Cliath, fostóirí agus Rialtas araon, ábalta an fórsa nua seo, **Inez McCormack**, a láimhseáil.

(As alt in *Foinse*)

● ●

(i) (a) Cén post nua ar toghadh Inez McCormack lena aghaidh le gairid?

(3 mharc)

(b) Cén 'bonn', a luaitear sa *chéad alt*, atá faoi obair Inez McCormack?

(4 mharc)

(ii) (a) Cén difríocht mhór a luaitear sa *dara halt* atá idir í féin agus
uachtaráin eile as an Tuaisceart? (3 mharc)

(b) Cén **dá** locht a fhaigheann daoine áirithe uirthi de réir an *ailt
chéanna?* (4 mharc)

(iii) (a) Luaitear 'scannal' sa *tríú halt.* Cén scannal atá i gceist anseo?
(3 mharc)

(b) Cad é an dúshlán is mó atá le sárú sa Deisceart, dar léi? (4 mharc)

(iv) 'Baineadh geit aisti sa Státseirbhís.' Cad atá i gceist san abairt sin as an
gceathrú halt? (6 mharc)

(v) (a) Cén **dá** údar bróid atá aici a bhain lena tréimhse le ceardchumann
an NUPE atá rianaithe sa *chúigiú halt?* (4 mharc)

(b) Cén bhaint atá ag na daoine a luaitear sa *séú halt le scéal Inez?*
(4 mharc)

LÉAMHTHUISCINT 15

Léigh an sliocht seo a leanas agus freagair na ceisteanna a ghabhann leis. [*Bíodh
na freagraí i d'fhocail féin, oiread agus is féidir leat.*]

Comhghairdeas le Tom Hodgins as an mBeith Mhór, Droichead Átha, captaen fhoireann na hÉireann den WKF (Cónascadh Kobudo an Domhain). Bhí sé ina chaptaen ar fhoireann jiu-jitsu na hÉireann a ghlac páirt sa 'World Kobudo Extrava-ganza' i Sasana le déanaí. Ghlac foirne as fiche tír páirt san ócáid mhór seo, agus ní hamháin gur tháinig Tom agus triúr eile abhaile le boinn óir ach bhuaigh Tom an bonn óir mar 'Chrios Dubh WKF na Bliana, 1997'. Bhí iomaíocht ghéar ann, ach i ndiaidh coimhlinte fíochmhaire bhí an lámh in uachtar aige le dhá phointe ar John McGeoghan as Birmingham Shasana. Ag labhairt dó i nGaeilge, i mBéarla agus i bhFraincis ag an mbronnadh, ghabh Tom buíochas faoi leith lena thraenálaí, Seosamh Ó Muirí, agus le Seán Boylan, bainisteoir fhoireann na Mí.

Rugadh Tom Hodgins i nDroichead Átha agus chaith sé an chuid is mó dá shaol ar an mBeith Mhór, Contae na Mí,

Hodgins Dhroichead Átha —laoch na hÉireann

tuairim is míle slí ón mbaile sin. Chaith sé blianta ina chónaí i Rinn na Feirste agus i nGaoth Dobhair, Contae Dhún na nGall,

áit a bhfuil gaolta aige. Tháinig beirt fhear ar ais go dtí an ceantar sin tar éis dóibh a bheith ina gcónaí in Albain agus thug siad an jiu-jitsu abhaile leo: b'shin iad Seosamh Ó Muirí agus Eoghan Ó Curráin. Ealaín troda ón tSeapáin is ea jiu-jitsu. Deirtear gur tháinig an ealaín ársa seo ón India, isteach sa tSín, agus ansin isteach sa tSeapáin. Ba é jiu-jitsu ealaín troda na laoch Samurai ar feadh na gcéadta bliain. Deirtear freisin gurb í máthair na healaíon troda uilig í agus gur uaithi a shíolraigh karate, aikido, an dornálaíocht, agus an iomrascáil. Cuirtear béim mhór ar an tsolúbthacht agus ar an aclaíocht coirp, agus caithfidh an 'jiu-jitsuka' cuid mhór ama ag traenáil—dhá oíche nó trí oíche sa tseachtain don tosaitheoir agus ansin cúig oíche sa tseachtain ag an leibhéal is airde.

Cuirtear béim mhór ar 'shruth inmheánach fuinnimh' an duine, ar a dtugtar *'chi'* nó *'ki'*; agus ar an gcúrsa don chrios dubh caithfidh an foghlaimeoir méid áirithe *'tai chi'* (cleachtaí anála) agus *'shiatsu'* (baill leighis) a bheith ar eolas acu. Oireann jiu-jitsu do dhuine ar bith, idir fhir is mhná, agus is cuma cén aois thú. Tá clubanna faoin WKF go forleathan ar fud na tíre.

Sa bhliain 1993 ghnóthaigh Tom Hodgins 'Bonn Airgid an Tíogair' ó Sensei Kingsley Johnston i Londain. B'ábhar mór sásaimh dó é, mar bhí a lán trodaithe de gach cineál stíle páirteach ann. Sa bhliain 1994 bronnadh Bonn Óir John Therien air in Ontario, Canada; agus i mí Iúil 1995 bhuaigh sé dhá bhonn óir agus bonn cré-umha i gcomórtas idirnáisiúnta idir Éirinn agus na Stáit Aontaithe. Bronnadh Bonn Óir Richard Morris air ag ócáid mhór an WKF san Eilvéis sa bhliain 1996. Ach an rud is mó a bhfuil an múinteoir Gaeilge seo bródúil as ná an bonn óir mar 'Chrios Dubh na Bliana, 1997'. Leis seo tá scoláireacht i gceist a thabharfaidh deis dó dul go Canada chun traeneáil le Kyoshi John Therien. Comhlíonfaidh an scoláireacht seo aisling mhór eile a bhí ag Hodgins le blianta: dul go California agus traenáil lena chara, an réalta scannán Jeff Speakman, a bhfuil sárscannáin ar nós *The Perfect Weapon* agus *The Expert* déanta aige.

[Alt le hÉamonn Maguire.]

(i)   Breac síos *trí* phointe eolais faoi Tom Hodgins ón gcéad alt.   (9 marc)

(ii) Breac síos *dhá* phointe eolais faoin ócáid mhór a bhfuil trácht faoi sa chéad alt.   (6 mharc)

(iii) Sa dara halt tugtar eolas dúinn faoi Tom Hodgins. Luaigh *trí* mhórphointe faoi.   (6 mharc)

(iv) (*a*) Cad deirtear sa tríú halt faoi jiu-jitsu?   (3 mharc)

      (*b*) Cad air a gcuirtear béim mhór?   (3 mharc)

(v)   Breac síos *trí* phointe as an alt deireanach faoi na duaiseanna a ghnóthaigh Tom Hodgins.   (9 marc)

(vi) Cad a cheapann tú faoin mbród atá air san alt céanna?   (6 mharc)

LÉAMHTHUISCINT 16

Léigh an sliocht seo a leanas agus freagair na ceisteanna a ghabhann leis. [*Bíodh na freagraí i d'fhocail féin, oiread agus is féidir leat.*]

RÚN 'ROS NA RÚN'

I bhfolach i measc na gcrann, gar don Spidéal, tá sráidbhaile suimiúil a d'fhás thar oíche, geall leis, sa bhliain 1996. Seo 'Ros na Rún', suíomh an tsraithscéil teilifíse den ainm céanna a fheicimid i rith na seachtaine ar TG4. Tá chuile theach i Ros na Rún ceangailte dá chéile, mar dáiríre is foirgneamh mór amháin é. Má shiúlann tú timpeall air ar an taobh amuigh feicfidh tú an t-ollmhargadh, nó an siopa pobail, mar a thugtar air; Tigh Thaidhg, an teach tábhairne is mó clú i gCois Fharraige; an teach lóistín, an Cybercafé; tithe mhuintir na háite ón taobh amuigh; agus seanchaisleán nár baineadh mórán úsáid as sa sraithscéal go fóill.

Taobh istigh den áras seo, thíos staighre agus thuas staighre, tá suímh inmheánacha an tsraithscéil: cistineacha, seomraí suí, seomraí codlata, árasáin, beár Thaidhg, an taobh istigh den chaife, aonad craolta Raidió

Ros na Rún, agus mar sin de. Éacht dearthóireachta é feisteas Ros na Rún. Tá sé incurtha lá ar bith le feisteas 'Coronation Street' nó 'Eastenders' nó 'Fair City' nó 'Glenroe'. Gar dó, nuair a bhíonn siad ag teastáil, tá sráidbhaile agus cé an Spidéil, sliabh, farraige, agus timpeallacht chreagach Chonamara.

Taobh amuigh de chláir nuachta is beag clár a dhéanann TG4: ceannaíonn said an t-ábhar a chraolann siad. Comhlacht neamh-spleách, Léirithe Teilifíse Thír Eoghain, a chuireann 'Ros na Rún' ar fáil do TG4. Fostaíonn Léirithe Teilifíse Thír Eoghain, a riarann 'Riverdance' i measc fiontair eile, comhlacht fuinniúil áitiúil i gConamara, Eo-Theilifís, chun an tsraith a dhéanamh. Bhí leagan de 'Ros na Rún' ar RTE cúpla bliain ó shin, ach thosaigh an scéal as an nua ar Theilifís na Gaeilge nuair a tháinig an stáisiún nua ar an aer. Sa chead chlár ar Theilifís na Gaeilge chonaiceamar Paddy O'Connor, Baile Átha Cliathach, a bhean, Rita, de bhunadh an cheantair, agus a bpáistí, Jason agus Eimear, ag teacht go dóchasach go dtí Ros na Rún agus súil acu go mbeadh saol níos fearr acu sa Ghaeltacht ná mar a bhí sa chathair.

Cosmhuintir an tsráidbhaile, strainséir a thagann isteach, go minic ó cheantar eile Gaeltachta, agus imirceoirí nó daoine eile gaolmhar do mhuintir na háite a fhilleann ar chúis amháin nó ar chúis eile an pobal a bhíonn le feiceáil i 'Ros na Rún'. Fuintear an scéal as an bplé a bhíonn ag an trí dhream seo lena chéile. Tiomáintear na sraithscéalta uilig teilifíse mórán mar an gcéanna. Gluaiseann an scéal ó chothrom go héagothrom—ó fhadhb go réiteach, go fadhb nua go réiteach nua—agus mar sin de go síoraí. Éiríonn an fhadhb go hiondúil as rogha. Cuirfear pearsa i bponc. Caithfidh sé nó sí rogha a dhéanamh. Rachaidh an rogha a dhéanann an phearsa seo i bhfeidhm, ar bhealach amháin nó bealach eile, ar shaol chuile dhuine sa scéal.

Sa chéad bhliain craoladh 150 mír de 'Ros na Rún'. Cheana féin tá éacht déanta ag an sraithscéal seo: tá níos mó drámaíocht teilifíse sa Ghaeilge craolta sa tsraith seo ná mar a craoladh ar RTE ó thosaigh an stáisiún sin i 1961. Mar is eol do lucht fógraíochta, féachann níos mó daoine ar shraithscéalta ná ar aon chineál eile teilifíse, fiú an nuacht. Luath nó mall pléifear agus léireofar gach aon fhadhb dhaonna is féidir a shamhlú ar shraithscéal ar bith. Feiceann daoine a saol féin, agus na cruacháis laethúla ina bhfaigheann siad iad féin, sa sliocht den sraithscéal is suim leo. Tá 'Ros na Rún' ríthábhachtach d'fhorbairt na Gaeilge mar mheán cumarsáide. Tá feicthe cheana féin ar 'Ros na Rún' nach bhfuil ábhar ar domhan nach féidir a léiriú ná a phlé trí mheán na Gaeilge ar bhealach a thuigfidh an gnáthdhuine a fhéachann ar an gclár. Cuidíonn 'Ros na Rún' go mór leis an bhfeachtas atá ar siúl faoi láthair teanga phobail, mar mhalairt ar theanga acadúil nó teanga liteartha, a dhéanamh den Ghaeilge.

Nuair a tháinig Teilifís Éireann ar an aer ar dtús bhí pictiúr grinn in *Dublin Opinion* a thaispeáin seanchaí sa chlúid ag tosú ar a scéal: 'Bhí fear ann fadó …' Ach ní raibh aon duine sa teach ag éisteacht leis: bhí siad cruinnithe thart ar an teilifíseán agus a ndroim leis. Is é 'Ros na Rún' agus sraith-scéalta mar é an Fhiannaíocht nua.

[As alt le Pádraig Ó Giollagáin.]

(i) Breac síos *dhá* phointe atá sa chéad alt faoi shráidbhaile
'Ros na Rún'. (6 mharc)

(ii) Cén fáth a gceapann an scríbhneoir gur éacht dearthóireachta
é seit 'Ros na Rún'? (5 mharc)

(iii) Inis, i mbeagán focal, cad tá le rá ag Pádraig Ó Giollagáin sa
tríú halt. (7 marc)

(iv) (*a*) Cad iad na *trí* dhream a bhíonn le chéile i 'Ros na Rún'? (6 mharc)

(*b*) Tugann an scríbhneoir cur síos sa cheathrú halt ar
fhorbairt an scéil. Breac síos *dhá* phointe eolais faoin
bhforbairt sin. (6 mharc)

(v) Breac síos *dhá* phointe eolais as an gcúigiú halt faoi
shraithscéalta teilifíse. (5 mharc)

LÉAMHTHUISCINT 17

Léigh an sliocht seo a leanas agus freagair na ceisteanna a ghabhann leis. [*Bíodh
na freagraí i d'fhocail féin, oiread agus is féidir leat.*]

Géarchéim i gConamara

Tá cúrsaí tithíochta agus na fadhbanna sóisialta uilig a eascraíonn as an
bhfadhb sin ar cheann de na príomhfheachtais a bheidh Fóram
Chonamara ag cur chun cinn. Bunaíodh an Fóram i gConamara le
deireanas le haire an phobail áitiúil a dhíriú ar Ghaeltacht
Chonamara uilig.

De réir an Fhóraim, is iad daoine singile atá sna fichidí an dream is mó
atá buailte ag an ngéarchéim tithíochta. De réir na bhfiosruithe atá déanta
ag Fóram Chonamara i monarchana agus i láithreacha éagsúla oibre i
gCois Fharraige, caitheann go leor daoine as Conamara féin agus atá ag
obair sa cheantar bogadh go cathair na Gaillimhe i rith an tséasúir
thurasóireachta.

Easpa árasán oiriúnach agus ionad cíosa is cúis leis seo. Cé go bhfuil
roinnt daoine óga as an gceantar ina gcónaí agus ag obair ann, níl siad ró-
shásta lena n-áitribh, de réir cosúlachta.

Labhair roinnt de na tionóntaí sin le *Foinse* agus mhínigh a gcás. Thug
tionónta amháin le fios go raibh sí féin ina cónaí i dteach i gConamara a
bhí tais agus ag titim as a chéile agus go raibh an tiarna talún ag gearradh
£50 cíosa sa tseachtain uirthi.

Dúirt sí go raibh spás mór millteach idir na ballaí agus díon an tí, go
raibh an leithreas as feidhm agus uisce ag sileadh as le fada. Dúirt sí cé gur
chuir sí an tiarna talún go minic ar an eolas faoi dhrochstaid an tí nach

ndearna sé dada faoi ach go mbíodh sé i gcónaí ag gealladh go ndéanfadh. Labhair roinnt tionóntaí eile le *Foinse* faoi na háiteanna cúnga daora a bhí acu féin agus dúirt gur ar éigean a d'fhéadfaí casadh thart sna hárasáin chéanna.

'Tá go leor daoine óga atá ag cur fúthu i gConamara tagtha isteach chuig an oifig againn anseo ag plé na géarchéime tithíochta linn,' a dúirt Deirdre Murphy ón eagraíocht Threshold.

'Is léir go bhfuil an fhadhb imithe in olcas ó tháinig Teilifís na Gaeilge ar an saol. Áitreabh sealadach a bheidh acu sa gceantar, agus beidh orthu imeacht as an áit sa samhradh. Sin é an áit a mbíonn an fhadhb acu i gceart.

'Is ar feadh tréimhse naoi mí a ligtear formhór na n-áiteanna sa chathair. Bíonn ar thionóntaí na cathrach imeacht leo le turasóirí agus lucht saoire a ligean sna tithe agus sna hárasáin. Cá bhfaighidh muintir na tuaithe áiteacha ansin?'

Dúirt Deirdre Murphy freisin go mbíonn fadhb mhór ag tionóntaí nach bhféadfaí ceadúnas cánach a fháil de bhrí nach mbíonn a gcuid tiarnaí talún cláraithe.

'Má iarrann na tionóntaí leabhar cíosa ar na tiarnaí talún tarlaíonn sé go minic go dtugann siad fógra scoir ceithre seachtaine dá gcuid tionóntaí,' ar sí.

'Nuair a imíonn na tionóntaí ansin bíonn deacrachtaí ag na húdaráis áitiúla na tiarnaí talún a aimsiú.'

Dúirt Comhairle Contae na Gaillimhe nach bhfuil uimhir chruinn acu do líon na dtiarnaí talún i gConamara mar go bhfuil méid mór ann nár chláraigh riamh faoi Acht na Leabhar Cíosa agus Cláraithe (1993).

Dúirt Deirdre Murphy gur mar thithe saoire atá formhór na dtithe cíosa i gConamara ag feidhmiú. 'Níl na coinníollacha céanna ag baint leis na tithe saoire agus a bheadh le tithe a bheadh á ligean go lánaimseartha. Fiú dá mbeadh na tithe sin cineál tais, ar éigean a thabharfaí faoi deara sa samhradh é.'

Is léir de réir Fhóram Chonamara go bhfuil níos mó i gceist leis an ngéarchéim tithíochta sa cheantar ná ceist spáis, caighdeáin agus airgid amháin. Beidh an feachtas tithíochta ag plé ábhair shóisialta agus chultúrtha a eascraíonn as an bhfadhb seo, ar nós fostaíocht san iargúil, an óige, agus seasamh na Gaeilge, mar shampla.

'Ní féidir leis an lucht teilifíse, ar cainteoirí Gaeilge a mórchuid, cónaí i gCois Fharraige ach an oiread,' de réir Mháire Uí Neachtain ón bhFóram. 'Cén mhaith a bheith ag caint faoi "athréimiú na teanga", mar dhea, nuair nach féidir le lánúin óg fanacht sa mbaile agus na gasúir a thógáil sa nGaeltacht?'

Beidh cruinniú oscailte ag Fóram Chonamara i gComhar Creidmheasa Cholm Cille in Indreabhán Dé Céadaoin 19 Márta ag 8:00 i.n.

[As alt in *Foinse* le Máire Ní Chatháin.]

(i) Cad a bheidh Fóram Chonamara ag cur chun cinn? (3 mharc)

(ii) (*a*) Breac síos *dhá* phointe eolais sa dara halt faoin ngéarchéim tithíochta. (6 mharc)

    (*b*) Cad a dúirt Deirdre Murphy sa séú halt? (3 mharc)

(iii) Inis, i mbeagán focal, cad eile a bhí le rá ag Deirdre Murphy. (7 marc)

(iv) (*a*) Cén gearán a rinne tionónta le *Foinse*? (4 mharc)

    (*b*) Breac síos pointe *amháin* a rinne Comhairle Contae na Gaillimhe faoi líon na dtiarnaí talún. (5 mharc)

(v) Breac síos, *i d'fhocail féin*, *dhá* phointe eolais as an dá alt dheireanacha. (8 marc)

LÉAMHTHUISCINT 18

Léigh an sliocht seo a leanas agus freagair na ceisteanna a ghabhann leis. [*Bíodh na freagraí i d'fhocail féin, oiread agus is féidir leat.*]

Am na cinniúna do phobal Hongkong

Is iad na hathruithe a d'fhéadfadh rialtas Beijing a dhéanamh i Hongkong ó 1 Iúil 1997 ar aghaidh príomhábhar cainte mhuintir na n-oileán, agus is ábhar mór cainte é freisin ag daoine oifigiúla a casadh orm sa tSín féin.

    Tharla dom a bheith i gcomhluadar beirt Éireannach a chónaíonn i Hongkong agus atá ar cuairt anseo. Is ar éigean a labhair siad faoi rud ar bith eile ach amháin cúrsaí

79

an Tuaiscirt agus greann na polaitíochta i mBaile Átha Cliath, seachas a bhfuil i ndán do Hongkong.

Is i méid a bheidh an scéal seo ag dul sna míonna atá fágtha ag Hongkong mar choilíneacht Shasanach. Agus is iomaí sin Síneach as Hongkong a fheicfear in Éirinn agus a bheidh ag cur gnóthaí nua ar bun inti idir seo agus deireadh an chéid má bhíonn an t-ádh orainn.

Is le linn Chogadh an Chodlaidín, 1839–1842, a fuair Sasana seilbh ar oileán Hongkong. Bhí thart ar cheithre mhíle duine ina gcónaí ar na hoileáin bheaga agus sna bailte san am agus b'fhéidir dhá mhíle iascaire ina gcónaí ar bháid. Maireann roinnt mhaith iascairí agus a dteaghlaigh fós ar bháid. Ach tá tuilleadh agus sé mhilliún duine anois ann, agus is Sínigh a bhformhór.

Le tríocha bliain anall tá méadú as cuimse tagtha ar gheilleagar Hongkong, cé nach bhfuil d'acmhainn nádúrtha ann ach cuan iontach. Tá máistreacht ar cheirdeanna leictreonacha, ar chúrsaí airgeadais agus éadaigh agus ar chuid mhaith nithe eile ag muintir Hongkong. Oibríonn daoine go fíorchrua ar fad, agus is léir gur breá leo trádáil de gach cineál. Bhí barraíocht 15 billiún dollar Hongkong ar cháinaisnéis 1994. Tá infheistiú ollmhór ag Hongkong i ngnóthaí sa tSín féin, agus tionchar dá bharr.

Bíonn faitíos ar a lán i Hongkong go dtosóidh an tSín ag scriosadh chóras na háite ó mhí Iúil 1997 amach. Síltear go gcuirfear cruachóras sóisialta agus eacnamaíochta na Síne i gcion. Is 'réigiún speisialta riaracháin' den tSín a bheidh i Hongkong, agus, más fíor, ní athrófar na córais eacnamaíocha agus sóisialta go ceann caoga bliain. Sin le rá gur ar 1 Iúil 2047 a thosóidh na hathruithe. Ní hé gach duine a chreideann sin.

Mar sin féin, dá ndéanfaí athruithe bunúsacha go luath d'fhéadfadh sin cur isteach ar Hongkong mar lárionad dlí trádála an réigiúin go léir. Tuilltear airgead mór as seo, agus is gá don réigiún cúirteanna a bheith ann a nglacfaí gan cheist lena mbreithiúnais. Dá mbeadh ceist ann faoi Hongkong is cinnte go sciobfadh Singapore an chuid sin den ghnó go fíorscioptha. Mar atá cúrsaí, beidh súil ag Singapore teacht i dtír ar an bhfaitíos atá roimh an tSín.

Faoi láthair ní cheapann 60 faoin gcéad de phobal Hongkong go mbeidh ceart agus cóir san áit nuair a rachaidh ionadaithe Beijing i gceannas. Is cinnte gur beag an meas atá ag Beijing ar chearta daonna agus gur beag é aird rialtas na Síne ar leagan amach an domhain mhóir. Tá geilleagar na Síne féin ag dul chun cinn go mór, agus tá a fhios gur cuma le rialtais choimhthíocha faoi chearta daonna thar lear, dá láidre na ráitis a eisíonn siad.

Tiocfaidh athruithe ar Hongkong, ach ní móide go dtarlóidh siad d'aon léim amháin. De réir a chéile rachaidh Sínigh as an tSín féin i mbun gach gnó polaitíochta i Hong-kong, ach thiocfadh dó go bhfágfaí máistreacht an gheilleagair acu siúd ag a bhfuil sé faoi láthair go ceann i bhfad. A fhad is a bheidh Beijing ag déanamh go maith as an ngeilleagar sin fágfar cúrsaí mar atá siad.

Céard a tharlóidh do na dlíodóirí Éireannacha a bhfuil an oiread sin díobh ag déanamh go maith i Hongkong? Déarfainn féin go mbeidh a bhformhór ann faoi cheann deich mbliana.

[As alt in *Anois* le Proinsias Mac Aonghusa.]

(i) Cad é príomhábhar cainte mhuintir Hongkong san am i láthair? Mínigh a bhfuil i gceist go cruinn. (5 mharc)

(ii) Luaigh *dhá* phointe eolais faoi stair Hongkong. (6 mharc)

(iii) Luaigh *trí* phointe eolais faoi chúrsaí eacnamaíochta Hongkong. (9 marc)

(iv) (*a*) Cén eagla atá ar mhuintir Hongkong faoi chóras na háite tar éis Iúil 1997? (4 mharc)

     (*b*) Luaigh *dhá* phointe eolais atá ag an scríbhneoir faoi chúrsaí eacnamaíochta na Síne. (6 mharc)

(v) Inis, i mbeagán focal, a bhfuil le rá ag an scríbhneoir sa *dá* alt dheireanacha. (5 mharc)

LÉAMHTHUISCINT 19

Léigh an sliocht seo a leanas agus freagair na ceisteanna a ghabhann leis. [*Bíodh na freagraí i d'fhocail féin, oiread agus is féidir leat.*]

Ar thóir an dorchadais

Scannán dírbheathaisnéise é *Nixon*.

Is dóigh liom gur mó taitneamh agus tairbhe a bhainfear as an scannán más rud é gur mhair tú trí réimeas Nixon. Táimse ró-óg chun cuimhne a bheith agam ar scannail na ré sin agus, le bheith fírinneach faoi, is beag mo thuiscint ar na scannail sin.

Baineann an stiúrthóir, Oliver Stone, úsáid as struchtúr atá lán de ghiotaí chun saol an uachtaráin a chur os ár gcomhair. Ní insítear scéal Nixon go leanúnach ó thús deireadh ach úsáidtear spléachadh siar go minic. Athraíonn an scéal ón aimsir chaite go dtí an aimsir fháistineach i saol Nixon, rud a chuireann iachall ar an lucht féachana a n-éirim aigne a úsáid chun an scéal a thuiscint.

Is nós le hOliver Stone scannáin chonspóideacha a dhéanamh (mar *Born on the Fourth of July*), agus tá scannán déanta aige faoin laoch Meiriceánach John F. Kennedy. Ní féidir laoch Meiriceánach a ghairm ar Richard Nixon. Is suimiúil an chaoi a sníomhann Stone saol na beirte le chéile. Bhí an ghráin dhearg ag Nixon ar mhuintir Kennedy. Tháinig sé sin chun tosaigh i dtoghchán 1960 nuair a sheas Nixon in aghaidh Kennedy. Críochnaíonn an scannán le líne dhodhearmadta ó Nixon agus é ag seasamh faoi phortráid Kennedy sa Teach Bán: 'Nuair a fhéachann siad ormsa feiceann siad an dóigh ina bhfuil siad; nuair a fhéachann siad ortsa feiceann siad an dóigh a theastaíonn uathu a bheith.'

Is é Anthony Hopkins a ghlacann páirt Nixon, agus tá a chuid aisteoireachta thar cionn. Is cuma cé chomh dúshlánach is atá a pháirt in aon scannán, is féidir leis éacht a dhéanamh. Éiríonn leis meon Nixon a chur inár láthair go foirfe críochnaithe. Tá an chanúint, na geáitsí is an meangadh gáire aige go cruinn.

Is í Joan Allen a thógann páirt a mhná céile, Pat, nó Buddy, mar a thugadh sé uirthi go ceanúil. Tugann sise an-tacaíocht do Hopkins sa scannán. Bagraíonn sí ar Nixon go bhfaighidh sí colscaradh mura n-éiríonn sé as an rás toghchánaíochta.

Is léir gur bhean láidir neamhspleách a bhí inti. Ach fós feicimid í ag seasamh lena fear céile ar deireadh nuair atá chuile dhuine eile imithe.

Faightear léargas ar an Teach Bán sa scannán seo nach bhfaightear in aon scannán eile faoi uachtaráin Mheiriceá go dtí seo.

Pictiúr duairc gruama is ea é, lán le *intrigues* a tharlaíonn i seomraí éagsúla. Úsáidtear modhanna neamhghnácha soilsithe agus uillinneacha drámata ceamara chun íomhá dhorcha den Teach Bán a chur inár láthair. Tá míreanna dubh-agus-bán ag sníomh tríd an scannán, a mbaintear úsáid astu chun saol an fhir óig a ríomh, a sholáthraíonn tuilleadh éagsúlachta.

Is léir ó na gnéithe seo go bhfuil *œuvre* ar ardchaighdeán cruthaithe ag Oliver Stone. Is léir freisin cé chomh casta achrannach a bhí saol agus ré an Uachtaráin Nixon. Fós féin is dóigh liom gur mhair an scannán rófhada. Ag tógáil an uisce faoi thalamh a bhain le Watergate san áireamh, sílim go raibh trí huaire a chloig pas beag rófhada.

Ní hamháin go bhfuil na príomhaisteoirí thar barr ach tá foireann na mionpháirteanna le moladh freisin. Ba liosta lena áireamh a bhfuil páirteach ann: Ed Harris, Bob Hoskins, James Woods, Mary Steenburgen, Paul Sorvino, agus eile.

Is é an gné is suntasaí den scannán seo ná an script (a scríobh triúr, Oliver Stone ina measc). Tá an oiread sin comhráite is línte drámata ann a théann go smior na gcnámh.

Deirtear i leith Nixon gur fear éitigh é nach mbeadh dada le rá aige dá mbeadh air an fhírinne a insint. Deirtear freisin gurb é Nixon an dorchadas a théann ar thóir an dorchadais.

I bhfianaise Watergate agus na buamála a rinneadh ar Laos agus Cambodia, ní dóigh liom gur féidir an fhírinne a cheilt.

Is fiú dul ag an scannán seo má tá suim agat sa ré sin i stair Mheiriceá nó más mian leat togha na haisteoireachta a fheiceáil. Ach bí cinnte go dtugann tú roinnt gráin rósta leat nó ní mhairfidh tú ar feadh os cionn trí huaire a chloig. Cuimhnigh go bhfuair tú an foláireamh anseo ar *Anois*.

Anthony Hopkins (Nixon)

[As alt in *Anois* le Máire Killoran.]

(i) Luaigh *dhá* phointe eolais ón gcéad alt faoin scannán *Nixon*. (6 mharc)

(ii) Breac síos *trí* phointe eolais as an tríú agus an ceathrú halt faoi stíl an stiúrthóra, Oliver Stone. (9 marc)

(iii) (*a*) Cad deir an scríbhneoir faoi Anthony Hopkins mar aisteoir? (5 mharc)

(b) Cad deir an scríbhneoir faoin té a ghlacann páirt Nixon? (4 mharc)

(iv) Deir an scríbhneoir gur scannán gruama é *Nixon*. Cén chaoi
a léirítear é seo san alt thuas? (6 mharc)

(v) Cén fáth a gceapann an scríbhneoir go raibh an scannán
rófhada? (5 mharc)

LÉAMHTHUISCINT 20

Léigh an sliocht seo a leanas agus freagair na ceisteanna a ghabhann leis. [*Bíodh
na freagraí i d'fhocail féin, oiread agus is féidir leat.*]

TÚS MAITH

Tá Lorraine Keane ar dhuine de na daoine sin a seasfá sa sneachta ag caint leo: duine fíorshuimiúil suáilceach taitneamhach a bhfuil lear mór eolais aici ach nach mbodhródh le fíricí thú.

'Is mise an dara duine is sine i gcomhluadar de sheachtar. Níl agam ach deartháir amháin, agus tá sé deargmhillte againn,' a dúirt sí go croíúil.

D'aistrigh an teaghlach go dtí an Charraig Dhubh roinnt blianta ó shin, nuair a bhí Lorraine bliain is fiche. Is as Ráth Fearnáin ó dhúchas í.

Tá an tsnaidhm cairdis clainne le mothú go soiléir is í i mbun cainte. Caitheann sí an oiread ama is a fhéadann sí lena muintir, go mór mór a deirfiúr óg, atá beagán os cionn aon bhliain déag d'aois.

Bíonn Lorraine Keane ag guí go n-éireoidh an bóthar le daoine i ngach cearn den tír is í i mbun oibre ar a clár 'AA Roadwatch'. 'Is aoibhinn liom a bheith ag craoladh beo, mar níl cinneadh ar bith leis an *mbuzz* a fhaigheann duine as sin,' a dúirt sí. 'Bhain mé an-sult as bheith ag déanamh an chláir "Start Me Up", ach bhain mé sásamh as cuimse as bheith ag cur "Live at Three" i láthair ó Mháirt go hAoine le gairid.

'Déanaim giotaí rialta don chlár, agallaimh bheo; agus iarradh orm an clár iomlán a chur i láthair le gairid.'

Dúirt Lorraine go bhfuil an tuairim aici go bhfuil an fuinneamh neirbhíseach aidréanailíneach as a mbaintear feidhm i ndéantús cláir bheo ar cheann de na nithe is fearr ar domhan.

'Naoi mbliana déag a bhí mise nuair a thosaigh mé ag obair le "AA Roadwatch". Tá mé ansin anois le sé bliana go leith. Bhí mé ag freastal ar choláiste cumarsáide ag an am nuair a dúirt duine de lucht "AA Roadwatch" leis an gcomhordaitheoir seo againne go raibh craoltóir ag teastáil uathu.

'D'éirigh go maith liom, agus tá mé ríméadach go bhfuair mé an post breá seo ag an am sin.' Tá céim sa chumarsáid ag Lorraine chomh maith le taithí san iriseoireacht chraolta.

'Cuimhním ar eachtra bharrúil a tharla dom is mé thart ar shé mhí ag obair le "AA Roadwatch". Bhí sneachta tiubh chuile áit ar fud na tíre, agus bhí tuairisc 60 soicind le déanamh agamsa faoi staid na mbóithre.

'Bhí tuilleadh agus tuilleadh eolais bóthair á gcaitheamh isteach chugam go raibh tuairisc trí nóiméad nó mar sin agam ar deireadh.

'D'éirigh mé measctha go maith ag an rírá agus an ruaille buaille go léir. "Oh, my God, where am I?" a dúirt mé. Shíl mé go maródh na léiritheoirí mé.'

Bhí giota sa *Sunday Business Post* faoin eachtra an Domhnach dar gcionn. 'The road to God knows where' an ceannlíne a thug siad air!

Ní bhíonn Lorraine Keane díomhaoin riamh. Ní hamháin nach mbíonn nóiméad le spáráil aici sa lá ach tá dioplóma sa chaidreamh poiblí ar siúl aici tráthnónta freisin.

'Tá dhá thionscnamh le bheith leagtha isteach agam roimh dheireadh na Bealtaine.' Tá compánach ag Lorraine le fada, ach níl aon phlean pósta acu. Easpa ama, is dócha!

[As alt in *Foinse* le Máire Ní Chatháin.]

Lorraine Keane

(i) Luaigh *dhá* phointe eolais faoin sórt duine í Lorraine Keane
ón gcéad alt. (6 mharc)

(ii) (*a*) Luaigh *dhá* phointe eolais ón gcéad agus ón dara halt
faoi Lorraine agus a muintir. (4 mharc)

    (*b*) Cén fáth a dtaitníonn léi bheith ag craoladh beo? (4 mharc)

(iii) (*a*) Cén chaoi ar thosaigh sí le 'AA Roadwatch'? (5 mharc)

    (*b*) Cén fáth a bhfuil áthas uirthi? (3 mharc)

(iv) Inis, i mbeagán focal, cad a dúirt Lorraine faoi eachtra a
tharla di agus í ag obair ar 'AA Roadwatch'. (8 marc)

(v) Cén cúrsa atá ar siúl aici faoi láthair? (5 mharc)

LÉAMHTHUISCINT 21

Léigh an sliocht seo a leanas agus freagair na ceisteanna a ghabhann leis. [*Bíodh
na freagraí i d'fhocail féin, oiread agus is féidir leat.*]

Réabadh na reilige

Osclaítear *Scream* le hoíche dhorcha agus cailín ina haonar sa bhaile ag déanamh gráin
rósta. Glaonn an guthán, agus labhraíonn fear anaithnid léi, ag bagairt uirthi gan an
guthán a leagan síos. Taobh istigh de chúpla nóiméad—i dtraidisiún an stiúrthóra, Wes
Craven, a thug *Nightmare on Elm Street* dúinn—tá an cailín crochta as crann sa ghairdín agus
í gearrtha ó ghabhal go scornach agus a hionathar ag sileadh léi.

    Agus ní bréag an focal 'traidisiún' a lua, mar tá *genre* seo an uafáis linn a bheag nó
a mhór ó thús na scannánaíochta, le *Nosferatu* (1922) agus an chéad *Frankenstein*, a
rinneadh sna tríochaidí, stíl scannánaíochta a forbraíodh go mór sna seachtóidí leis na
scannáin 'slasher', leis an tsraith *Friday the Thirteenth* agus *Halloween* ar dtús, ansin sraith
Wes Craven, *Nightmare on Elm Street*, sna hochtóidí.

    Cuid den traidisiún uafáis freisin is ea na scannáin scigmhagúla a rinneadh i stíl
Abbot and Costello Meet Frankenstein, *The Adams Family*, agus a leithéidí, ina ndearnadh scig-
aithris ar na scannáin uafáis agus ar na nósanna a bhaineann leo. Trasnaíonn *Scream* an
teorainn idir 'uafás' agus 'scigmhagadh'.

    In *New Nightmare on Elm Street*—an seachtú scannán sa tsraith sin—rinne Craven
scannán inar tháinig an 'slasher', Freddie Kruger, ar ais, inar fhág sé 'saol na
scannánaíochta' agus ar thug sé aghaidh ar an ngnáthshaol, le hionsaí a dhéanamh ar na
haisteoirí a bhí sa chéad scannán. Bhí Craven é féin ag aisteoireacht mar Craven sa
scannán, chomh maith leis an aisteoir Heather Langenkamp, a bhí ina páirt féin! Scannán

Drew Barrymore: *Scream*

a bhí in *New Nightmare on Elm Street* a d'iompaigh an *genre* bunoscionn agus a bhain geit as scannánaíocht an uafáis.

Leanann Craven sa treo sin in *Scream*, scannán atá thar a bheith greannmhar agus scanrúil chomh maith céanna. Dírítear sa scannán ar Sidney Prescott (Neve Campbell, a bhí in *The Craft*), a bhfuil an dúnmharfóir anaithnid seo sa tóir uirthi, agus ar a cairde in Woodsboro High School: Rose McGowan, Skeet Ulrich (*The Craft, Boys, Last Dance*), agus Drew Barrymore, chomh maith leis an bpríomhoide (Henry Winkler!), an póilín áitiúil, David Arquette, agus an tuairisceoir nuachta, Courtney Cox—a bhféadfadh gurb é an dúnmharfóir duine ar bith acu.

Gearrann an dúnmharfóir a bhealach tríd an scannán agus muid ar bís ag iarraidh a dhéanamh amach cé hé féin agus, duine i ndiaidh duine, é ag marú na ndaoine a raibh muid in amhras fúthu, go dtagaimid go dtí an *exposé* cliste ag a dheireadh, ina nochtar an fhírinne agus a mbainimid ciall as an scéal uilig.

Glacann Craven leis go bhfuilimid uilig cleachtaithe ar *genre* an scannáin 'slasher' faoin am seo, go bhfuil ceann nó peire acu feicthe againn, agus go bhfuilimid eolach ar na gnáthnósanna—nó na 'rialacha', mar a thugann pearsa amháin sa scannán orthu: Randy (Jamie Kennedy), freastalaí i siopa físeán a bhfuil eolas ciclipéideach míshláintiúil aige ar scannáin uafáis agus gach a mbaineann leo. I radharc amháin liostaíonn sé rialacha an uafáis dá chairde: maraítear lánúin a bhíonn ag luí le chéile; maraítear déagóirí a bhíonn ag ól nó ag caitheamh tobac; dar ndóigh, an té a deir 'Be right back' ag dul amach an doras dó ní thagann sé ar ais; tagann an mhaighdean slán i gcónaí; srl.

Agus ní hé Randy amháin atá eolach ar 'rialacha' an uafáis. Cluiche atá sa scannán seo, ina bhfuil an dúnmharfóir, an chreach agus an lucht féachana eolach ar na scannáin 'slasher' (agus ar scannáin Craven go háirithe) agus ar na rialacha a bhaineann leo. Agus is timpeall ar na rialacha sin a imríonn Craven an cluiche.

Céard is féidir a rá i ndeireadh na dála ach gur scannán é seo a bhainfidh gáire asat agus a scanróidh an t-anam asat!

[As alt in *Foinse* le Darach Ó Scolaí.]

(i) Luaigh *dhá* phointe as an gcéad alt faoi oscailt an scannáin *Scream*. (6 mharc)

(ii) Luaigh *dhá* chaoi ina ndéanann an scríbhneoir comparáid idir an scannán seo agus scannán ar bith eile. (6 mharc)

(iii) (*a*) Cad deir an scríbhneoir faoin scannán *Scream* sa chúigiú halt? (5 mharc)

(*b*) Cad deir an scríbhneoir faoin dúnmharfóir sa chéad alt eile? (4 mharc)

(iv) Inis, i mbeagán focal, a bhfuil le rá ag an scríbhneoir sa dá alt dheireanacha. (7 marc)

(v) Cad é do thuairim, ón alt seo, faoi stíl Wes Craven mar stiúrthóir scannán? (7 marc)

LÉAMHTHUISCINT 22

Léigh an sliocht seo a leanas agus freagair na ceisteanna a ghabhann leis. [*Bíodh na freagraí i d'fhocail féin, oiread agus is féidir leat.*]

(*Brocairí Bhedlington* le Gearailt Mac Eoin)
Ba chóir dúinn fáilte a chur roimh an gcnuasach gearrscéalta seo, ní ar a shon féin amháin ach de bhrí gur tearc go leor iad na saothair ghearrscéalaíochta le húdair Ghaeilge atá tagtha ar an margadh le blianta beaga anuas. Tá na scéalta atá cnuasaithe anseo snoite dea-scríofa, atmaisféar áite agus aimsire cruthaithe go maith ina bhformhór, agus iad lán go barra le pearsana ilghnéitheacha.

SCIGPHICTIÚR AR MHNÁ

Éiríonn le Gearailt Mac Eoin pearsana truamhéalacha, agus pearsana míthaitneamhacha fiú, a chur ina steillbheatha os ár gcomhair i roinnt mhaith de na scéalta, ar bhealach go mealltar sinn ar feadh tamaillín. De réir mar

a dhruidimid i dtreo dheireadh méaldrámata an scéil, áfach, is minic a chuireann an maoithneachas neamhshrianta nó an coimriú teagascúil éifeacht na hinsinte ar ceal d'aon bhuille thubaisteach amháin. Tá sé seo fíor go háirithe faoi na scéalta sin sa chnuasach arb é cluanaireacht agus mídhílseacht bhan is ábhar lárnach dóibh. Sna scéalta seo, a scríobhadh de réir foirmle shílfeá, titeann an phearsa fir (comhairleoir ríomhaireachta ar shaoire tinnis ón job; Gael-Mheiriceánach il-teangach a chaitheann seal i Moscó le barr slachta a chur ar a chuid Rúisise; seanchoirnéal ramhar meisciúil a bhfuil a scíth á ghlacadh aige i dteach ósta i gKent sula dtugann sé faoin saol oibre arís) i ngrá le bean mhealltach (amhránaí sean-nóis as Conamara atá in aontíos le ceannaí éisc Briotánach; rinceoir bailé Rúiseach atá in aontíos le rinceoir Ailgéireach; seanchara leis an gcoirnéal atá fós dóighiúil aclaí ach a bhfuil leannán dá cuid féin aici i ngan fhios dó) a thagann gan choinne ina threo. Caitheann siad seal pléisiúrtha i gcomhluadar a chéile, ag ithe is ag ól, ag caint is ag cadráil, ag spaisteoireacht, ag spraoi is ag suirí lena chéile, go dtí go bhfágann sise ar an trá fholamh sa deireadh é is go bhfilleann ar an bhfear eile. Cé gur chóir go mbeadh bá éigin againn do na fir bhochta shoineanta seo atá meallta ag mná maisiúla mífhreagracha, nuair a dhéantar an feall orthu ag deireadh an scéil is mó d'ábhar magaidh agus grinn ná d'ábhar trua iad.

Díol suntais ann féin na tagairtí iomadúla do mhná sna scéalta seo. Tá gnéithe den scigphictiúr ag roinnt leis an léiriú a dhéantar ar an bhformhór, áfach. Feictear na mná céile postúla, mná ábharaíocha ar tábhachtaí leo comharthaí sóirt na measúlachta ná nithe tábhachtacha mar an Ghaeilge nó mianta collaí a gcuid fear. Feictear an striapach chineálta (Fhrancach) a chaitheann oíche oibre i dtraipisí leis an scríbhneoir bocht Gaeilge a tharrtháil ón uaigneas, nó an *au pair* (Francach) nach gcuireann suas do mhianta gnéis fhear an tí a bhfuil sí ar fostú ann, nó na mná óga géilliúla a n-éiríonn leis an Sáirsint Ó Briain pléisiúr a bhaint astu nuair nach bhfuil a bhean Chaitliceach féin sásta luí leis 'go dtí go nglanfaí fiacha an tí leis an mbanc, go mbeadh caoi cheart curtha ar an reacht féin, agus go mbeadh sé feistithe amach le troscán den scoth.' Cuirtear clabhsúr méaldrámata le scéal seo Uí Bhriain nuair a sheolann seisean seic a d'íocfadh as ginmhilleadh chuig bean óg. Níl ach scéal amháin ina gcuirtear mná gairmiúla i láthair, agus ansin is scigphictiúr cruthanta de chlinic ban a fhaighimid, áit a dtugtar ainmneacha mar 'an Triantán Comhchosach', agus 'an Ciorcal' ar na mná atá ag obair ann. Tagann ceist an ghinmhillte chun cinn sa scéal seo freisin, ach ní dóigh liom go n-éiríonn le háiféis na hinsinte an teachtaireacht a bhí i gceist ag an údar, b'fhéidir, a chur abhaile ann. Bhraitheas an rud céanna faoin scéal 'Ciorruithe Cuil'. Seo chugainn an scríbhneoir Gaeilge a loiceann gach uile dhuine beo air. Ní hamháin nach bhfaigheann sé an t-aitheantas atá ag dul dó, dar leis, nuair a bhuann sé an duais mhór náisiúnta ach an oíche a bhfuil a shaothar mór le foilsiú, de bharr shiléig neamh-ghairmiúil an fhoilsitheora ní thagann aon duine chuig an seoladh. Fágann an scríbhneoir bocht an seic suarach de £250 ina dhiaidh san óstán, agus tugann sé a aghaidh ar Londain, áit a bhfuil comhlacht foilsitheoireachta sásta £50,000 a íoc leis ar leagan Béarla den saothar Gaeilge! Chuir an scéal seo fonn gáire orm, ach ní dóigh liom ag deireadh an lae gur mar shaothar grinn a scríobhadh é. Baineann an deacracht chéanna leis an gcaoi a bhfitear léargais an údair faoi ábhair éagsúla tríd an insint i scéalta eile. Braithim go bhfuil Mac Eoin ag súil go gcuirfear suntas breise ina chuid tuairimí nuair is i gculaith na gearr-scéalaíochta atá siad á ngléasadh aige. Ní dóigh liom go n-éiríonn leis an gcleas seo a bheag ná a mhór, go háirithe nuair a thagann pearsa an údair idir tú agus príomhphearsa an scéil ar dhóigh inmheánach na hinsinte. Smaoiním go háirithe ar an reacaire in 'Bean an Cheannaí Éisc' a ritheann línte filíochta le Rosenstock leis agus é ag siúl trí shráideanna London agus a bhfuil teoiricí daingne aige faoi thionchar thréigean an dúchais Ghaelaigh ar mhuintir na hÉireann.

Gné amháin den leabhar seo arbh fhiú aird ar leith a dhíriú uirthi ná an bealach saoráideach a láimhseálann an t-údar pobail agus aicmí daoine nach gcuirtear i láthair chomh minic sin i bprós-saothar Gaeilge: lucht rachmais Chill Iníon Léinín, mar shampla, lucht gnó agus fiontraíochta 'suasóga' Bhaile Átha Cliath 4, Protastúnaigh Bhaile na Manach, an mhuintir sin a mbeadh a gcuid páistí ag freastal ar scoileanna cónaithe príobháideacha nó a mbeadh *au pair* Francach ar fostú acu. Ní théann Mac Eoin i muinín na teibíochta ná an fhriotail aduain, mar a rinne Diarmaid Ó Súilleabháin go minic agus é ag déileáil le haicmí den chineál sin. Ní leasc leis gearrscéalta a shuíomh i dtíortha iasachta ach an oiread, nó pearsana Francacha nó Rúiseacha a chur ag labhairt na Gaeilge go nádúrtha i mBaile Átha Cliath nó i Moscó, i Londain nó in Amsterdam. Níl amhras ar bith ná gurb é mórbhua an leabhair ná bua sin na nádúrthachta agus na héascaíochta stíle, go háirithe sna sleachta deiscríbhneoireachta, áit a n-éiríonn leis an údar mionsonraí áite agus aimsire a chruthú gan mórán dua.

[As alt in *Foinse* le Máirín Nic Eoin.]

(i) Luaigh *dhá* fháth ar chóir dúinn fáilte a chur roimh *Brocairí Bhedlington*, de réir an scríbhneora. (5 mharc)

(ii) Déan cur síos, i mbeagán focal, ar na pearsana a chruthaíonn Gearailt Mac Eoin ina leabhar. (8 marc)

(iii) Cad a cheapann an scríbhneoir faoi na tagairtí a dhéanann an t-údar do na mná ina leabhar? (8 marc)

(iv) Breac síos *dhá* phointe atá ag Gearailt Mac Eoin i dtaobh airgid. (6 mharc)

(v) Deir an scríbhneoir go bhfuil gné faoi leith den leabhar arbh fhiú aird a bheith againn air. Breac síos *dhá* phointe atá aici faoin ngné sin. (8 marc)

LÉAMHTHUISCINT 23

Léigh an sliocht seo a leanas agus freagair na ceisteanna a ghabhann leis. [*Bíodh na freagraí i d'fhocail féin, oiread agus is féidir leat.*]

ÍOCFAIDH KOHL GO DAOR AS AN IARÓG IS DÉANAÍ

Tá rialtas Helmut Kohl anois ag smaoineamh ar lastaí de dhramhaíl eithneach a chur chuig Sellafield Shasana feasta, seachas iad a chur i stóras i nGorleben i dtuaisceart na Gearmáine.

An tseachtain seo caite gortaíodh níos mó ná céad duine agus an dramhaíl á bogadh ó dheisceart na tíre go dtí an tuaisceart le haghaidh stórála.

Lucht agóide agus péas ag troid in aice le Gorleben

Chuir na scórtha míle duine in aghaidh an dream a bhí ag tionlacan an lasta dramhaíola, agus tharla easumhlaíocht shibhialta ar scála nach bhfacthas sa Ghearmáin ó na daichidí.

Cheana féin tá tráchtairí polaitiúla ag tuar go mbeidh rialtas Kohl thíos go mór leis an scéal nuair a bheidh olltoghchán ann sa Ghearmáin an bhliain seo chugainn.

Tá Kohl buartha go maith faoinar thit amach. Sa chéad áit bhí costais nár bheag ag baint lenar tharla. £23 milliún a bheidh le híoc as na sé shoitheach dramhaíola a thabhairt cúpla céad míle ó dheisceart go tuaisceart na Gearmáine, praghas nach féidir le geilleagar na Gearmáine a fhulaingt gach uair a dhéantar dramhaíl eithneach a bhogadh.

Le cois, bhí 30,000 péas de dhíth chun smacht a chur ar an lucht agóide, agus tá ceistanna á gcur ag gach páirtí parlaiminte faoi bhrúidiúlacht na bpéas, nó scannánaíodh iad ag bualadh daoine nach raibh ar bhealach ar bith páirteach i bhforneart.

Ní raibh ach na heachtraí seo mar ábhar scéil ag na meáin feadh na seachtaine, agus cuireadh saol na tíre as riocht ar fad i ngeall ar ar tharla. Scoilt na heachtraí agus an díospóireacht faoi chúrsaí eithneacha an Ghearmáin ó bhonn go barr.

Ach is é an praghas polaitiúil—an praghas is mó a bheidh le híoc ag Helmut Kohl—atá ag déanamh tinnis don rialtas i mBonn.

Ar dtús, tá ceist na timpeallachta agus an cheist eithenach ar ais ag barr an chláir oibre, bliain roimh an olltoghchán. Tabharfaidh seo spreagadh mór do na Glasaigh, ceann do na páirtithe is láidre sa Ghearmáin. Agus déanfaidh sé dochar do Helmut Kohl is a pháirtí an uair atá go leor fadhbanna acu cheana i ngeall ar an ardú mór dífhostaíochta.

Tá na Glasaigh ag éileamh go mbeidh reifreann ann faoin chumhacht eithneach agus go gcuirfí stop le bogadh dramhaíola fad is a bheadh an reifreann sin á ullmhú.

Glacann Kohl leis go bhfuil fadhb ann leis an cheist eithneach agus gur gá cúrsaí a athrú ar shlí éigin. Ach ní raibh sé sásta a rá cad é an t-athrú a chuirfí i bhfeidhm san am atá le teacht leis an ghéarchéim i gcúrsaí eithneacha a shárú.

Beidh cruinniú aige lena chomhairleoirí an tseachtain seo, féacháil le straitéis nua a bheartú a sháródh an fhadhb eithneach agus a chuideodh le tacaíocht an phobail a bhaint ar ais dá pháirtí. Ach beidh sé deacair aige, nó tá an Ghearmáin go mór i dtuilleamaí na cumhachta eithneacha, agus is beag baol go n-aistarraingeoidh Kohl ó úsáid na cumhachta sin. Aithníonn sé, áfach, go ndearna imeachtaí na seachtaine seo caite dochar mór d'íomhá a rialtais, agus beidh sé ag iarraidh cuid den dochar sin a leigheas. Ceann de na féidearthachtaí atá ann ná go dtiocfadh leis an dramhaíl a chur amach as an Ghearmáin le stóráil i Sellafield feasta. Tuigtear go mbeadh British Nuclear Fuels breá sásta glacadh lena leithéid, ach bheadh impleachtaí ann d'Éirinn dá gcuirfí tús lena leithéid de thráchtáil, agus tá sin ag cur imní ar an rialtas.

An deireadh seachtaine seo caite tuairiscíodh go mbogfaí tuilleadh dramhaíola ó dheisceart na Gearmáine go Gorleben an samhradh seo. Agus cheana féin tá lucht agóide ag beartú cur ina aghaidh.

Samhradh fada te atá á thuar don Ghearmáin agus go háirithe do Helmut Kohl, a bhí dóchasach—go dtí tús na bliana seo—go mbeadh sé ar ais i gcumhacht don chúigiú huair tar éis olltoghchán na bliana seo romhainn. D'imigh sin agus tháinig seo.

I ngeall ar an rírá is úire seo faoin dramhaíl eithneach, i ngeall ar an ardú mór ar dhífhostaíocht agus an ualach mór atá maoiniú oirthear na Gearmáine ag cur ar an gheilleagar, tá dúil an phobail i Helmut Kohl ag trá i gcónaí. Agus san am céanna is atá an dúil sin ag trá tá dúil an phobail sna Glasaigh ag tuile. Is é fás an Pháirtí Ghlais an rud is mó a bheidh le sonrú sa chéad olltoghchán eile, de réir tráchtairí polaitiúla sa Ghearmáin.

Is maith an scéalaí an aimsir.

[As alt in *Lá* le Máire Ní Dhuinn.]

(i)   Cad deirtear faoi rialtas Kohl sa chéad alt?   (4 mharc)

(ii) (*a*) Breac síos *dhá* phointe eolais as an dara agus an tríú halt. (4 mharc)

     (*b*) Cén fáth a bhfuil Kohl buartha?   (3 mharc)

(iii) Cén fáth ar cuireadh isteach go mór ar shaol na tíre? Déan tagairt do *dhá* mhórphointe i do fhreagra.   (8 marc)

(iv) Luaigh *dhá* rud atá ag teastáil ón bPáirtí Glas.   (7 marc)

(v) (*a*) Cad leis a mbeadh British Nuclear Fuels sásta glacadh? (4 mharc)

     (*b*) Cén fáth a bhfuil dúil an phobail i Helmut Kohl ag laghdú?   (5 mharc)

LÉAMHTHUISCINT 24

Léigh an sliocht seo a leanas agus freagair na ceisteanna a ghabhann leis. [*Bíodh na freagraí i d'fhocail féin, oiread agus is féidir leat.*]

Oideachas trí Ghaeilge chun tosaigh ó thuaidh

Dhearbhaigh Coláiste Oideachais Mhuire i mBéal Feirste do *Foinse* go bhfuil siad ar tí post léachtóra lánaimseartha san oideachas trí Ghaeilge a fhógairt—an chéad phost dá shórt sa Tuaisceart. Beidh sé mar chúram ar an té a cheapfar oiliúint trí Ghaeilge a sholáthar d'ábhair mhúinteoirí.

Ceapfar go mbeidh an fógra sna nuachtáin taobh istigh de choicís. Is céim í sin atá á héileamh le fada an lá ag Gaeilgeoirí an Tuaiscirt; is cinnte go bhfáilteofar roimpi agus go mbeidh súil ghéar á coinneáil ar an gceapachán.

Dúirt príomhoide an choláiste, an tUrramach Martin O'Callaghan, gurb í seo an chéad chéim eile i gclár oibre atá ar bun le bliain. Is cuid é de phlean atá curtha le chéile ag oifigeach forbartha don oideachas Gaelach sa choláiste, an Dr Gabrielle Nig Uidhir. Is é seo an dara bliain aicise ar an bhfoireann. Deir an tUrramach O'Callaghan go bhfuil an coláiste ar bheagán acmhainní don chúrsa oideachais Gaeilge; tá gá le tuilleadh airgid stáit, a deir sé, ach níl fáil air faoi láthair.

Dá bhrí sin táthar ag brath, dúirt sé, ar dhaoine a bhí ar an bhfoireann cheana a bhfuil Gaeilge ar a dtoil acu chun cuid dá gcuid oibre a dhéanamh trí Ghaeilge.

Tá deichniúr mac léinn sa chéad bhliain ag gabháil do chuid dá gcúrsa don teagasc trí Ghaeilge cheana féin. Bhíodar sin i measc an 140 iarratasóir ar ghlac an coláiste leo don chúrsa ceithre bliana don BEd. Ba iad féin a roghnaigh an cúrsa trí mheán na Gaeilge. Tuigtear do *Foinse* go bhfuil thart ar leath a gcúrsa i nGaeilge. Is é atá i gceist go mbeadh siad siúd a fhaigheann céim cáilithe mar oidí trí mheán na Gaeilge nó trí mheán an Bhéarla.

Tá cúigear mac léinn ag gabháil do chúrsa iarchéime le haghaidh teastas oideachais—tá sé seo cosúil leis an ardteastas oideachais (HDip). Deir an coláiste go bhfuil forbairt fós le déanamh ar an gcúrsa sin.

Cé go bhfáiltíonn Gaeilgeoirí an Tuaiscirt roimh fhorbairt ar an oideachas Ghaeilge, tá cuid acu míshásta nach bhfuil cúrsa iomlán trí Ghaeilge ar fáil d'ábhair oidí. Deir Liam Andrews, údar leabhrán faoi oiliúint bhunmhúinteoirí agus mheánmhúinteoirí do na scoileanna Gaelacha, nach féidir a bheith ag súil go mbeidh oide a fuair leath a chúrsa trí Ghaeilge chomh cumasach is a bheadh dá bhfaigheadh sé iomlán a chuid traenála tríd an meán cuí.

Tá fás mór tagtha ar ghluaiseacht na scoileanna Gaelacha sa Tuaisceart le dornán blianta agus aitheantas is airgeadú á bhfáil acu ón rialtas de réir a chéile. Is as sin a d'eascair éileamh ar chúrsa oiliúna d'oidí sna scoileanna Gaelacha.

Tuigtear do *Foinse* gurb é Coláiste Mhuire féin a thairg an cúrsa agus nárbh í an roinn a d'iarr ar an gcoláiste é a bhunú. Ní raibh oifig preas na roinne ábalta ceisteanna faoin scéal a fhreagairt, agus ní léir cé mhéad staidéir a rinne an rialtas ar an gceist sula rinneadh an socrú le Coláiste Mhuire. Foras Caitliceach in iarthar Bhéal Feirste is ea Coláiste Mhuire, ach ní léir an ndearna an roinn cinneadh go bhfágfaí oiliúint na múinteoirí Gaelacha faoi sin amháin.

Ní léir ach oiread an mbeadh an roinn sásta a leithéid de chúrsa a chur ar fáil sa choláiste oiliúna i Sruthán Milis, mar a mbeadh fáil ag Protastúnaigh air dá mba mhian sin leo.

Cé go bhfuil an Ghaeilge faoi bhláth sa Tuaisceart, agus i mBéal Feirste go háirithe, bíonn go leor daltaí ar bheagán Gaeilge nuair a thosaíonn siad ar scoil. Leagann Coláiste Mhuire béim ar leith ar an ngá atá le scileanna speisialta do mhúinteoirí a bhaineann leas as an dátheangachas. Deir siad go bhfuil taighde agus obair fhorbartha úrnua ar bun acu chun scothchleachtais mhúinteoireachta a aimsiú agus a bhuanú. Níl a leithéid d'obair déanta in aon áit eile in Éirinn, a deir siad, agus forbairt stairiúil a bheidh ann.

[As alt in *Foinse* le Póilín Ní Chiaráin.]

(As Foinse)

(i) Cad a dhearbhaigh Coláiste Mhuire le *Foinse*? Is leor *dhá* phointe i do fhreagra. (6 mharc)

(ii) Breac síos *trí* phointe eolais as an tríú halt faoin bplean atá ag an gcoláiste. (7 marc)

(iii) (*a*) Cé mhéad duine atá ag déanamh a gcúrsa trí Ghaeilge sa chéad bhliain? (4 mharc)

    (*b*) Cad tá le rá ag Liam Andrews i dtaobh oiliúint múinteoirí? (4 mharc)

(iv) (*a*) Breac síos pointe eolais faoi ghluaiseacht na scoileanna Gaelacha sa Tuaisceart. (4 mharc)

    (*b*) Cad a thuigtear do *Foinse* faoi cé a thairg an cúrsa? (4 mharc)

(v) Breac síos *dhá* phointe eolais ar a leagann Coláiste Mhuire béim. (6 mharc)

LÉAMHTHUISCINT 25

Léigh an sliocht seo a leanas agus freagair na ceisteanna a ghabhann leis. [*Bíodh na freagraí i d'fhocail féin, oiread agus is féidir leat.*]

• Moladh do lucht teagaisc •

Is crá croí é a bheith ag síor-éisteacht le sean-nathanna agus ráitis gan dealramh. Is measa fós é nuair a bhíonn siad ag teacht ó dhaoine a mbeifí ag súil le níos mó eolais uathu. Cé mhéad uair eile a chloisfear

—go bhfuil titim (a chaithfidh a bheith tubaisteach, ar ndóigh) i gcaighdeán na Gaeilge sa ghnáthchóras oideachais?

—go gcaithfear feabhas a chur ar mhúineadh na Gaeilge?

—nach bhfuil na torthaí ag teacht leis an infheistíocht (airgid amháin, ar ndóigh)?

Cá bhfuil an cruthú

oibiachtúil ar an titim seo? Cá bhfuil an chomparáid le gach ábhar eile ar an gcuraclam? Conas atá an t-olagón coitianta seo ag teacht le teanntás coiteann na ndaoine céanna sin faoina fheabhas atá caighdeáin oideachais na hÉireann?

Ní mór athnuachan leanúnach agus meastóireacht fhónta ar thorthaí chun córas oideachais a sholáthar a mbeidh bunluachanna mar dhúshraith faoi agus a bheidh solúbtha go leor chun freastal ar ilriachtanais agus ar ilchumais foghlaimeoirí.

An bhfuil lucht na ngearán ar an eolas faoin réabhlóid sna siollabais agus sa chur chuige modh-eolaíochta don Ghaeilge atá i gcrích sna hiar-bhunscoileanna anois, agus ar tí teacht isteach sa bhun-scolaíocht? An n-aithneoidís na téacsleabhair agus na páipéir scrúduithe óna laethanta féin? An mbeidís féin i riocht dul faoi scrúdú cluastuisceana? An bhfuil a fhios acu gur múinteoirí Gaeilge a thosaigh an réabhlóid seo, gurb iad atá á cur i gcrích, agus gurb iad atá fós á feabhsú i gcomhar leis an Roinn Oideachais agus leis an NCCA?

Tá na páirtithe polaitíochta go léir, de réir dealraimh, ar son cumas sa Ghaeilge labhartha. Tá an seasamh seo le tuiscint ó ráitis phoiblí agus ó pholasaithe scríofa dá gcuid. Pé dream a thiocfaidh i gcumhacht b'fhéidir leo, i dtreo na haidhme seo, príomhrún Chomhar na Múinteoirí

Gaeilge a chur i gcrích. Is é sin an bhéaltriail Ghaeilge don Teastas Sóisearach a thabhairt isteach láithreach ar bhonn córasach, seachas an socrú 'roghnaitheach' mar atá i réim fós.

Tá an bhéaltriail seo dlite do mhúinteoirí agus do dhaltaí mar dhlúthchuid den siollabas a tugadh isteach sa bhliain 1989. Ina héagmais tá daltaí fós á marcáil dáiríre as 320 marc seachas as 400 marc sa scrúdú.

Ach ansin tarraingítear anuas ceist atá níos íogaire fós—ceist nach dtugann lucht na casaoide aon aird uirthi, toisc nach bhfuil an t-oideachas ach ina sceilpín gabhair acu.

Cad chuige an cumas cainte seo? An bhfuil polasaithe comhtháite teanga ann a chinnteoidh fíorúsáid na hacmhainne seo do lucht a sealbhaithe? Is ansin a luíonn fíorchúis frustrachais daoine. Tá an Ghaeilge sa chóras oideachais ar bhonn i bhfad níos éifeachtaí ná an Ghaeilge i réimsí eile den chóras stáit. Tá a bhuíochas sin ag dul do mhúinteoirí Gaeilge.

Is féidir locht a fháil ar thuairiscí suibiachtúla na ndaoine a mhaíonn sa daon-áireamh go bhfuil Gaeilge acu. Ach ní bheadh an maíomh sin le déanamh ag

formhór díobh murach múinteoirí Gaeilge. Is gairmithe iad múinteoirí Gaeilge. Tapaíonn siad gach deis chun cur lena scileanna gairmiúla.

Is ansin atá fáth a n-éilimh go mbainfí leas as an airgead ón Aontas Eorpach atá ar fáil faoi láthair don fhorbairt ion-ghairme d'fhonn 'cadre' oiliúnóirí-comhairleoirí a fhorbairt mar thaca leanúnach le múinteoirí ina gcuid scoileanna féin agus leis an gcigireacht, a bhfuil cúram na scrúduithe ag luí chomh trom sin orthu.

Ní torthaí fónta a bhíonn ar iarrachtaí aineolacha lucht 'caitheamh anuas'. Mar a meabhraíodh dom le déanaí, níl ach 's' idir saineolaí agus aineolaí.

Tá go leor acmhainní againn in Éirinn. Is ar acmhainní eolais atá anois agus a bheidh an bhéim feasta. Cheal polasaithe comhtháite stáit is baolach, áfach, go bhfanfaidh acmhainn Ghaeilge ár ndaltaí scoile ina hacmhainn beagúsáide, in ainneoin dícheall múinteoirí. Is ar an bhfíric sin ba chóir an cáiseamh a dhíriú.

[As alt san Irish Times le Helen Ó Murchú.]

(i) Breac síos *trí* phointe eolais faoi na rudaí atá ag cur as don scríbhneoir. (9 marc)

(ii) Ainmnigh *dhá* cheist a chuireann an scríbhneoir faoi lucht na ngearán. (8 marc)

(iii) (*a*) Cad é príomhrún Chomhar na Múinteoirí Gaeilge? (4 mharc)

    (*b*) Cén chomparáid a dhéanann an scríbhneoir idir an Ghaeilge sa chóras oideachais agus an Ghaeilge i réimsí eile de chóras an stáit? (4 mharc)

(iv) Cad deir an scríbhneoir faoi mhúinteoirí Gaeilge? (5 mharc)

(v) Cén fhíric ar chóir an cáiseamh a dhíriú uirthi? (5 mharc)

LÉAMHTHUISCINT 26

Léigh an sliocht seo a leanas agus freagair na ceisteanna a ghabhann leis. [*Bíodh na freagraí i d'fhocail féin, oiread agus is féidir leat.*]

'Twin Peaks' na Gaeilge?

(*TEARMANN* LE ROBERT WELCH)

Tá sé deacair a dhéanamh amach cén cuspóir a bhí ag Robert Welch agus *Tearmann* á scríobh aige. Úrscéal atá ann a dhéanann dlúthaithris ar *genres* nach bhfuil meas ag lucht critice orthu agus a shíltear a bheith 'foliteartha' ar bhealach éigin. Is iad genre an úrscéal bleachtaireachta agus an úrscéal uafáis atá i gceist agam. Éiríonn leis nósanna agus clichéanna an dá genre a thabhairt leis go cruinn, ach ní dócha gur deacair sin do dhuine de na scoláirí litríochta is bisiúla sa tír.

Tá, ar ndóigh, a gclaochlú féin déanta ag na hiar-nua-aoisigh ar an scéal bocht bleachtaireachta. Scéal bleachtaireachta go bunúsach a bhí in *The Name of the Rose* le hUmberto Eco, ach tóraíocht fhealsúnta a bhí ann chomh maith, agus gearrchuntas ar ghnéithe de stair na Críostaíochta. Beidh cuimhne ag daoine ar *Twin Peaks*, sraith iontach teilifíse le David Lynch. Goideadh scéal *Twin Peaks* díreach amach as úrscéal bleachtaireachta. Maraítear bean óg darb ainm Laura Palmer, agus cuirtear bleachtaire de chuid an FBI chun a baile dúchais chun an scéal a fhiosrú. Ní fada, áfach, go slogtar isteach é i saol osréalach tromluíoch, agus tá fiche ceist le fuascailt aige sula bhféadann sé díriú ar an gceist chlúideach úd, Cé a mharaigh Laura Palmer? Is deacair teacht ar an bhfírinne agus tú in amhras an bhfuil a leithéid de rud agus 'fírinne' ann níos mó. Ba é seo domhan an úrscéal bleachtaireachta tiontaithe bunoscionn, agus bheifeá ag dúil leis an gclaochlú céanna in *Tearmann*, go háirithe ó tharla an dá scéal a bheith chomh cosúil sin le chéile.

Cuirtear státseirbhíseach de chuid na Roinne Ealaíne is Cultúir go cathair Thearmainn chun fiosruithe a dhéanamh faoin Acadamh Amharclannaíochta ann. Imíonn seisean ar iarraidh, gan a thásc ná a thuairisc le fáil. Cuirtear beirt eile de chuid na roinne go Tearmann chun a fháil amach cad é a bhain dá gcomhleacaí. Is é Toirealach Mac Liam an t-oifigeach sinseartha, duine stuama a dhíríonn ar a chuid oibre agus nach bhfuil an iomarca samhlaíochta ag cur as dó. Chomh maith le gnáth-thochailt an bhleachtaire chun teacht ar an bhfírinne bheifeá ag dúil go mbeadh cruacheisteanna fealsúnta le fuascailt ag Mac Liam agus go dtabharfaí a dhúshlán a mheon a athrú maidir le nithe a bhí ina n-airteagail chreidimh aige go dtí seo. Déantar sin, ach ar bhealach atá ciotach go leor agus nach bhfuil aon ró-dhoimhneas ag baint leis.

Cad é atá fágtha, mar sin? Tá, leabhar bleachtaireachta a thiontaíonn ina leabhar uafáis sa dara leath. Ar nós *Twin Peaks,* cuirtear domhan an bhleachtaire ar fiar rud beag— príosún a bhfuil brat urláir agus *mini-bar* i ngach cillín ann, neacha osnádúrtha, agus mar sin de—ach tá cuid mhór de Mickey Spillane ann ina dhiaidh sin. Seo domhan ina gcaitheann na mná ar fad 'sálta miodóige', domhan cailíní damhsa a bhfuil 'cur amach cruinn acu ar theicnící comhraic na Seapáine.' Éiríonn an cur síos prislíneach ar mhná rud beag tuirsiúil i ndiaidh tamaill. Níl bean ar bith dá luaitear ó thús deireadh an leabhair nach bhfuil ag iarraidh aird a tharraingt ar a cíocha, ar a tóin, nó ar a cosa, agus sin ar mhaithe leis an mbleachtaire meánaosta Mac Liam. 'Fiú sa tsáinn anaithnid seo ina rabhas níor fhéadas gan cruinne a tóna faoin sciorta gearr veilbhite a thabhairt faoi dear,' a deir Mac Liam agus é i mbaol báis.

Is dócha gur le tréan íoróine a chloíonn Welch leis na buanchruthanna baineanna seo, ina gcuid gúnaí teannta agus sálta arda; ach an fiú i ndáiríre na gnásanna áirithe seo a aoradh? Más aoradh atá ar siúl ní hí an chuid is caolchúisí den aoradh é, ach an t-údar i gcónaí ag tarraingt airde ar cé chomh bréagach is atá an saol samhalta seo atá cruthaithe aige: 'an gluaisteán féin cosúil leis na cinn sin a bhíonn sna scannáin ó Hollywood,' nó arís eile, 'tá an áit seo [óstán] cosúil le feisteas scannáin.'

Ach oiread leis an mbleachtaire sa scannán úd *Angel Heart,* ní le gnáthchoirpeacht atá Mac Liam ag plé ach (go sábhála Dia sinn) le fórsaí níos dorcha ná sin. Seo an ghné fhealsúnta den leabhar: an mhaith agus an t-olc in achrann lena chéile. Ach léirítear an choimhlint eatarthu ar an mbealach is follasaí agus is comhghnásach amuigh: aingeal ar thaobh amháin agus deamhan ar thaobh eile.

Bheifeá ag dúil le beart níos uaillmhianaí ó Robert Welch, murach gur mar chaitheamh aimsire dó féin a scríobh sé *Tearmann*. I ndeireadh na dála is léiriú maith dílis atá i gclúdach an leabhair ar an ábhar atá istigh ann: gunna i lámh fir agus lámh mná ag slíocadh leathbhróg ard. Seo *penny dreadful* de leabhar, agus níl sé pioc níos ealaíonta de thairbhe a bheith i nGaeilge.

[As alt in *Foinse* le hAntain Mac Lochlainn.]

(i) Luaigh *dhá* phointe as an gcéad alt faoin leabhar *Tearmann*. (6 mharc)

(ii) Cén chomparáid a dhéanann an scríbhneoir idir an leabhar *Tearmann* agus 'Twin Peaks'? (Is leor *dhá* phointe.) (6 mharc)

(iii) (*a*) Breac síos pointe *amháin* as an tríú halt faoi Thoirealach Mac Liam. (3 mharc)

(*b*) Cad a tharlaíonn don leabhar seo sa dara leath? (3 mharc)

(iv) Tá cur síos sa cheathrú halt faoi dhomhan na mná. Breac síos *trí* phointe eolais atá ag an scríbhneoir faoi na mná sa leabhar seo. (9 marc)

(v) (*a*) Déanann an scríbhneoir tagairt don scannán *Angel Heart* sa dara halt deireanach. Inis, i mbeagán focal, cad tá le rá aige faoi. (4 mharc)

(*b*) Luaigh *dhá* thuairim a nochtann an scríbhneoir san alt deireanach faoin leabhar agus faoin údar. (4 mharc)

LÉAMHTHUISCINT 27

Léigh an sliocht seo a leanas agus freagair na ceisteanna a ghabhann leis. [*Bíodh na freagraí i d'fhocail féin, oiread agus is féidir leat.*]

Corcaíoch sa Tuaisceart

I mí Lúnasa 1961 tharla dom bheith ag spaisteoireacht i sráidbhaile Bhun Abhann Duinne i gContae Aontroma. Áit bheag ghleoite is ea é, i bhfad amach ó ghleo agus gleithearán an tsaoil agus gan aon róbhaol ann go gcasfaí na céadta Corcaíoch ort tar éis poist mhóra a bhaint amach ann. Faoi mar a fuaireas amach i gceann tamaillín, bhí ar a laghad Corcaíoch amháin ann tráth. Ach fillfimid chuige sin ar ball.

Cibé scéal é, thaitin an sráidbhaile seo go seoigh liom, agus nuair a thosaigh mé ag breathnú ar an gcuan beag cluthar d'imigh mo chuid smaointe ar fán ar fad ag cuimhneamh ar Mháire Ní Néill, file a chónaigh sa teach bán cearnógach thíos cois trá, a phós agus a d'imigh an loch amach go Canada, agus a d'fhág an oiread sin d'amhráin áille faoina gleannta dúchais ina diaidh, go háirithe an ceann álainn úd 'Sea Wrack', an ceann is mó a thaitníonn liom.

Chuimhnigh mé ar Sheán an Díomais agus ar an mbás a d'imir na hAlbanaigh air anseo sa bhliain 1567 tar éis dó a bheith ag caitheamh féasta leo. Seán bocht! Ba bheag a cheap sé nuair a chuaigh sé i muinín na nAlbanach i gcoinne Chlann Dónaill go mbeadh a cheann ar spíce i gCaisleán Bhaile Átha Cliath sula i bhfad.

Sea, bhí mé ag baint an-taitnimh as Bun Abhann Duinne, agus b'fhurasta dom a thuiscint an fáth a dtagadh John Masefield, file, ann ar saoire. Phós sé bean ón áit, ar ndóigh. Dé réir dealraimh bhí fiabhras eile air seachas 'Sea Fever'.

I lár an chuainín, os comhair an óstáin amach, bhí fear ina sheasamh istigh i mbád. Ní raibh cor as agus é ag breathnú ar an líon a bhí i bhfearas sa sáile aige. Deirimse foighne leat, ach is aige siúd a bhí sé. D'fhan mé leathuair an chloig ag féachaint air, agus ní raibh sé tar éis corraí. Bhog mé liom isteach san óstán. Ón bhfuinneog istigh chonaic mé an fear eile ar an gcé ag tochras an lín isteach. Bradán amháin a bhí ann, a chualas. Cé a bheadh ina iascaire!

Ach tháinig fonn iascaigh ormsa mar sin féin. Bhreathnaigh mé ar an abhainn álainn chaiseach a bhí ag scuabadh thar dhroichead an tsráidbhaile. Bhí dealramh breac air, ach bhí tuairim agam go mbeadh rialacha dochta daingne faoi iascach anseo sa Tuaisceart. Tá seanabairt a deir, 'Nuair a bhíonn amhras ort cuir ceist ar phóilín,' agus seo suas an bóthar i mo choinne triúr fear breá den RUC. Chuir mé stró orthu. 'Ar mhiste libh a insint dom an mbeadh ceadúnas ag teastáil uaim chun dul ag iascaireacht ansin?' Stopadar go cairdiúil.

'Áhá,' arsa duine acu, 'aithním ar do chanúint gur as Yorkshire duit.'

'Mo náire thú!' arsa duine eile acu. 'Nach n-aithneofá canúint an Deiscirt?'

'Á,' ar seisean, ag síneadh amach a láimhe chugam, 'as Béal na mBlátha duit.'

'Ní as Béal na mBlátha dom,' arsa mise, 'ach ag an am céanna ní raibh dul amú rómhór ort!'

'Is cuma,' ar seisean. 'Tá fáilte romhat go Cois Abhann Duinne.'

D'fháiltigh an bheirt eile romham chomh maith. 'An bhfuil eolas agat ar áit ar a dtugtar Maigh Chromtha?' arsa an chéad duine.

'Seaneolas,' arsa mise. 'Tá abairt againne nár rugadh amadán riamh ar an mbaile sin.'

Chuir an póilín racht gáire as. 'Dar fia, is cosúil gur mar sin atá sé,' ar seisean. 'Bhí fear ón mbaile sin san fhórsa againne anseo, agus deirimse leat nárbh aon amadán é siúd ach oiread.' (Agus luaigh sé a ainm.) 'Ach ba é an fear ba chrua a casadh orm riamh é. Bhí fear méaracán lá ar bharr an droichid thíos ansin, agus thug do chara as Maigh Chromtha fógra dó a bheith glanta as an áit lena chuid trealaimh laistigh de chúig nóiméad. Nuair a bhí an t-am istigh bhí fear na méaracán gan corraí ón áit, agus níor dhein mo dhuine as Maigh Chromtha ach breith ar an mbord agus idir bhord agus ghiuirléidí eile a chaitheamh isteach san abhainn. Á, bíonn fir chrua i Maigh Chromtha gan aon agó!'

Cheistigh mé arís é faoin gceadúnas iascaigh. D'ísligh sé a ghuth, chaith sé siar a chaipín ar a chloigeann, bhuail sé buille beag ar mo ghualainn, agus dúirt: 'Dhera, ní fiú duit a bheith ag fáil ceadúnais. Bí ag iascach leat!'

Chroith an triúr acu lámh liom arís, á rá go raibh súil acu go mbainfinn taitneamh as an sráidbhaile, agus d'imíodar leo—isteach i teach tábhairne. 'Sea, muise,' arsa mise i m'aigne féin, 'cá bhfuil an difríocht idir iad agus ár nGardaí féin, ach difríocht éide agus cnaipe.'

[As *Aeriris* le Pádraig Ó Dálaigh.]

(i) Breac síos *dhá* phointe eolais faoi na smaointe a rith leis an
scríbhneoir agus é i mBun Abhann Duinne den chéad uair. (6 mharc)

(ii) Deir an scríbhneoir sa dara halt gur chuimhnigh sé ar Sheán
an Díomais. Luaigh *trí* phointe eolais atá aige faoi. (8 marc)

(iii) Inis, i mbeagán focal, a bhfuil le rá ag an scríbhneoir sa cheathrú
halt faoin bhfear a bhí ina sheasamh i mbád. (7 marc)

(iv) (*a*) Breac síos *dhá* phointe eolais ón gcúigiú halt faoin abhainn. (4 mharc)

(*b*) Breac síos *dhá* phointe eolais ón gcomhrá a bhí idir an
scríbhneoir agus na póilíní. (4 mahrc)

(v) (*a*) Cad a rinne an fear as Maigh Chromtha le fear na
méaracán? (3 mharc)

(*b*) Cén difríocht atá idir póilíní an RUC agus na Gardaí,
i dtuairim an scríbhneora? (3 mharc)

LÉAMHTHUISCINT 28

Léigh an sliocht seo a leanas agus freagair na ceisteanna a ghabhann leis. [*Bíodh
na freagraí i d'fhocail féin, oiread agus is féidir leat.*]

An bhfuil ionradh na nDons le teacht?

Táimid ag éisteacht le ráflaí le bliain anuas go bhfuil sé i gceist ag club sacair Wimble-
don cur fúthu go buan i mBaile Átha Cliath. Deirtear gurb é bainisteoir U2, Paul
McGuinness, ba thúisce a smaoinigh ar an bplean agus go bhfuil go leor tacaíochta
faighte aige ó lucht gnó i mBaile Átha Cliath agus i Londain.

Ní dóigh liom mar sin féin gur chreid aon duine go dtarlódh sé, ach ó tharla go
bhfuil an oiread cumhachta, airgid agus cairde saibhre ag McGuinness, bheartaigh
an FAI an scéal a fhiosrú. Bhailigh siad eolas ó na clubanna móra, agus fuair siad
amach go raibh siad ar fad glan i gcoinne na 'Dons' a theacht go hÉirinn.

Dúirt príomhfheidhmeannach an FAI, Bernard O'Byrne, nach raibh seans na
ngrásta go dtarlódh sé go deo; ach le seachtain anuas tá cor nua ar fad tagtha sa scéal.
Tá consortium nua idir Sasanaigh, Liobánaigh, Éireannaigh agus fir ghnó ón Iorua
tar éis teacht le chéile le cur chuige.

D'fhógair Wimbeldon an tseachtain seo caite go bhfuil 80 faoin gcéad de
scaireanna an chlub ceannaithe ag triúr billiúnaí as Críoch Lochlann, Kyell Rune
Gjelsten, Kyle Inga Roekue, agus Bjorn Rune Gjelsten, ar £30 milliún. Ba le Sam
Hamman, 'Mr Wimbledon', na scaireanna úd, agus cé go bhfuil siad díolta aige tá
baint mhór aige leis an gclub go fóill.

Tá sé ceaptha ina bhainisteoir ginearálta, post a thugann an-chumhacht dó ó thaobh stiúrú, eagrú agus riaradh an chlub.

Is é an deacracht mhór atá ag Wimbledon, dar ndóigh, nach bhfuil páirc dá gcuid féin acu, agus is caolseans go bhfaighidh siad ionad sásúil agus oiriúnach i gceartlár London. Cheana féin bhíodar ag breathnú ar roinnt suímh i bpríomhchathair na hÉireann, ina measc an áit ina gceaptar go mbeadh an staid nua, dhá mhíle ó Chluain Dolcáin.

Dé réir cosúlachta is ar choinníoll go n-aistreoidh na Dons go Baile Átha Cliath a rinneadh an t-infheistiú mór sa gclub. Is cinnte go bhfuil an FAI, agus go mór mór Shamrock Rovers, ar buile faoin gcor is déanaí sa scéal, mar go bhfuil sé ar intinn acu siúd staid nua, a choinneoidh tríocha míle duine, a thógáil i dTamhlacht.

Mar bharr ar an donas, tá ráflaí eile ann le laethanta beaga anuas go bhfuil cuid de chlubanna móra na hÉireann a bhí glan in aghaidh an phlean seo ón tús tagtha ar mhalairt aigne, agus is cinnte go mbeidh tionchar mór acu seo ar chúrsaí i ndeireadh an lae.

Tá faitíos ar chuid mhaith daoine i mBaile Átha Cliath roimh theacht na nDons— ní roimh na peileadóirí féin ach roimh lucht tacaíochta Man Utd, Liverpool, Newcastle, Chelsea srl. ag taisteal chun na hÉireann. Is cinnte go gcuirfeadh sé seo ríméad ar na daoine óga, mar go mbeadh seans acu na réaltaí móra a fheiceáil: leithéid Shearer, Fowler, Giggs, agus ar ndóigh Roy Keane seo againn féin. Ó thaobh gnó de is iontach an scéal é don phríomhchathair agus don cheantar máguaird. Bheadh gach óstán agus B&B lán go béal gach dara deireadh seachtaine.

San am céanna tá imní ar mhuintir na cathrach faoin méid bligeard a leanann na clubanna seo. Is cuimhin linn go léir an taispeántas a thugadar i mBóthar Lansdowne dhá bhliain ó shin, nuair b'éigean an cluiche idirnáisiúnta idir Éirinn agus Sasana a stad de bharr an réabadh a thosaigh i measc lucht leanta na Sasanach.

Mar sin féin tá sé thar am ag an FAI cinneadh cinnte a dhéanamh faoi staid sacair a thógáil i mBaile Átha Cliath agus gan a bheith ag brath ar pháirc rugbaí Bhóthar Lansdowne, áit nach mbíonn oiriúnach ar chor ar bith do chluichí idirnáisiúnta sacair toisc an dromchla a bheith chomh míchothrom le portach móna.

Deir daoine atá i bhfabhar na nDons a theacht nach dtiocfaidh aon fheabhas go deo ar chaighdeán sacair in Éirinn mura dtarlaíonn rud éigin den sórt seo. Is beag lucht tacaíochta atá ag na príomhchlubanna—Shamrock Rovers, Shelbourne, agus St Pat's—mar go dtugann formhór lucht tacaíochta sacair Bhaile Átha Cliath a ndílseacht do chlubanna thar sáile.

Tá sé ráite freisin go bhfuil comhlacht teilifíse Sky ag coinneáil súil ghéar ar chúrsaí agus nach fada go mbeidh siad féin sáite ann. Lochlannaigh agus Sasanaigh ag teacht ar ais inár measc arís: nach ait an mac an saol?

[As alt in *Foinse* le Seán Bán Breathnach.]

(i)   Cad iad na ráflaí atá i gceist sa chéad alt?   (4 mharc)

(ii) (*a*) Cad deirtear sa dara halt faoi Paul McGuinness?   (4 mharc)

      (*b*) Cad a bheartaigh an FAI?   (4 mharc)

(iii) Cad deir an scríbhneoir faoi na deacrachtaí atá ag Wimbledon?   (7 marc)

(iv) Cén fáth a bhfuil eagla ar dhaoine i mBaile Átha Cliath roimh
      theacht na nDons?   (8 marc)

(v)   Breac síos *trí* phointe eolais faoi na daoine atá i bhfabhar an
      fhoireann a theacht.   (8 marc)

LÉAMHTHUISCINT 29

Léigh an sliocht seo a leanas agus freagair na ceisteanna a ghabhann leis. [*Bíodh
na freagraí i d'fhocail féin, oiread agus is féidir leat.*]

An ceacht a thug DJ do Cyril

Uair amháin eile tá Cyril Farrell á cháineadh ag lucht leanta na hiomána i nGaillimh. Thar cheannaire ar bith, is aisteach go deo an meas atá ag a threabh ar Cyril.

Ó tharla nár thug aon bhainisteoir eile ach é Corn Mhic Carthaigh cois Coiribe sna blianta beaga seo caite, ceapann go leor den phobal iomána i nGaillimh nach mbeidh aon rath ar fhoireann an chontae dá uireasa; ach tá comhartha ceiste ag go leor acu faoina chuid taiticí agus faoina léamh ar an imirt nuair a bhíonn cluichí ar siúl.

Moladh Farrell go hard na spéire nuair a chuir sé an chluain ar Chill Chainnigh i gcluiche leathcheannais na hÉireann ar Pháirc Semple sa mbliain 1986, nuair a d'fhág sé líne lántosach na Gaillimhe taobh le beirt agus nuair a d'úsáid sé an tríú duine timpeall lár na páirce.

Thriail sé an plean céanna sa gcluiche ceannais in aghaidh Chorcaí, ach bhí siad siúd ag súil leis. D'fhág Johnny Crowley idir an líne lánchúil agus an líne leathchúil, áit ar bhailigh sé chuile shliotar a tháinig ina threo ar a shuaimhneas, agus bhuaigh Corcaigh cluiche ceannais eile fós a bhí dlite do Ghaillimh, dar le lucht leanta an mharúin: 4-13 in aghaidh 2-15.

'Tá Farrell go maith ag ullmhú foirne do chluiche, ach níl an chríonnacht ann na hathruithe a dhéanamh agus an cluiche ar siúl,' a dúirt an fear feasa.

Maitheadh na peacaí sin ar fad dó le buanna na mblianta 1987 agus '88; ach ansin d'imigh Cyril. Nó ar imigh? Ní baileach é. Bhí sé fós feiceálach ar an imeall, ag cabhrú leis na foirne faoi 21 agus mionúir fad is a bhí cúram na sinsear ar Jarlath Cloonan agus ar Mattie Murphy.

Luadh a ainm go minic le linn a dtréimhsí siúd mar bhainisteoirí, ach ba é an tuairim a bhí sa timpeall go raibh Cyril ag fanacht go gcuirfí fios air. Bheadh sé réidh an uair sin, ach ní raibh baol ann go dtiocfadh sé sa seans agus go seasfadh sé toghchán don phost.

Cuireadh fios air. Leag sé a chartaí ar bhord glas Dhurlais Dé Domhnaigh seo caite. Rinne Nicky Brennan amhlaidh, ach bhí mámh ina ghlaic siúd nach raibh fáil ar bith ar a leithéid sa bpaca eile a bhí ag Cyril. Bhí ón aon go dtí an rí acu beirt, ach bhí cárta breise i lámh an Bhraonánaigh: uimhir 12 a bhí ar an gcárta, agus ba é a thuill breis agus leath an scóir a bhí ag Cill Chainnigh faoi dheireadh, 2-8 as 4-15.

Fearacht Cyril Farrell, bhí siad ann freisin a bhí sásta agus réidh le D. J. Carey a cháineadh nuair nár imir sé go maith i gcluiche ceannais Chúige Laighean. Beidh siad linn i gcónaí, an dream gearrbhreathnaíoch seo atá faoi réir le mórchuid a chur le scéal ar an gcéad amharc agus breithiúnas a bhaint as nach bhfuil ann beag ná mór. D'fhreagair DJ iad siúd go cinnte.

Ní chailleann ard-iománaí a chumas as ucht droch-chluiche amháin a imirt, ná péire, ná fiú trí cinn.

Is é an fhírinne go bhfuil D. J. Carey san iomaíocht le Christy Ring sa gcomórtas don iománaí ab fhearr a bhí riamh ann, agus fearacht Ring, seans, scór bliain ó inniu, go mbeidh ar chumas a lámha, a riostaí agus a intinn roinnt mhaith de na rudaí a rinne sé Dé Domhnaigh seo caite a dhéanamh i gcónaí ach nach mbeidh na cosa ná na scamhóga.

Ní fheicfidh mise ar chuma ar bith a leithéid arís, agus tá mé thar a bheith buíoch go bhfuair mé an deis é a fheiceáil i mbarr a mhaitheasa.

Más é cumas dosháraithe D. J. Carey ba mhó a thug ceannas do Chill Chainnigh Dé Domhnaigh seo caite, caithfear a rá freisin go raibh an t-ádh dearg ar Ghaillimh a bheith 9 gcúilín chun cinn ag leath ama. Chuir na Cait dhá sheans iontacha ar chúil amú, agus rinne a gcúl báire, Adrian Ronan, dhá bhotún ar deacair iad a mhaitheamh dó agus bhronn dhá chúl ar Ghaillimh sa leath céanna sin.

Beidh sé thar a bheith suimiúil an bhfágfar idir na postaí é nuair a thiocfas an cluiche leathcheannais in aghaidh an Chláir.

Agus céard faoi Cyril agus a chairde? Céard faoin lámh cártaí a roghnaigh siadsan sular shuigh siad chun boird? Agus ina suí dóibh, cén stuaim a bhain leis an gcaoi ar imir siad na cártaí sin?

Ag breathnú siar, is deacair a rá go mba bhotún é Finbarr Gantley a roghnú sa líne lánchúil, áit nár imir sé ariamh roimhe. Bhí sé neirbhíseach ar thosú dó, ach choinnigh sé guaim air féin, agus ba bheag a bhí sé in ann a dhéanamh faoina ruathair a bhí DJ a thabhairt isteach an pháirc ina threo, ag tús an dara leath go háithrid.

Ní dóigh liom féin gur cheart Joe McGrath a bheith roghnaithe. Feicim gur theastaigh ar a laghad duine amháin a raibh spreac ann sna tosaithe le cuid den ualach a bhaint de na fir nach bhfuil an-mhór, ach ós rud é go raibh sé socraithe ag bainisteoireacht na Gaillimhe Joe Cooney a chur ag imirt mar lántosach, cén fáth nár roghnaigh siad ann ó thús é?

D. J. Carey, thuas, agus Cyril Farrell, ar dheis, an fear a chuidigh go mór le deireadh a chur le Gaillimh sa chraobh cheannais

Is furasta an t-eolas a bheith agat agus tú ag breathnú siar. Ní raibh an deis ná an t-eolas sin ag Farrell ná ag a chomrádaithe Dé Domhnaigh seo caite, ná aon Domhnach eile, ach ní ghlanfaidh sin an scamall atá tite ar an iomáint i nGaillimh an tseachtain seo, scamall nach nglanfar go gcasfar Liam Mac Carthaigh an bealach arís.

[As alt in *Foinse* le Mártan Ó Ciardha.]

(i) Cén fáth a bhfuil comhartha ceiste ag go leor daoine faoi thaicticí Cyril Farrell? (5 mharc)

(ii) (*a*) Cathain a moladh go mór é? (4 mharc)

    (*b*) Cén scór a bhí ann nuair a d'imir Gaillimh i gcoinne Chorcaí? (3 mharc)

(iii) Luaigh *dhá* phointe eolais maidir leis an 'dream gearrbhreathnaíoch'. (8 marc)

(iv) Tugann an scríbhneoir ardmholadh do D. J. Carey. Luaigh *trí* phointe eolais atá aige faoi. (9 marc)

(v) Inis, i mbeagán focal, cad tá le rá ag an scríbhneoir san alt deireanach. (6 mharc)

LÉAMHTHUISCINT 30

Léigh an sliocht seo a leanas agus freagair na ceisteanna a ghabhann leis. [*Bíodh na freagraí i d'fhocail féin, oiread agus is féidir leat.*]

BÍONN BLAS AR AN mBEAGÁN

D'ól Seán Ó Muirí cupán tae i mbialann an aerfoirt agus é ag machnamh ar an aistear fada a bhí roimhe. Bhí a mhuintir díreach tar éis slán a chur leis, agus bhí sé beagán beag uaigneach. Ar aon nós bheadh sé saor agus neamhspleách sula i bhfad agus é ar a bhealach thar lear. Sea, muise, bhí laghdú ag teacht ar an uaigneas, agus diaidh ar ndiaidh bhí sé ag teacht chuige féin arís.

Ar deireadh thiar thall thosaigh an scairdeitleán ag dul síos an rúidbhealach agus toit ag teacht ó na rothaí. Bhí sé ar mhuin na muice anois: páirceanna glasa na hÉireann thíos faoi agus saol nua agus eachtraí nua os a chomhair.

Shroich an t-eitleán aerfort Addis Ababa ar a seacht a chlog an mhaidin dár gcionn. Sea, bhí aistear iontach tosaithe aige, agus chun an fhírinne a rá bhí sceitimíní áthais air. Bhí grian gheal na hAfraice ag scoilteadh na gcloch cheana féin, ní raibh oiread is puth gaoithe ag séideadh, agus i ngach áit bhí *torann, torann, torann*. Chuir Liam Ó Caoimh as Concern fáilte agus fiche roimhe agus é ag fanacht leis na málaí. Dúirt Liam leis go mbeadh obair shuntasach shásúil le déanamh aige san Aetóip.

D'fhan sé ar feadh na hoíche sin i lóistín i lár Addis Ababa. Daoine dúra neamhchairdiúla a bhí san áit, gan mórán le rá acu, ach níor chuir sé sin isteach ná amach ar Sheán. An Amtharais a bhí á labhairt thart timpeall air; ach ba chuma le Seán. Bhí sé san Afraic, 'an Mhór-roinn Dhorcha', agus bhí gliondar ina chroí.

Chodail sé go sámh an oíche sin, agus nuair a d'éirigh sé ar maidin cé a bhí ag fanacht leis ach Liam as Concern, agus beirt fhear eile in éindí leis. Bhí jíp acu—'asal na hAfraice'— lasmuigh den lóistín, agus nuair a bhí a bhricfeasta ite ag Seán thosaigh siad ar thuras 700 míle nó mar sin go ceantar Dire Dawa, in oirthear na tíre.

Ní raibh na bóithre rómhaith—go deimhin ní raibh bóthar ar bith in áiteanna áirithe, agus ní raibh ach dhá stad acu ar an mbealach go Dire Dawa. Bhí an chéad stad acu i mbaile darb ainm Mieso, áit ar fhan siad ar feadh na hoíche. Stad siad ina dhiaidh sin in Afdem, sráidbhaile bídeach amuigh i lár an fhásaigh. Sea, arsa Seán leis féin, táim san Afraic anois ceart go leor.

Shroich siad Dire Dawa le breacadh an lae, agus ní chreidfeá cad a bhí os a gcomhair amach: daoine gan uisce, gan bia, gan dídean, gan dóchas. Ní páirceanna glasa na hÉireann a bhí le feiceáil anseo ach an fásach fiáin agus i ngach áit gaineamh, gaineamh, gaineamh.

Ar shos óna chuid scolaíochta a bhí Seán Ó Muirí. D'fhéach sé ar a uaireadóir. Bhí sé leathuair tar éis a naoi ar an Aoine 13 Meitheamh. Bheadh a chomhdhaltaí ag tosú an scrúdú Gaeilge san Ardteist, agus eisean ag tosú ar obair dheonach san Afraic. Bhí sé ag ceapadh go raibh íoróin an-ait ag baint leis an scéal: mí na scrúduithe in Éirinn, mí an bháis san Afraic.

Ach ba chuma leis faoi na scrúduithe. Nach raibh gá géar le hobair dheonach mar seo? Agus nár gheall sé do Dhia go dtabharfadh sé faoin obair dá dtiocfadh a mháthair bhocht slán ón obráid mhór a bhí aici leathbhliain roimhe sin?

Ach mo léan go deo ach bhí rudaí ag dul in olcas sa champa i nDire Dawa, agus bhí Seán ag ceapadh nach bhféadfadh le cúrsaí a bheith níos measa. Ach, go sábhála Dia muid, d'éirigh siad i bhfad ní ba mheasa. Bhris an tíofóideach amach i measc na gcréatúr bocht a bhí faoina gcúram. Is deacair a rá an bhfuil galar níos measa ná an tíofóideach céanna. Pé scéal é, bhí na céadta ag fáil bháis de in oirthear na hAetóipe, agus, go bhfóire Dia orainn, cé a bhí i gceartlár an bháis ach Seán bocht.

Bhí sé gar do champa Concern i nDire Dawa lá nuair a bhuail sé le seanfhear críonna caite. Duine le Dia a bhí ann. Rinne Seán iarracht cabhair a thabhairt dó, ach nár thit an créatúr bocht i laige. Fuair sé bás os a chomhair amach, agus ghoil sé seo go mór ar Sheán.

De réir a chéile bhí míshuaimhneas agus uaigneas ag teacht air. Bhí sé ag machnamh ar ghleannta glasa na hÉireann, ar a chomhdhaltaí, agus go mór mór ar a mhuintir sa bhaile. Bhí sé ag cabhrú le duine de na dochtúirí Éireannacha, an Dochtúir Ó Máille as Béal an Átha, Contae Mhaigh Eo, lá in áit bheag idir Dire Dawa agus Harer. Bhí na céadta ag fáil bháis chuile lá. Chonaic sé gasúr beag ar thaobh an bhóthair, agus chuir sé a lámha thart air. Bhí an créatúirín ag breathnú air lena shúile móra donna. Bhí sé ag fáil bháis.

Bheartaigh Seán ar dhul ar ais abhaile, ar ais chuig Coláiste Oilibhéir, ar ais chuig na leabhair, ar ais chuig a theaghlach. Is ansin a smaoinigh sé ar fhírinne an tseanfhocail: 'Bíonn blas ar an mbeagán.' Dá mbeadh fiú amháin beagán ag na créatúirí seo san Afraic bhí Seán lánchinnte de go mbeadh blas iontach ar fad air.

[Obair shamhlaíoch an scéal seo le hÉamonn Maguire.]

(i) Luaigh *dhá* phointe as an gcéad alt faoin gcuma a bhí ar Sheán. (6 mharc)

(ii) Luaigh *dhá* phointe as an dara halt faoi Addis Ababa. (6 mharc)

(iii) Luaigh *trí* phointe atá ag Seán sa tríú halt ar a thuras go Dire Dawa. (9 marc)

(iv) Luaigh *dhá* phointe eolais faoin gcampa i nDire Dawa. (6 mharc)

(v) Inis, i mbeagán focal, cén t-athrú a tháinig ar Sheán san alt deireanach. (8 marc)

AN CHLUASTUISCINT

Am: 40 nóiméad nó mar sin
100 marc (17 faoin gcéad)

Tá sé soiléir ó na marcanna breise atá le fáil sa scrúdú seo gur fiú duit cuid mhaith ama a chaitheamh ag ullmhú dó.

Treoracha

1 Cé gur téip chomónta [*a common tape*] atá ann don Ardleibhéal agus don Ghnáthleibhéal, páipéir scrúdaithe ar leith atá ann.
2 Ba chóir do chuid freagraí a bheith i nGaeilge amháin; ach, mar a dúirt mé cheana, glactar le focail aonair agus le huimhreacha i mBéarla.
3 Beidh cothromaíocht [*equality*] ann idir na canúintí.
4 Beidh deis agat breathnú ar na ceisteanna ar feadh cúpla nóiméad roimh thosú na téipe.
5 Níl gá ar bith le freagraí fada ná le habairtí iomlána a scríobh i gcónaí. Is féidir leat lánmharcanna a fháil gan ach focal amháin a scríobh.
6 Ná fág ceist gan freagra a scríobh. Mura bhfuil tú cinnte is fiú buille faoi thuairim [*a guess*] a thabhairt.
7 Tugtar tuairim is 90 faoin gcéad de na marcanna do *thuiscint* agus *eolas*. Tugtar tuairim is 10 faoin gcéad do chruinneas sa Ghaeilge.

MOLAIM DUIT

—éisteacht le Raidió na Gaeltachta, le Raidió na Life, le hAnna Livia (Baile Átha Cliath), agus leis na stáisiúin áitiúla ar fud na tíre atá ag cur seirbhís i nGaeilge ar fáil;
—féachaint ar TG4, agus ar an nuacht i nGaeilge agus cláir eile Gaeilge ar RTE, go mór mór réamhaisnéis na haimsire;
—éisteacht le cainteoirí mar Sheán Bán Breathnach, Mhicheál Ó Muircheartaigh agus Mhicheál Ó Sé agus iad ag tabhairt tráchtaireachta ar chluichí éagsúla.

LEIDEANNA DON CHLUASTUISCINT

• You should pay particular attention to presentation, and make sure your handwriting can be understood.
• Don't hesitate to write in capital letters. There should be ample time for doing this, as many questions require only very short answers.

- Note carefully the number of examples required in your answer: for example 'Breac síos *trí* phointe,' 'Luaigh *trí* fhadhb,' 'Ainmnigh buntáiste *amháin.'*
- If you don't know the answer, attempt an intelligent guess.

Téarmaí coitianta
- an Roinn Oideachais agus Eolaíochta
- an Roinn Ealaíon, Oidhreachta, Gaeltachta agus Oileán
- TG4
- Glór na nGael
- Slógadh
- Raidió na Life
- tráth na gceist
- an Taoiseach
- Údarás na Gaeltachta
- Raidió na Gaeltachta
- Conradh na Gaeilge
- Scór na nÓg
- Gael-Linn
- comharchumann
- coirm cheoil
- an Tánaiste
- an tAire Oideachais agus Eolaíochta
- an tAire Ealaíon, Oidhreachta, Gaeltachta agus Oileán
- díospóireacht
- comóradh

Moltaí eile don chluastuiscint
Molaim duit dianstaidéar a dhéanamh ar logainmneacha éagsúla, go háirithe:
- logainmneacha na hÉireann
- an Eoraip agus an domhan
- tíortha agus cathracha éagsúla.

Molaim duit freisin staidéar a dhéanamh ar na gnéithe seo a leanas:
- laethanta agus dátaí
- na míonna
- an t-am
- daoine mór le rá
- pearsana spóirt
- pearsana raidió, teilifíse agus scannán
- réaltaí ceoil
- an Rialtas
- an aimsir
- tinneas
- cúrsaí oideachais

- uimhreacha
- ainmneacha agus sloinnte.

LEAGAN AMACH

Cuid A

Cloisfidh tú *trí cinn* d'fhógraí (fógraí raidió de ghnáth) sa chuid seo. Cloisfidh tú gach fógra díobh *faoi dhó*. Beidh sos tuairim is 30 soicind (*a*) roimh an gcéad seinm, (*b*) tar éis na chéad seinte, agus (*c*) tar éis an dara seinm. Titeann an rud céanna amach maidir le fógra 1, fógra 2, agus fógra 3.

Cuid B

Cloisfidh tú *trí cinn* de chomhráite sa chuid seo. Cloisfidh tú gach comhrá ó thosach deireadh an chéad uair. Ansin cloisfidh tú an comhrá ina *dhá mhír*. Beidh sos tuairim is 30 soicind le haghaidh scríobh na bhfreagraí tar éis gach míre. Ina dhiaidh sin cloisfidh tú an comhrá ó thosach deireadh arís. Titeann an rud céanna amach maidir le píosa 1, píosa 2, agus píosa 3.

Cuid C

Cloisfidh tú *trí cinn* de phíosaí nuachta raidió nó teilifíse sa chuid seo. Cloisfidh tú gach píosa díobh *faoi dhó*. Beidh sosanna (tuairim is 30 soicind) le haghaidh scríobh na bhfreagraí tar éis na chéad éisteachta *agus* tar éis an dara héisteacht. Titeann an rud céanna amach i gcás píosa 1, píosa 2, agus píosa 3.

Nóta

Ní féidir linn téipeanna na scrúduithe a chur ar fáil leis an leabhar seo. Ba chóir go mbeadh na téipeanna le fáil i do scoil féin; agus táimid ag cur cóip de script na dtéipeanna ar fáil sa leabhar seo (leathanach 118–21, 126–9, 134–6, 141–4, 149–51).

In the pages that follow you will find:
(a) **Steps to success in the Listening Test.**
(b) **A worked example of the 2004 Listening Test**, plus the **transcript of the tape.**
(c) **Leaving Certificate tests** for **2003, 2002, 2001 and 2000** plus the **transcripts** for those tests.

Steps to Success in the Listening Test

In addition to the **guidelines on pages 105–107**, we include some simple but essential **steps to success** for the listening test in the following pages.

STEP 1—QUESTION TYPES

We would advise that you **learn/become very familiar** with the following **question types** that occur frequently in listening tests. They will be of enormous help to you in answering questions and will also give you added confidence. This list has been compiled by referring to recent past **Leaving Certificate examination papers**.

Questions Beginning with 'Cén'

cén fáth—why (always begin your answer with **mar**)
cén áit—where
cén t-ainm—what name
cén bhaint—what connection
cén post—what job
cén obair—what work
cén gaisce—what great deed
cén cheist—what question
cén sórt, cén saghas, cén cineál—all mean what sort of, what kind of, what type of
cén tairiscint—what offer
cén ócáid—what occasion
cén scéal—what story, what news
cén rud—what thing
cén tionchar—what influence
cén fhírinne—what truth
cén comórtas—what competition
cén tslí—what way
cén t-ábhar—what subject
cén seirbhís—what service
cén pháirt—what part
cén t-eolas—what information
cén fhadhb—what problem
cén laige—what weakness
cén turas—what journey
cén tír—what country
cén cúrsa—what course
cén buntáiste—what advantage
cén toradh—what result
cén dream—what group
cén taithí—what experience
cén chaoi—how
cén spriocdháta—what final date (deadline)

cén bhliain—what year
cén teideal—what title (name)
cén tionscadal—what project
cén chuid—what part
cén seoladh—what address
cén cluiche—what game, match
cén táille—what charge, fee
cén uair—when
cén ollscoil—what university
cén ceadúnas—what permission, license
cén tuairim—what opinion
cén pointe—what point
cén gradam—what honour, award
cén aidhm—what aim
cén cúram—what responsibility
cén clár—what programme
cén grád—what grade
cén cuireadh—what invitation
cén teastas—what certificate
cén ghairm—what career, job
cén damáiste—what damage

Other Question Types

conas—how
cad—what
céard—what
cé—who
cá—where
cé mhéad—how much
cé acu—which of them
cé hiad—who were
cé a dúirt—who said
cá fhad—how long
cárb as—where from
an mó—how many
an fada—how long
ainmnigh—name
luaigh—mention, refer to
breac síos—write down

STEP 2—THE VOCABULARY OF THE QUESTIONS

Another **key to success** in the listening test is to be familiar with the **vocabulary of the questions**. We include here the most **commonly occuring words/expressions** that are to be found in recent **Leaving Certificate Examination questions**. We would strongly advise that students **learn/become very familiar** with them. The resultant improvement in your performance at listening tests will be quite noticeable and very rewarding.

Words/Expressions

le líonadh—to be filled (e.g. as in application form)

arbh as—where from

ar díol—being sold

luaite—mentioned, referred to

a chaithfidh a bheith—that a person must have - the qualifications that you must have for a job)

i gceist—in question

an méid—the amount, the number

cáilíocht—qualification

nár mhór a bheith—must have (e.g. qualifications that a person must have for a job)

á—being

á phlé—being discussed

á lorg—being sought

á ndíol—being sold

á chraoladh—being broadcast

á ndéanamh—being made, done

á n-eagrú—being organised

á gceiliúradh—being celebrated

iarrthóirí—applicants

ar fáil—available

ballraíocht—membership

tionchar—influence

buntáiste—advantage

fadhb—problem

d'eisigh—released

an té—the person

eagraíocht—organisation

múch—turn off, quench

ceannasaí—head (e.g. head of RTÉ)

urlabhraí—spokesperson

aire—government minister

bronn—to present

eagrán—edition

taithí—experience

riachtanach—necessary, compulsary

forbairt—development
spriocdháta—final date, deadline (e.g. for job application)
seol—send, post, launch
teideal—title
gaisce—great deed
dearcadh—outlook, opinion
tionscadal—project
cé chomh minic—how often
coinníollacha—conditions (e.g. of employment)
gradam—award, honour
comhlacht—company (e.g. AIB)
gá—need
ag freastal—attending
cuireadh—invitation
gairm bheatha—career
slí bheatha—job, career
rugadh—born
éacht—great deed
a thaitneodh—would like
cúram—responsibility
ócáid—occasion
dream—group
pá, tuarastal—pay
monarcha—factory
sraith nua—new series (e.g. new TV series)
práinneach—urgent
taighde—research
nua-aimseartha—modern
úinéir—owner
forleathan—widespread
réiteach—solution, arrangement
tréith—trait, characteristic
ghnóthaigh—earned
tubaiste—disaster
taispeántas—exhibition
comóradh—commemoration, remembrance
tairiscint—offer (e.g. job offer)
dlúthdhiosca—CD
an té a cheapfar—the person chosen
tionscnamh—enterprise, initiative
aitheantas—recognition
teagmháil—communication
feachtas—campaign, project

STEP 3—TESTING YOURSELF

Yes you can actually **test and correct** yourself and watch those grades **improve dramatically** as a result.

Here's What To Do

1. Do the **2004 Listening Test**.
2. Now go to **the bottom of this page** where you will find the **worked example** for that year.
3. Now **correct your own test** using the answers provided. Remember that approximately **90% of marks** are for the **content and correctness** of your answers, no matter what the standard of your Irish, grammar, spelling etc. Approximately **10% of the marks** are for the **standard of your Irish**.
4. Now do the same test **one more time**, correct it and see how much you have improved. All of this is known as '**training your ear**', and should see your standard rise significantly.
5. Now do the very same thing with the **2003 Listening Test** for which you will find the **tapescript** on **pages 126–9** in this book.
6. We have also included the **full tapescripts for the 2002, 2001 and 2000 Listening Tests** so get cracking and do as many as you can, over a period of months, and watch those grades rise. You'll very soon be in **The A-Zone**.

Worked Example—Leaving Certificate Aural, 2004

Remember to do this test **yourself first**. Then **correct yourself** using the **worked example** and the **Department marking scheme** that follows.

Triail Chluastuisceana—2004

<u>CUID A</u>

Cloisfidh tú *trí cinn* d'fhógraí raidió sa chuid seo.
Cloisfidh tú gach fógra díobh **faoi dhó**. Beidh sos le scríobh na bhfreagraí tar éis na chéad éisteachta *agus* tar éis an dara héisteacht.

<u>FÓGRA A hAON</u>   <u>Marcanna</u>

1. (a) Cad a bheidh ar siúl Dé Sathairn seo chugainn?

     Beidh Maighréad Mhic Dhonncha ag seoladh a

     dlúthdhiosca nua.   2

    (b) Cén áit a mbeidh an rud sin ar siúl?

     San áras pobail i Ráth Cairn i gContae na Mí.   2

2.   Cén t-ainm atá ar an dlúthdhiosca?

Bun an Bhaile an t-ainm atá ar an dlúthdhiosca.   2

3.   (a)   Cad atá ar an dlúthdhiosca?

   Cnuasach amhrán a chuala Maighréad óna máthair.   2

   (b)   Luaigh rud amháin faoi mháthair Mhairéad.

   Rugadh agus tógadh í ar oileán an Bhlascaoid

   nó

   Amhránaí den scoth ab ea í.   2

FÓGRA A DÓ Marcanna

1.   Cén t-ainm atá ar an gclár a bheidh ar siúl ar Raidió na Gaeltachta ar an tríú lá d'Aibreán?

   'SBB agus a Aoi' an t-ainm atá air.   2

2.   (a)   Cén bhaint atá ag Mary Kennedy leis an gclár a chraoltar ar RTÉ 1?

   Is duine de láithreoirí an chláir í.   2

   (b)   Cén áit arb as don duine sin?

   As Cluain Dolcáin í.   2

3.   (a)   Luaigh an dá ábhar atá ag an duine sin sa chéim.

   Gaeilge agus Fraincis.   2

   (b)   Luaigh ábhar amháin cainte a bheidh á phlé ar an gclár.

   * An leabhar Paper Tigers a scríobh Mary Kennedy

   * Faoina hóige

   * Faoina saol in RTÉ   2

   ceann amháin as trí

FÓGRA A TRÍ Marcanna

1. Cén post atá i gceist?

   Post mar rúnái oifige atá i gceist.　　2

2. Luaigh dhá cháilíocht nár mhór a bheith ag na hiarratasóirí.

   (i) *Gaeilge líofa*　　2

   (ii) *Teastas rúnaíochta.*　　2

3. (a) Cén obair a bheidh ar siúl ag an té a cheapfar ag an deasc?

   Fáilte a chur roimh chuairteoirí agus litreacha a chlóscríobh.　　2

   (b) Ainmnigh an grúpa de chuid an stáisiúin a mbeidh an té a cheapfar ag obair leis.

   Beidh sí ag obair le léiritheoirí na gclár.　　2

CUID B

Cloisfidh tú **trí cinn** de chomhráite sa chuid seo. Cloisfidh tú gach comhrá díobh **trí huaire**.

Cloisfidh tú an comhrá ó thosach deireadh an chéad uair. Ansin cloisfidh tú é ina **dhá mhír**. Beidh sos le scríobh na bhfreagraí tar éis gach míre díobh. Ina dhiaidh sin cloisfidh tú an comhrá ó thosach deireadh arís.

COMHRÁ A hAON

An Chéad Mhír Marcanna

1. Cad a d'iarr Jackie ar Oilibhéar a dhéanamh di?

   Alt suimiúil faoin teideal 'Laochra' a scríobh di.　　2

2. Cén fáth nach bhfuil sí sásta leis an bpíosa faoi na Cluichí Oilimpeacha?

   Mar dúirt sí go mbeadh gach amadán ag scríobh fúthu sin.　　2

3. Cén gaisce a rinne na fir a luaigh Oilibhéar sa mhír seo?

   Bhuaigh na fir as Tír Eoghain Craobh na hÉireann sa pheil Ghaelach—an chéad uair riamh a rinne siad a leithéid.　　2

An Dara Mhír Marcanna

1. Cad a mhol Jackie d'Oilibhéar a dhéanamh chun eolas a fháil faoi na daoine a luaigh sí féin?

   Mhol sí dó dul ar an idirlíon agus eolas a fháil fúthu.   2

2. (a) Cá mbeidh Jackie ag dul anocht?

   Beidh sí ag dul chuig an teach tábhairne.   2

   (b) Cén bhaint atá ag Eibhlín Ní Scannláin leis an gcinneadh a rinne Jackie?

   Shocraigh Jackie dul chuig teach tábhairne le Seán Ó Sé

   chun éad a chur ar Eibhlín Ní Scannláin.   2

CÓMHRÁ A DÓ

An Chéad Mhír Marcanna

1. Cén fáth ar chuir Seán glaoch ar Shíle?

   Mar ba mhaith leis dá rachadh sí chuig an bpictiúrlann

   in éineacht leis.   2

2. Cén fáth nach féidir léi dul ann?

   Mar tá an fhoirm ón CAO á líonadh aici agus caithfidh sí í a

   líonadh an oíche sin.   2

3. (a) Cad a dhéanfaidh sí ar a bealach go dtí an scoil amárach?

   Cuirfidh sí an fhoirm sa bpost ar a bealach go dtí an scoil   2.

   (b) Cad a rinne Seán seachtain ó shin?

   Chuir sé a fhoirm chuig an CAO seachtain ó shin.   2

An Dara Mír Marcanna

1. Cén fáth a bhfuil Síle cráite go mór?

   Mar níl fhios aici cad a chuirfidh sí síos mar chéad rogha.   2

2. Cén dá rogha a mhol Seán di?

    (i) *Céim sa tráchtáil in Ollscoil na Gaillimhe*   2

    (ii) *Eolaíocht in Ollscoil Mhaigh Nuad*   2

3. Cad a dúirt an múinteoir Eolaíochta léi faoin mBitheolaíocht?

    Gur ar éigin a gheobhaidh sí Grád D sa mbitheolaíocht san

    Ardteistiméireacht.   2

COMHRÁ A TRÍ

An Chéad Mhír   Marcanna

1. (a) Cén cheist a d'fhreagair Micheál i gceart?

         Cén áit inar rugadh Gillian Ní Shúilleabháin?   2

    (b) Cén gaisce a rinne an bhean óg seo anuraidh?

         Bhuaigh sí bonn airgid i gcraobh-chomórtais an domhain. 2

2. Cén áit ar rugadh an bhean óg seo?

    Is é an áit ar rugadh í ná an Fearann Fuar i gContae Chiarraí. 2

An Dara Mír   Marcanna

1. Cén sórt duaise a bhuaigh Micheál?

    Bhuaigh sé dhá thicéad chun dul chuig na Cluichí

    Oilimpeacha sa Ghréig.   2

2. Cén bhaint atá ag Oileán Rhodes leis an scéal seo?

    Tá seachtain saoire le caitheamh aige san oileán Rhodes.   2

3. Cén tairiscint a thug Micheál do Mháire?

    Gur bhris a dheirfiúr a cos i dtimpiste bóthair agus go mbeidh

    fáilte roimpi teacht in éineacht leis.   2

CUID C

Cloisfidh tú *trí cinn* de phíosaí nuachta raidió/teilifíse sa chuid seo.
Cloisfidh tú gach píosa díobh **faoi dhó**. Beidh sos le scríobh na bhfreagraí tar
éis na chéad éisteachta *agus* tar éis an dara héisteacht.

PÍOSA A hAON   Marcanna

1.   Cén fáth ar tugadh an fear óg seo os comhair na cúirte inné?

      Tugadh os comhair na cúirte é de bharr gadáíochta.   2

2.   (a)   Cén bhaint a bhí ag 'fón póca' leis an scéal seo?

            Dúirt garda nach raibh aon deacracht acu an gadaí a

            ghabháil, mar gur fhág sé fón póca ina dhiaidh sa bhanc.   2

      (b)   Cén fáth ar stop an carr a bhí á thiomáint ag an bhfear óg?

            Stop an carr d'uireasa peitril.   2

PÍOSA A DÓ   Marcanna

1.   Cén cineál monarchan a d'oscail an tAire inné?

      D'oscail sé monarcha nua éadáí.   2

2.   Luaigh an dá earra a bheidh á ndéanamh sa mhonarcha seo.

      Gúnaí brídeoige agus cultacha bainise do na fir.   2

3.   (a)   Cad a bhí ar siúl ag Ríona Ní Choistealbha i Meiriceá?

            Bhí sí ag obair i dtionscal na teicstíle.   2

      (b)   Cad a rinne sí nuair a tháinig sí abhaile?

            D'infheistigh sí ceathrú milliún euro dá cuid airgid féin

            sa togra seo.   2

PÍOSA A TRÍ

Marcanna

1. Cad a bhí ar siúl i dTeach Tábhairne Leo aréir?

   Sheol Joe Mhící Jimí Mac Grianna ceirnín nua dá chuid ceoil.

   2

2. Ainmnigh áit amháin a mbíonn an ceoltóir a luaitear le cloisteáil go minic.

   * Ar Raidió na Gaeltachta agus

   * Ag ócáidí sa cheantar

   2

   ceann amháin

3. Cén bhaint atá ag Mánus Lunny leis an scéal seo?

   Is é Maghnus Lunny a rinne an léiriú agus an taifeadadh ina stiúideo féin.

   2

CUMAS GAEILGE—10 MARC

2004 Tapescript

Léigh anois go cúramach ar do scrúdpháipéar na treoracha agus na ceisteanna a ghabhann le Cuid A.

FÓGRA A hAON

Beidh Maighréad Mhic Dhonncha ag seoladh a dlúthdhiosca nua Dé Sathairn seo chugainn, an 22ú lá, ag a naoi a chlog san áras pobail i Ráth Cairn i gContae na Mí. Bun an Bhaile an t-ainm atá ar an dlúthdhiosca seo. Cnuasach amhrán a chuala Maighréad óna máthair, a rugadh agus a tógadh ar oileán an Bhlascaoid i gCiarraí, atá le cloisteáil ar an dlúthdhiosca seo. Amhránaí den scoth ab ea a máthair.

FÓGRA A DÓ

Seo fógra ó Raidió na Gaeltachta faoin gclár 'SBB agus a Aoi' a bheas ar siúl ar 3 Lunasa. Is í Mary Kennedy, duine de láithreoirí an chláir 'Open House' ar RTÉ1, an t-aoi speisialta. As Cluain Dolcáin í, agus bhain sí céim BA amach sa nGaeilge agus sa bhFraincis in Ollscoil Bhaile Átha Cliath. Tá an leabhar *Paper Tigers* scríofa aici faoina saol, agus beidh sí ag freagairt ceisteanna a chuirfidh SBB uirthi faoin leabhar, faoina hóige agus faoina saol in RTÉ sa chlár seo.

FÓGRA A TRÍ

Seo fógra ó Raidió na Life. Tá rúnaí oifige ag teastáil uainn sa stáisiún raidió seo. Má tá suim agat sa phost seo cuir foirm iarratais chugainn roimh 30 Meitheamh. Ní mór d'iarratasóirí teastas rúnaíochta a bheith acu. Ó tharla go mbeidh an duine a cheapfar ag obair ag an deasc chun fáilte a chur roimh chuairteoirí, beidh Gaeilge líofa riachtanach. Chomh maith le litreacha a chlóscríobh, beidh an duine seo ag obair le léiritheoirí na gclár.

COMHRÁ A hAON

A Oilibhéir, caithfidh tú cabhrú liom!
—Cinnte, a Jackie. Cad atá uait?
Tá aiste Bhéarla le scríobh agam don mhúinteoir nua. Táim ag iarraidh ort alt suimiúil faoin teideal 'Laochra' a scríobh domsa.
—D'fhéadfainn píosa faoi na laochra spóirt a ghlac páirt sna Cluichí Oilimpeacha a scríobh duit.
Seafóid! Beidh gach amadán ag scríobh fúthu sin.
—Cad faoin ngaisce a rinne na fir as Tír Eoghain, a bhuaigh Craobh na hÉireann sa pheil Ghaelach?—an chéad uair riamh a rinne Tír Eoghain a leithéid.
Ó, stop! Nílim sásta leis sin ach oiread.
—Cén uair a chaithfidh an aiste seo a bheith réidh?
Amárach.
—Amárach!
Sea. Is féidir leat scríobh faoi laochra cosúil le Colin Farrell nó Samantha Mumba.
—Níl a fhios agam faic fúthu!
Nach mbeifeá ábalta dul ar an idirlíon agus eolas a fháil fúthu?
—Cad fút féin?
Níl am agam. Thug an buille breá Seán Ó Sé cuireadh dom dul chuig teach tábhairne anocht leis. Caithfidh mé dul ann chun éad a chur ar Eibhlín Ní Scannláin.
—Ní bheidh mé ábalta d'aiste a scríobh. Beidh mise ag dul chuig cóisir anocht—le hEibhlín Ní Scannláin.

COMHRÁ A DÓ

Heileo.
—A Shíle, Seán anseo.
A Sheáin!
—Ba mhaith liom dá rachfá chuig an bpictiúrlann in éineacht liom anocht. Tá an scannán *Alexander* ar siúl.
Ní féidir liom dul ann anocht. Tá an fhoirm ón CAO á líonadh agam. Caithfidh mé í a líonadh anocht.
—Nach féidir leat í a líonadh amárach?

Ní féidir. Caithfidh sí a bheith sa phost go luath maidin amárach. Cuirfidh mé sa bpost í ar mo bhealach go dtí an scoil amárach.

—Chuir mise m'fhoirm féin chucu ar an ríomhphost seachtain ó shin.

Ach, tá mé cráite go mór. Mar níl a fhios agam cad a chuirfidh mé síos mar chéad rogha.

—Taitníonn cuntasaíocht agus eacnamaíocht leat. Cuir síos céim sa tráchtáil in Ollscoil na Gaillimhe mar chéad rogha—agus imeoimid chuig an bpictiúrlann. Ach mura bhfaighim na pointí ansin, cad a dhéanfaidh mé?

—Caith síos eolaíocht in Ollscoil Mhaigh Nuad sa dara háit. Sin é a rinne mise. Ach dúirt an múinteoir eolaíochta liom gur ar éigean a gheobhaidh mé grád D sa mbitheolaíocht san Ardteistiméireacht.

—Ara, déanaimis dearmad ar an bpictiúrlann anocht mar sin, mar is léir go gcaithfidh tú tuilleadh machnaimh a dhéanamh faoi do roghanna. Slán!

COMHRÁ A TRÍ

A Mháire! Ní chreidfeá cad é a tharla!

—Cad é a tharla, a Eoghain?

Bhuaigh mé an chéad duais i gcomórtas a bhí á reáchtáil ag Raidió Pobail Dhún na nGall.

—Bhí ceist éigin le freagairt . . . em . . .

Bhí! Mise an t-aon duine amháin a d'fhreagair an cheist i gceart: cén áit inar rugadh Gillian Ní Shúilleabháin?

—Sin í an bhean óg a bhuaigh bonn airgid i gcraobh-chomórtais an domhain i bPáras anuraidh. As Corcaigh di, nach ea?

Ní hea. Tá Gillian ina cónaí i gCorcaigh, ach is é an áit ar rugadh í ná an Fearann Fuar i gContae Chiarraí.

—Cén sórt duaise a bhuaigh tú?

Dhá thicéad chun dul chuig na Cluichí Oilimpeacha sa Ghréig i mí Lúnasa.

—Beidh tú ábalta Gillian a fheiceáil ag iomaíocht sa chomórtas siúil 20K.

Beidh. Ach chomh maith leis sin tá seachtain saoire le caitheamh san oileán Rhodes.

—Iontach! Bíonn an aimsir go hálainn ann an t-am sin den bhliain . . . Cé a bheidh ag dul leat?

Bhí mo dheirfiúr Ciara chun dul liom, ach ní féidir léi, mar bhris sí a cos i dtimpiste bóthair . . . Ach má bhíonn tusa saor mí Lúnasa, beidh míle fáilte romhat teacht in éineacht liom.

—Cinnte, beidh mé saor! Rachaidh mise in éineacht leat. Wow!

Léigh anois go cúramach ar do scrúdpháipéar na treoracha agus na ceisteanna a ghabhann le Cuid C.

PÍOSA A hAON

Tugadh fear óg, fiche bliain d'aois, os comhair na cúirte i gCorcaigh inné de bharr gadaíochta. Ghoid sé €15,000 as brainse de Bhanc na hÉireann in

Eochaill i mí Aibreáin seo caite. Dúirt garda sa chúirt nach raibh aon deacracht acu an gadaí a ghabháil, mar gur fhág sé fón póca ina dhiaidh sa bhanc. Nuair a lean na Gardaí é, stop an carr a bhí á thiomáint aige dhá mhíle taobh amuigh den bhaile d'uireasa peitril.

PÍOSA A hAON

D'oscail an t-aire Éamon Ó Cuív monarcha nua éadaí i Ros Muc i gceartlár Ghaeltacht Chonamara inné. Gúnaí brídeoige agus cultacha bainise do na fir a bheidh á ndéanamh sa mhonarcha nua seo. Is í Ríonach Ní Choisdealbha bainisteoir na monarchan. Chaith Ríonach deich mbliana thall i Meiriceá ag obair i dtionscal na teicstíle, agus nuair a d'fhill sí abhaile d'infheistigh sí ceathrú milliúin euro dá cuid airgid féin sa togra seo. Cruthófar fiche post nua sa monarcha nua.

PÍOSA A TRÍ

Bhí slua mór i dteach tábhairne Leo aréir nuair a sheol Joe Mhicí Jimí Mac Grianna ceirnín nua dá chuid ceoil. Dhá phíosa dhéag ceoil atá ar an cheirnín. Seinneann Joe ar an fheadóg stáin agus ar an bhosca ceoil, agus is minic a bhíonn sé le cloisteáil ar Raidió na Gaeltachta agus ag ócáidí sa cheantar. Is é Maghnas Lunny a rinne an léiriú agus an taifeadadh ina stiúideo féin in Anagaire. Tá an t-albam ceoil ar díol sna siopaí sa cheantar, nó díreach ó Joe féin.

The tapes for all the following will be available from your teacher. It is recommended that you make a personal copy of each tape and answer the tests yourself, using the worked example as a guide.

Scrúdú na hArdteistiméireachta, 2003

Gaeilge Ardleibhéal
Triail Chluastuisceana (120 marc)

Treoracha d'iarrthóirí
Caithfidh do chuid freagraí uile sa triail seo a bheith i nGaeilge, ach amháin nuair nach gá sin.

CUID A

Cloisfidh tú *trí cinn* d'fhógraí raidió sa Chuid seo. Cloisfidh tú gach fógra díobh **faoi dhó**. Beidh sos le scríobh na bhfreagraí tar éis na chéad éisteachta *agus* tar éis an dara héisteacht.

FÓGRA A hAON

1. (a) Cad a bheidh ag tosú i dTrá Lí Dé Luain seo chugainn?

   _____

   (b) Cé a bheidh i bhfeighil na n-imeachtaí?

   _____

2. Cad a bheidh ar siúl ag na daltaí i rith na seachtaine?

   _____

3. (a) Cad is aidhm don tionscnamh seo?

   _____

   (b) Cad a bheidh ar siúl ag an Aire Oideachais agus
   Eolaíochta ann?

   _____

FÓGRA A DÓ

1. Cé mhéad post nua a chuirfear ar fáil?

   _____

2. (a) Cá bhfuil monarchana an chomhlachta seo faoi láthair?

   _____

   (b) Cé mhéad a chosnóidh an fhorbairt nua seo?

   _____

3. (a) Cén saghas earraí a dhéanfar sna monarchana seo?

   _____

   (b) Cad é aidhm an rialtais, dar leis an Tánaiste?

   _____

FÓGRA A TRÍ

1.   Cén ócáid a bhfuil tagairt di anseo?

     _____

2.   Luaigh dhá rud faoi Bhrian Ó Baoill.

     (i)   _____

     (ii) _____

3.   Luaigh dhá rud faoin leabhar nua.

     (i)   _____

     (ii) _____

CUID B

Cloisfidh tú *trí cinn* de chomhráite sa Chuid seo. Cloisfidh tú gach comhrá díobh **trí huaire.**

Cloisfidh tú an comhrá ó thosach deireadh an chéad uair. Ansin cloisfidh tú é ina *dhá mhír.* Béidh sos le scríobh na bhfreagraí tar éis gach míre díobh. Ina dhiaidh sin cloisfidh tú an comhrá ó thosach deireadh arís.

COMHRÁ A hAON

An Chéad Mhír

1.   Cén fáth ar ghlaoigh Seán ar Mháire?

     _____

2.   Cén fáth a bhfuil Máire cráite?

     _____

3.   Cad a bhí ar siúl ag Seán an bhliain seo caite?

     _____

An Dara Mír

1.   Cad a bhí ar siúl ag Seán ar an idirlíon?

     _____

2.   Cad a dúirt tuismitheoirí Mháire faoi phraghsanna in Éirinn?

3.   Cá bhfuair Seán an post samhraidh don bheirt acu?

COMHRÁ A DÓ

An Chéad Mhír

1.   Cá bhfaca Pádraig an pictiúr de Bhono?

2.   (a)   Cén scéal a bhí in éineacht leis an bpictiúr?

      (b)   Cá mbeidh an stiúideo taifeadta nua ag U2?

3.   Cén fáth a ndearna Bono ionsaí ar na polaiteoirí?

An Dara Mír

1.   Cén rud faoi Bhono a thaitníonn le hEibhlín?

2.   Luaigh dhá rud faoin 'jab' a rinne Bono agus é ag labhairt faoin Afraic.

    (i)

   (ii)

3.   Cén fáth nach bhfuair Bono aitheantas ceart in Éirinn, dar le Pádraig?

COMHRÁ A TRÍ

An Chéad Mhír

1.   (a)   Cad iad na fógraí atá i gceist ag Sinéad?

   (b)   Conas a chuaigh na fógraí i bhfeidhm ar Eoin?

2.   Cén fáth ar scanraigh an chéad fhógra Sinéad?

An Dara Mír

1.   Cén fáth a ndeachaigh an dara fógra i bhfeidhm go mór ar Eoin?

2.   Cén tionchar a bhí ag na fógraí ar Shinéad?

3.   Cén fhírinne a ndéanann Eoin tagairt di?

CUID C

Cloisfidh tú *trí cinn* de phíosaí nuachta raidió/teilifíse sa chuid seo.
Cloisfidh tú gach píosa díobh **faoi dhó**. Beidh sos le scríobh na bhfreagraí tar
éis na chéad éisteachta *agus* tar éis an dara héisteacht.

PÍOSA A hAON

1.   Cad is aidhm do Phléaráca Chonamara?

2.   (a)   Cén fáth a luaitear Johnny Connolly?

   (b)   Cén cruthú atá ann ar éifeacht an Phléaráca?

PÍOSA A DÓ

1.   Conas a fuair Máirtín an €10,500?

    _____

2.   (a)   Cén fáth a raibh suim airgid chomh mór sin i gceist?

        _____

    (b)   Cad air a gcaithfidh Máirtín an t-airgead?

        _____

3.   Cén fáth ar mhol Máirtín an coiste a luaitear?

    _____

PÍOSA A TRÍ

1.   Cén comórtas atá i gceist anseo?

    _____

2.   Cén tslí ar eagraíodh an comórtas seo?

    _____

3.   Cén fáth ar thug an Cumann a luaitear tacaíocht don chomórtas?

    _____

2003 Tapescript

Léigh anois go cúramach ar do scrúdpháipéar na treoracha agus na ceisteanna a ghabhann le Cuid A.

FÓGRA A hAON

Cuirfear tús le 'Seachtain na hEolaíochta' san Institiúid Teicneolaíochta i dTrá Lí Dé Luain seo chugainn. Is í foireann teagaisc na hInstitiúide a bheidh i bhfeighil imeachtaí na seachtaine. Beidh daltaí as scoileanna i gContae Chiarraí ann chun a gcuid oibre san eolaíocht ar scoil a phlé lena chéile agus le foireann eolaíochta na hInstitiúide. Is í aidhm an tionscnaimh nua seo suim san eolaíocht a spreagadh san aos óg. Osclóidh an tAire Oideachais agus Eolaíochta, Nollaig Ó Díomsaigh, Teachta Dála, 'Seachtain na hEolaíochta' go hoifigiúil.

FÓGRA A DÓ

D'fhógair an comhlacht mór, Saotharlanna Abbot, i Sasana, go mbeidh seacht gcéad post breise á gcur ar fáil acu sna cúig bliana atá romhainn. Tá monarchana cheana féin ag an gcomhlacht i gContae na Gaillimhe agus i gContae an Chabháin. Cuirfear leis na monarchana seo ar chostas céad caoga milliún euro agus déanfaidh siad earraí leighis d'ospidéil. Dúirt an Tánaiste, Mary Harney, gurb é aidhm an rialtais comhlachtaí den chineál seo a mhealladh go hÉirinn, go háirithe go dtí iarthar agus lár na tíre.

FÓGRA A TRÍ

Seolfar leabhar nua filíochta a scríobh Brian Ó Baoill in Óstán Uí Bhaoill, Leitir Ceanainn, oíche Dé hAoine seo chugainn ag leath i ndiaidh a hocht. Is as Leitir Ceanainn do Bhrian agus seo é an tríú leabhar atá foilsithe aige. *Teochreasa* is teideal don chnuasach agus tá sé neamhghnách sa mhéid is gur cúlra idirnáisiúnta atá leis na dánta ar fad ann. Tá an domhan mór siúlta ag Brian Ó Baoill agus díríonn sé ar fhadhbanna ár linne sa leabhar álainn seo. Seolfaidh an file cáiliúil, Nuala Ní Dhomhnaill, an leabhar nua.

COMHRÁ A hAON

Fuaim: Guthán ag bualadh
Haló.
—Haló, a Sheáin. Caidé mar atá tú? Máire anseo.
Haigh, a Mháire! Ba mhaith liom ádh mór a ghuí ort i scrúdú na hArdteistiméireachta.
—Go raibh míle maith agat, a Sheáin, ach táim cráite leis an obair atá fós le déanamh agam. Nach breá duitse a chaith an bhliain seo caite ag déanamh cúrsa leighis san ollscoil i mBaile Átha Cliath?
Ní breá domsa ar bhealach ar bith. Níl dada déanta agam do scrúduithe an tsamhraidh. Ach féach, an bhfuil post samhraidh faighte agat go fóill?
—Níl, ach bhí mé ag smaoineamh ar phost a lorg i gceann de na hóstáin.
Arra, ná bac. Tá gach óstán ar an idirlíon cuardaithe agamsa ach níl post ar bith le fáil iontu. Tá an turasóireacht in Éirinn ar an dé deiridh is cosúil.
—Chreidfinn é. Bhí mo thuismitheoirí ar laethanta saoire sa Spáinn le gairid, agus deir siad go bhfuil praghsanna in Éirinn a dhá oiread níos daoire ná mar atá siad sa Spáinn.
Saint luchta ghnó, a chailín! Dá mbeadh ciall acu thuigfidís gur á scriosadh féin atá siad. Ach féach, cuirimís an duairceas uainn. Creid é nó ná creid, tá post faighte agam don bheirt againn in óstán i Malaga na Spáinne, an samhradh seo.
—Ó, mo cheol thú. Viva España!

COMHRÁ A DÓ

Feicim go bhfuil Bono, ball de U2, sna ceannlínte arís, a Phádraig.

—Is ea, a Eibhlín. Chonaic mé pictiúr deas daite de sa nuachtán The Irish Times, in éineacht le scéal gur iarradh ar Bhono comórtas a fhógairt d'fhoirgneamh nua. Túr a bheidh ann agus tógfar an túr in aice le habhainn na Life i mBaile Átha Cliath.

Chuala mé freisin go mbeidh stiúideó taifeadta breá nua ag U2 i mbarr an túir, thuas ar an mbarr ar fad. Bí ag caint ar ghalántacht!

—Bhuel, cibé faoi sin, rinne sé ionsaí an-ghéar ar pholaiteoirí in Éirinn. Chuir sé ina leith gur thug siad cead do lucht pleanála príomhchathair na tíre a mhilleadh le foirgnimh ghránna.

Anois, sin rud a thaitníonn liom faoi Bhono: labhrann sé amach go neamheaglach in aghaidh na héagóra, is cuma cén áit ar domhan a mbíonn a leithéid.

—Is fíor duit! Rinne sé an-jab nuair a labhair sé ar son na ndaoine bochta san Afraic, agus nuair a cháin sé na tíortha saibhre faoi na fiacha móra atá acu ar na tíortha bochta inti.

Is ea, agus ní bhfuair sé aitheantas ceart riamh da bharr anseo in Éirinn.

—Agus nach dtuigeann tú an fáth atá leis sin? Níl polaiteoirí in Éirinn sásta le Bono mar is réalta rac é, agus ní polaiteoir é.

COMHRÁ A TRÍ

An bhfaca tú na fógraí nua atá ar an teilifís faoi shlándáil ar na bóithre, a Eoin?

—Chonac ar an teilifís iad, a Shinéad, ach caithfidh mé a admháil gur tháinig siad idir mé agus codladh na hoíche.

Scanraigh an chéad fhógra mé féin, mar bhí an leaid óg a maraíodh ag féachaint ar an bhfón póca agus gan aird aige ar an trácht. Tá an drochnós sin agam féin, faraor.

—Is é an dara ceann faoi mharú an linbh is mó a chuaigh i bhfeidhm ormsa mar bhí léiriú na timpiste chomh réalaíoch, scanrúil sin. Mharaigh tiománaí an chairr an leanbh agus ghortaigh sé an mháthair go dona mar nach raibh sé ag faire ar an mbóthar amach roimhe. Measaim go bhfuil a leithéid de mhíchúram náireach.

Aontaím leat, ach ní maith liom na fógraí seo mar scanraíonn siad mé. Cuireann an fhuil agus na drochghortuithe as go mór dom.

—Bhuel, is dóigh liomsa nach mbeadh mórán maitheasa leo mura scanróidís daoine leis an bhfírinne a aithint. Is í fírinne an scéil go dtarlaíonn bás agus gortú uafásach de bharr míchúraim ar na bóithre.

B'fhéidir é, ach ar ndóigh, bíonn an fhírinne searbh gan amhras ar bith.

PÍOSA A hAON

Le blianta beaga anuas tá an fhéile mhór cheoil, 'Pléaráca Chonamara', ag dul ó neart go neart. Is é is aidhm don fhéile seo ceol agus rincí Chonamara a chur chun cinn, go háirithe amhránaíocht ar an sean-nós Gaelach. i mbliana, bronnadh gradam an Phléaráca ar Johnny Connolly, ceoltóir agus craoltóir raidió. Mar chruthú ar éifeacht an Phléaráca, tá fás mór tagtha ar líon na ndaoine óga atá ag clárú le haghaidh ranganna ceoil agus ranganna rincí traidisiúnta.

PÍOSA A DÓ

Tuairiscíonn *Nuachtiris an Daingin* gur bhuaigh an tIar-Gharda, Máirtín Ó Sé, deich míle, cúig chéad euro, an duaischiste ba mhó riamh, i lotto an Daingin. Bhí an duaischiste chomh mór is a bhí mar nár bhuaigh duine ar bith é le mí roimhe sin. Ba mhaith le Máirtín an t-airgead a bhuaigh sé a chaitheamh ar thuras timpeall an domhain, in éineacht lena bhean chéile, Eibhlín. Mhol sé coiste an lotto go mór as an obair iontach atá déanta acu sa cheantar.

PÍOSA A TRÍ

Cuireadh comórtas mór idirnáisiúnta sa leadóg ar siúl tamall ó shin san RDS i mBaile Átha Cliath. Ba d'imreoirí gairmiúla ban amháin an comórtas seo agus ghlac seisear den deichniúr imreoir ab fhearr ar domhan páirt ann; ina measc bhí Monica Seles agus Anna Kournikova. Eagraíodh an comórtas ar bhonn foirne idirnáisiúnta agus bhí an bua glan ag an bhfoireann ó Stáit Aontaithe Mheiriceá. Thug Cumann Leadóige na hÉireann tacaíocht don chomórtas ar an gcúis go gcabhródh comórtais dá leithéid le cur chun cinn na leadóige in Éirinn.

Scrúdú na hArdteistiméireachta, 2002

Gaeilge Ardleibhéal
Triail Chluastuisceana (100 Marc)

Treoracha d'iarrthóirí
Caithfidh do chuid freagraí uile sa triail seo a bheith i nGaeilge, ach amháin nuair nach gá sin.

CUID A

Cloisfidh tú **trí cinn** d'fhógraí raidió sa chuid seo.
Cloisfidh tú gach fógra díobh **faoi dhó**. Beidh sos le scríobh na bhfreagraí tar éis na chéad éisteachta **agus** tar éis an dara héisteacht.

FÓGRA A hAON

1. Cad a bheidh ag tosú go luath ar Raidió na Sionnaine?

2. Luaigh aidhm amháin atá leis an gclár.

_____

3. Cén t-ábhar a bheidh á chraoladh?

_____

4. Conas is féidir teagmháil a dhéanamh le léiritheoir an chláir?

_____

FÓGRA A DÓ

1. Cén seirbhís nua a fógraíodh?

_____

2. Cén áit i gContae an Chláir a mbeidh fáil ar an tseirbhís nua?

_____

3. Cén saghas leabhar a bheidh ar fáil sa leabharlann nua?

_____

4. Cé mhéad a chosnóidh ballraíocht sa leabharlann?

_____

FÓGRA A TRÍ

1. Cad a bheidh ar siúl Dé Domhnaigh?

_____

2. Cén bhaint atá ag Nissan leis?

_____

3. Cad as do na foirne nua atá ann i mbliana?

_____

4. Cén fáth a raibh droch-chlú ar an rothaíocht le blianta anuas?

_____

5. Cén pháirt a ghlacfaidh Mícheál Ó Searcaigh sa rás?

_____

CUID B

Cloisfidh tú *trí cinn* de chomhráite sa chuid seo. Cloisfidh tú gach comhrá díobh **trí huaire**. Cloisfidh tú an comhrá ó thosach deireadh an chéad uair. Ansin cloisfidh tú é ina *dhá mhír*. Beidh sos le scríobh na bhfreagraí tar éis gach míre díobh. Ina dhiaidh sin cloisfidh tú an comhrá ó thosach deireadh arís.

COMHRÁ A hAON

An Chéad Mhír

1. Cé mhéad a chaitheann Sinéad ar an bhfón gach seachtain?

   _____

2. Cén fáth a n-íocann Séamas níos lú ná Sinéad, dar leis?

   _____

3. Conas a chabhraíonn a post le Sinéad?

   _____

An Dara Mír

1. Cad a chuireann as do Shéamas faoin bhfón póca?

   _____

2. Luaigh dhá áit ar cheart bac a bheith ar fhóin phóca, dar le Sinéad.

   (i) _____

   (ii) _____

COMHRÁ A DÓ

An Chéad Mhír

1. Cén feachtas atá ar bun ag Ali Hewson?

   _____

2. Cad a dhéanfar leis na cártaí poist atá á ndíol aici?

   _____

3. Ainmnigh an triúr a gcuirfear na cártaí chucu.

   (i) _____

   (ii) _____

   (iii) _____

4. Cén t-eolas faoi Sellafield atá ar na cártaí?

_____

An Dara Mír

1. Cad a deir Pól faoin bPrionsa Charles agus na polaiteoirí?

_____

2. Luaigh dhá phointe eolais faoin bPrionsa Charles agus an timpeallacht.

(i) _____

(ii) _____

3. Cén tionchar a bheidh ag na cártaí poist ar an bPrionsa Charles, dar le Róisín?

_____

COMHRÁ A TRÍ

An Chéad Mhír

1. Cé dó a dtugann Áine an chreidiúint faoi Éirinn a bheith i gcomórtas Chorn an Domhain?

_____

2. Cén fhadhb a luann Breandán faoin gcomórtas?

_____

3. Cén fáth a mbeidh an bheirt ag dul go tigh Whelan?

_____

An Dara Mír

1. Luaigh dhá bhuntáiste atá ag foireann na hÉireann, dar le Breandán.

(i) _____

(ii) _____

2. Cén laige is mó a bhíonn ar imirt an Chamarúin, dar le Breandán?

_____

CUID C

Cloisfidh tú *trí cinn* de phíosaí nuachta raidió/teilifíse sa chuid seo. Cloisfidh tú gach píosa díobh **faoi dhó**. Beidh sos le scríobh na bhfreagraí tar éis na chéad éisteachta *agus* tar éis an dara héisteacht.

PÍOSA A hAON

1. Cén t-ainm atá ar an long seoil?

   _____

2. Cén fáth ar tógadh an long?

   _____

3. Cén turas atá á bheartú di?

   _____

PÍOSA A DÓ

1. Cén fáth ar cuireadh an feachtas seo ar siúl?

   _____

2. Cén tír ina bhfuil na bunscoileanna?

   _____

3. Conas ar cuireadh críoch leis an bhfeachtas?

   _____

PÍOSA A TRÍ

1. Cé a d'eisigh an tuairisc seo?

   _____

2. Cá bhfacthas Breandán don uair dheireanach?

   _____

3. Cén fáth a bhfuil imní ar na Gardaí?

   _____

2002 Tapescript

Léigh anois go cúramach ar do scrúdpháipéar na treoracha agus na ceisteanna a ghabhann le Cuid A.

FÓGRA A hAON

Beidh clár nua Gaeilge ag tosú go luath ar Raidió na Sionainne. Beidh sé ar an aer uair sa tseachtain ar an Aoine ag tosú ag leathuair tar éis a sé tráthnóna. *Sreangscéalta* is teideal don chlár agus is féidir éisteacht leis ar thonnfhad FM a hochtó 's a hocht ciliheirts. Is mar thacaíocht le hobair na n-eagraíochtaí Gaeilge agus le freastal ar phobal na Gaeilge atá an clár á chraoladh. Beidh fógraí, ceol agus agallaimh le daoine atá i mbéal an phobail ar an gclár. Is féidir teagmháil le léiritheoir an chláir ag 0406-667788 nó tríd an ríomhphost ag Sreangscealta@RaidioS.ie. Is Gaeilge ar fad a bheidh á labhairt ar an gclár.

FÓGRA A DÓ

Fógraíonn Comhairle Contae an Chláir tús le seirbhís nua leabharlainne do cheantair iargúlta. Táthar ag tabhairt 'An Leabharlannaí Taistil' ar an tseirbhís nua seo. Tabharfaidh veain mhór na leabharlainne cuairt ar sráidbhailte agus ar thithe aonair uair sa tseachtain. Déanfar cúram ar leith de leabhair do pháistí agus beidh béim freisin ar leabhair nuafhoilsithe idir Ghaeilge agus Bhéarla. Beidh fáil freisin ar rogha mhaith de leabhair ar téip. Cosnóidh ballraíocht sa leabharlann nua tríocha euro in aghaidh na bliana.

FÓGRA A TRÍ

Cuirfidh an Taoiseach Bertie Ahern tús Dé Domhnaigh seo chugainn le Slógadh Rothaíochta na hÉireann. Déanfaidh comhlacht Nissan urraíocht ar an rás. Beidh an rás ag tosú ag meán lae ó Ard-Oifig an Phoist i mBaile Átha Cliath. Is rás mór idirnáisiúnta é seo agus i mbliana beidh foirne ón Rúis agus ó thíortha na mBalcán ag glacadh páirte ann. Tabharfaidh Nissan níos mó poiblíochta don Slógadh i mbliana mar iarracht leis an drochchlú a tharraing mí-úsáid drugaí ar an spórt a chealú. Beidh Mícheál Ó Searcaigh, Gaillmheach agus Gaeilgeoir, i gceannas ar fhoireann na hÉireann. Beidh tuairisc ar gach céim den rás ar RTÉ ar a seacht a chlog gach tráthnóna.

COMHRÁ A hAON

Cé mhéad a chaitheann tú ar an bhfón póca sin gach seachtain, a Shinéad?
—Braitheann sé, ach caithim níos mó ná deich euro air in aghaidh na seachtaine. Cad fút féin?
Bhuel, tá sé beagáinín níos ísle ná sin ach, ar ndóigh, nílim chomh cainteach leatsa!
—Caithfidh mé a admháil go mbeinn briste aige mura mbeadh an jab deireadh seachtaine agam.

Cuireann sé as domsa go mór, a Shinéad, go bhfuil bac ar fhóin póca i mbeagnach gach uile áit anois. Féach an straois a thagann ar an bpríomhoide, fiú, nuair a luaitear fón póca leis.

—Bhuel, caithfidh mé a rá go bhfuil mé i bhfabhar bac orthu in áiteanna poiblí áirithe. Tá sé an-drochbhéasach gan iad a mhúchadh in áiteanna mar phictiúrlanna agus leabharlanna. Is minic a chuala mé fóin ag bualadh i rith an Aifrinn!

B'fhéidir é. Ach, féach, tá taobh geal amháin leis mar scéal.

—Cad é sin?

An aoibh ainglí a thagann ar m'athair nuair a fheiceann sé ar an bhfón póca mé aige baile. Chuala mé Daid ag rá le Mam nach raibh an bille teileafóin riamh chomh híseal ó cheannaigh sé dom é.

COMHRÁ A DÓ

Cloisim, a Phóil, go bhfuil Ali Hewson, bean chéile Bhono de chuid U2, ag iarraidh stáisiún núicléach Sellafield a dhúnadh.

—Is fíor duit, a Róisín, nach bean mhisniúil í? Tá sí ag iarraidh ar mhuintir na hÉireann cártaí poist a cheannach agus a chur chuig Tony Blair, Norman Askew agus an prionsa Charles. Cuireann na cártaí seo in iúl don triúr an dochar uafásach atá á dhéanamh ag Sellafield don timpeallacht.

Ní hamháin sin, a Phóil, ach luann siad an baol a ghabhann leis agus timpiste nó ionsaí air, b'fhéidir ó sceimhlitheoirí.

—Luann cinnte. Is maith an beartas é. Ach tá rud amháin nach dtuigim. Cén fáth ar roghnaíodh an prionsa Charles? Tá a fhios ag an saol go bhfuil an fear bocht sin faoi smacht iomlán ag na polaiteoirí. Ní féidir leis mórán a dhéanamh as a stuaim féin.

Bhuel, is cás leis an bprionsa Charles caomhnú na timpeallachta. Labhair sé amach go minic cheana faoi fhoirgnimh ghránna i Londain, agus bheadh neart morálta ag dul lena mbeadh le rá aige. Beidh sé i bponc ceart nuair a thiocfaidh an t-uafás cártaí ó mhuintir na hÉireann anuas air. Beidh brú mór air labhairt amach.

—An bhfuil teorainn, a Róisín, le seiftiúlacht na mban?

COMHRÁ A TRÍ

Bhuel, a Bhreandáin, beimid ag glacadh páirte i gcomórtas Chorn an Domhain arís, agus tá an chreidiúint go léir ag dul do Mick MacCarthy.

—Is fíor duit, a Áine, ach is mór an trua go mbíonn na cluichí á n-imirt chomh fada sin ó bhaile, sa tSeapáin.

Is trua é ceart go leor, ach nach mbeidh na cluichí go léir ar an teilifís?

— 'Sea, beidh, agus dá bhrí sin beidh orainn a bheith inár suí go luath, i dtigh Chaoilinne, le háit mhaith a fháil os coinne an scáileáin mhóir.

Ach anois chuig an bpointe: an bhfuil seans ar bith againn in éadan Chamarún?

—Tá seans iontach againn. Ar an chéad dul síos, tá imreoirí i bhfad níos fearr againne i lár na páirce. Rud eile, ní bheidh an teas chomh láidir agus a bhí i

Meicsiceo.

Ach beidh sé te agus tais, a Bhreandáin, agus tá foireann Chamarún cleachta ar a leithéid.

—Ach bíonn laigeacht eile ar imirt Chamarún. Bíonn siad ag brath barraíocht ar an lántosaí Patrick Mboa agus tá ár lánchúlaí ar dheis ar an imreoir is fearr san Eoraip.

— 'By dad', is fíor a deir siad fútsa, is duine suairc tú gan dabht ar bith!

Léigh anois go cúramach ar do scrúdpháipéar na treoracha agus na ceisteanna a ghabhann le Cuid C.

PÍOSA A hAON

Dhein an long seoil an Jeanie Johnston a céad turas farraige le déanaí. Tógadh an long seoil in ómós na ndaoine a fuair bás aimsir an Ghorta le linn dóibh a bheith ag dul ar imirce go Meiriceá. Thug an captaen, Mike Forward, tuairisc bhreá ar mar a oibríonn an long le linn an turais ón bhFianait go Cuan Chorcaí. Tá sé beartaithe an long a sheoladh go Meiriceá i gcuimhne ar na himircigh go léir a cailleadh ar an turas farraige sin le linn an Ghorta Mhóir.

PÍOSA A DÓ

Tá cuntas i nuachtlitir Choláiste Chiaráin faoi fheachtas mór a chuir mic léinn an choláiste ar siúl le deireanaí. Ba é aidhm an fheachtais airgead a bhailiú do bhunscoileanna i Ruanda san Afraic. Tá na bunscoileanna seo faoi stiúradh na mBráithre Críostaí sa tír sin. Bailíodh sé mhíle euro i rith an fheachtais. Reáchtáladh comórtas peile agus cispheile, dioscónna, taispeántais faisin agus a lán imeachtaí eile. Cuireadh críoch leis an bhfeachtas le seisiún mór ceoil in Óstán Ghreville sa bhaile.

PÍOSA A TRÍ

Tá tuairisc eisithe ag ceannasaí na nGardaí i mbaile an Chabháin faoi dhéagóir atá ar iarraidh le seachtain. Breandán Ó Raghallaigh an t-ainm atá air agus chonacthas é den uair dheireanach taobh amuigh de theach tábhairne ar an mbaile. Tá bileoga á scaipeadh a bhfuil pictiúr agus eolas suntasach faoi Bhreandán orthu mar áis le heolas faoi a bhailiú. Tá imní mhór ar na Gardaí faoi Bhreandán de bharr nár chuala a mhuintir scéal ar bith uaidh le seachtain.

Scrúdú na hArdteistiméireachta, 2001

Gaeilge Ardleibhéal
Triail Chluastuisceana (100 Marc)

[N.B. Caithfidh do chuid freagraí uile sa triail seo a bheith i nGaeilge, ach amháin nuair nach gá sin.]

CUID A

Cloisfidh tú *trí cinn* d'fhógraí raidió sa chuid seo.
Cloisfidh tú gach fógra díobh **faoi dhó**. Beidh sos le scríobh na bhfreagraí tar éis na chéad éisteachta *agus* tar éis an dara héisteacht.

FÓGRA A hAON

1. (a) Cad a bheidh ar siúl Dé Céadaoin?

   _____

   (b) Cén bhaint atá ag Tomás Ó Brannagáin leis?

   _____

2. Cad a bheidh le déanamh ag na hiarrthóirí ann?

   _____

3. (a) Cén phríomhdhuais atá le buachan?

   _____

   (b) Cad atá le déanamh chun páirt a ghlacadh ann?

   _____

FÓGRA A DÓ

1. Cén áit a seolfar na hiarratais don phost seo?

   _____

2. Luaigh dhá cháilíocht nár mhór a bheith ag iarratasóirí.

   (i) _____

   (ii) _____

137

3.   (a)   Cad a chuirfear ar fáil an chéad bhliain?

_____

(b)   Cén obair a bheidh ar siúl ag an té a cheapfar tar éis na chéad bhliana?

_____

FÓGRA A TRÍ

1.   Cé a osclóidh an tIonad Spóirt seo amárach?

_____

2.   Luaigh dhá eagraíocht a bhfuarthas cabhair airgid uathu chun é a thógáil.

(i)   _____

(ii)   _____

3.   (a)   Cad a dúirt an t-urlabhraí faoi mhuintir Dhún na nGall?

_____

(b)   Cad a deirtear faoi dhaltaí scoile san fhógra seo?

_____

CUID B

Cloisfidh tú *trí cinn* de chomhráite sa chuid seo. Cloisfidh tú gach comhrá díobh **trí huaire**. Cloisfidh tú an comhrá ó thosach deireadh an chéad uair. Ansin cloisfidh tú é ina *dhá mhír*. Beidh sos le scríobh na bhfreagraí tar éis gach míre díobh. Ina dhiaidh sin cloisfidh tú an comhrá ó thosach deireadh arís.

COMHRÁ A hAON

An Chéad Mhír

1.   Cén obair atá ar siúl ag Eibhlín an samhradh seo?

_____

2.   Cén cúrsa a dhéanfaidh sí tar éis na hArdteistiméireachta?

_____

3. Cén buntáiste atá ag baint leis an obair atá ar siúl aici di, dar léi?

    _____

An Dara Mír

1. Cén bhaint atá ag aintín Phádraig leis an stáisiún raidió seo?

    _____

2. Luaigh dhá chineál oibre a dhéanann Pádraig i seomra na nuachta.

    (i)   _____
    (ii) _____

COMHRÁ A DÓ

An Chéad Mhír

1. Cén post atá ag Síle?

    _____

2. (a) Cén fáth nach féidir labhairt leis an gCeannasaí anois díreach?

        _____

    (b) Cén t-ábhar atá á phlé leis an Aire inniu?

        _____

3. Cén fáth a bhfuil Breandán ag iarraidh labhairt le Ceannasaí TG4?

    _____

An Dara Mír

1. Cén fáth arbh éigean do Bhreandán an teilifís a mhúchadh?

    _____

2. Luaigh dhá phointe eolais faoin Sheán.

    (i)   _____
    (ii) _____

3. Cén toradh a bheidh ar litir Bhreandáin chuig an Aire, dar leis?

    _____

COMHRÁ A TRÍ

An Chéad Mhír

1. Breac síos an dá thinneas atá ar Bhrian Ó Domhnaill.

    (i) _____

    (ii) _____

2. Cén fáth nach raibh sé ábalta an gluaisteán a stiúradh?

    _____

An Dara Mír

1. Cén cúrsa a bhí ar intinn aige a dhéanamh an Fómhar seo?

    _____

2. Cad a deir na dochtúirí faoi Bhrian agus an staidéar?

    _____

3. Cén fáth a ndúirt Eoghan go raibh an scéal 'níos measa ná sin'? (Tá dhá fháth leis.)

    _____

CUID C

Cloisfidh tú *trí cinn* de phíosaí nuachta raidió/teilifíse sa chuid seo. Cloisfidh tú gach píosa díobh **faoi dhó**. Beidh sos le scríobh na bhfreagraí tar éis na chéad éisteachta *agus* tar éis an dara héisteacht.

PÍOSA A hAON

1. Cén t-ainm atá ar an eagraíocht a bhronn na duaiseanna ar Niamh?

    _____

2. (a) Cad iad na duaiseanna a fuair sí?

        _____

    (b) Cén fáth ar bronnadh na duaiseanna sin uirthi?

        _____

PÍOSA A DÓ

1. Cad atá ar siúl in Óstán Bhá Charna faoi láthair?

    _____

2. (a) Cé a chuir an scoil a luaitear sa phíosa seo ar bun?

    _____

    (b) Cén bhaint atá ag Cathal Ó Máille leis an scoil?

    _____

3. Luaigh téama amháin atá ag baint leis an rud atá ar siúl san óstán.

    _____

PÍOSA A TRÍ

1. Ainmnigh rud amháin a ndíríonn an iris seo air.

    _____

2. Cad a deirtear faoi na grianghrafanna atá le feiceáil san iris seo?

    _____

3. Cad leis a mbeifear ag súil sa chéad eagrán eile den iris seo?

    _____

2001 Tapescript

Léigh anois go cúramach ar do scrúdpháipéar na treoracha agus na ceisteanna a ghabhann le Cuid A.

FÓGRA A hAON

Seo fógra ó TG4. Beidh an clár teilifíse '90 Soicind' ar siúl oíche Dé Céadaoin seo chugainn ag tosú ar a seacht a chlog. 'Sé Tomás Ó Brannagáin a chuirfidh an clár seo i láthair. Triúr iarrthóirí a bheidh ag freagairt na gceisteanna gach oíche. An phríomhdhuais atá le buachaint ná saoire coicíse a chaitheamh in áit álainn thar lear. Más spéis leat a bheith páirteach sa chlár seo níor mhór glaoch ar léiritheoir an chláir ag 01 234765.

FÓGRA A DÓ

An bhfuil suim agat i bpost mar Leabharlannaí? Má tá cuir foirm iarratais chugamsa—An Príomhleabharlannaí, Comhairle Chontae na Gaillimhe—roimh an séú lá de Mheitheamh. Caithfidh teastas ollscoile sa leabharlannaíocht, taithí shásúil ag obair i leabharlann agus ardchaighdeán Gaeilge a bheith agat. Beidh tú ag obair i nGaillimh an chéad bhliain—áit a gcuirfear traenáil chuimsitheach ar fáil. Ina dhiaidh sin beidh tú ag obair i gceithre cinn de na leabharlanna atá i nGaeltacht Chonamara. Fiche míle punt an tuarastal atá i gceist.

FÓGRA A TRÍ

Fosclóidh an tAire Tuarasóireachta agus Spóirt ionad nua spóirt i Leitir Ceanainn amárach. Tógadh an t-ionad seo le cabhair airgid ó Chomhairle Spóirt na hÉireann, ón gCrannchur Náisiúnta agus ó Údarás na Gaeltachta. Chosain an foirgneamh trí mhilliún punt. Dúirt urlabhraí ón ionad go bhfuil siad ag súil go mbainfidh muintir Dhún na nGall úsáid an-mhaith as na háiseanna ann. Caoga punt sa bhliain an táille a íocfaidh daoine fásta ach ní bheidh tada le híoc ag daltaí scoile.

Léigh anois go cúramach ar do scrúdpháipéar na treoracha agus na ceisteanna a ghabhann le Cuid B.

COMHRÁ A hAON

A Eibhlín, an bhfuil post samhraidh faighte fós agat?
—Tá, a Phádraig. Táim ag obair in Ospidéal Naomh Séamas i gCorcaigh.
Cad a bhíonn ar siúl agat ansin?
—Bím ag freastal ar na hothair atá an-sean agus an-tinn sna bardaí ar an 3ú hurlár.
Uth! Conas a thaitníonn sé sin leat?
—Ó, is breá liom é. Táim chun cúrsa leighis a dhéanamh i gColáiste na Tríonóide tar éis na hardteistiméireachta mar ba mhaith liom a bheith i mo dhochtúir.
Ó, go maith.
—Agus tá taithí iontach á fáil agam ar obair dochtúra san ospidéal seo.
Ag obair le Raidió an Daingin atáim féin.
—Wow! Conas a d'éirigh leat é sin a fháil?
Tá m'aintín ina cathaoirleach ar bhord bainistíochta an stáisiúin raidió agus is dócha gur chabhraigh sé sin liom.
—Bí cinnte de! Cad a bhíonn ar siúl agat ann?
Ag obair i seomra na Nuachta a bhím. Bíonn orm an nuacht áitiúil a bhailiú i dtosach, í a aistriú go Gaelainn ansin agus ina dhiaidh sin í a chlóscríobh don léitheoir nuachta.

COMHRÁ A DÓ

Heileo.

—Síle anseo, an t-oifigeach caidreamh poiblí.

Breandán Ó Sé anseo. Tá mé ag iarraidh labhairt le Pól Ó Gallchóir, Ceannasaí TG4, go beo!

—Ní féidir. Tá sé ag cruinniú i nGaillimh faoi láthair.

Is cuma liom.

—Tá aiféala orm ach tá cruinniú práinneach aige leis an Aire faoi chúrsaí airgeadais agus ní féidir cur isteach air. An féidir liomsa cabhrú leat?

Is mian liom gearán a dhéanamh leis faoin gclár brocach salach sin *Ros na Rún* a bhí ar siúl tráthnóna inniu.

—*Ros na Rún?*

Bhí mé féin agus mo mhac Seán ag féachaint air. Anois, níl Seán ach seacht mbliana déag agus is dalta Ardteistiméireachta é i gColáiste Mhuire. Bhí orm an teilifís a mhúchadh sa gcaoi nach bhfeicfeadh sé a leithéid de shalachar.

—Cén salachar?

Nach bhfaca tú na rudaí uafásacha a bhí ar siúl ag an mbeirt sin tráthnóna?

—Ní fhaca mise aon salachar air.

Á, mar a chéile ar fad sibh. Maidin amárach tá mise chun litir a scríobh chuig an Aire Síle de Valera. Sin í an cailín a chuirfidh deireadh leis an salachar seo. Slán.

COMHRÁ A TRÍ

A Nóra, ar chuala tú go bhfuil Brian Ó Domhnaill san ospidéal i Sligeach?

—Ó, a Eoghain, níor chuala, cad é atá air?

Tá a chloigeann gortaithe go han-dona agus tá a chos briste i dtrí áit.

—Agus cad é mar a tharla sé sin dó?

Bhí timpiste ghluaisteáin aréir aige ar an bhóthar go Gaoth Dobhair.

—Dúirt m'athair go raibh an bóthar an-dainséarach aréir.

Is cosúil go raibh Brian ag tiomáint an-ghasta timpeall an choirnéil. Bhí leac oighir ar an phíosa sin den bhóthar agus ní raibh sé ábalta an gluaisteán a stiúradh dá bharr agus bhuail sé faoi chlaí ard.

—Ní bheidh sé ábalta dul go dtí Ollscoil Bhaile Átha Cliath mar sin chun cúrsa innealtóireachta a dhéanamh.

Huh. Dúirt na dochtúirí go dtógfadh sé dhá bhliain ar a laghad sula mbeadh sé ábalta staidéar a dhéanamh.

—Ó, an créatúr bocht!

Ach tá an scéal níos measa ná sin. Dúradh go raibh sé ar meisce agus é ag tiomáint agus tá na Gardaí ag iarraidh labhairt leis faoi na taibléidí *ecstasy* a bhí sa charr aige.

PÍOSA A hAON

Ócáid speisialta a bhí i gColáiste na nGardaí Síochána sa Teampall Mór aréir nuair a bhronn an eagraíocht Stáit—Foras na Gaeilge—duais ar an nGarda Niamh Nic Thaidhg. Bronnadh bonn airgid agus scoláireacht i gceantar Gaeltachta uirthi. Bronnadh iad seo uirthi mar gurb í Niamh an scoláire is mó a léirigh suim sa Ghaeilge le linn chúrsa oiliúna na nGardaí. As an Muileann gCearr di ó dhúchas ach tá sí ag obair mar Gharda sa stáisiún Gardaí i gCluain Meala faoi láthair.

PÍOSA A DÓ

Tá taispeántas ealaíne ar siúl in Óstán Bhá Charna faoi láthair. Caoga pictiúr atá ar taispeáint ann a rinne na mná atá ag freastal ar Scoil Ealaíne Charna. Dhá bhliain ó shin chuir daoine as ceantar Charna, a raibh spéis acu tabhairt faoin bpéintéireacht, Scoil Ealaíne Charna ar bun. Eagraíonn an scoil cúrsaí péintéireachta i rith na bliana agus is é an t-ealaíontóir cáiliúil, Cathal ó Máille, atá i mbun teagaisc. Radharcanna tíre Chonamara agus nósanna beatha Ghaeltacht Chonamara na téamaí is mó atá sna pictiúir.

PÍOSA A TRÍ

Sheol an t-iriseoir, Eoghan Mac Aoidh, iris nua faisin i mBaile Átha Cliath aréir. Díríonn an iris seo ar an héadaí faiseanta a chaitheann mná na hÉireann agus ar chúrsaí áilleachta. Tá altanna breátha inti a bhaineann le faisean na bhfear fosta. 150 leathanach atá san iris agus grianghrafanna atá ar chaighdeán an-ard ar gach leathanach díobh. Taitneoidh na haltanna faoi réaltaí scannáin agus teilifíse go mór le daoine óga. Táthar ag súil go mbeidh níos mó le feiceáil faoin tionscal dúchasach faisin sa chéad eagrán eile.

Scrúdú na hArdteistiméireachta, 2000

Gaeilge Ardleibhéal
Triail Chluastuisceana (100 marc)

CUID A

Cloisfidh tú *trí cinn* d'fhógraí raidió sa Chuid seo. Cloisfidh tú gach fógra díobh **faoi dhó**. Beidh sosanna le haghaidh na bhfreagraí tar éis na chéad éisteachta *agus* tar éis an dara héisteacht.

FÓGRA A hAON

1. (a) Cad a bheidh ar siúl oíche Dé Céadaoin seo chugainn?

    _____

    (b) Cén áit a mbeidh sé ar siúl?

    _____

2. Cén dream atá á eagrú?

    _____

3. (a) Cé mhéad airgid atá á lorg acu?

    _____

    (b) Cad chuige an t-airgead seo?

    _____

FÓGRA A DÓ

1. (a) Cén post atá i gceist?

    _____

    (b) Cén áit a seolfar na hiarratais?

    _____

2. Luaigh dhá cháilíocht nár mhór a bheith ag na hiarratasóirí.

    (i) _____

    (ii) _____

3. Breac síos ábhar amháin cainte a bheidh á phlé ag déagóirí.

    _____

FÓGRA A TRÍ

1. Cén t-ainm atá ar an stáisiún raidió seo?

    _____

2. Luaigh dhá rud a bheidh á gceiliúradh ag an stáisiún seo Déardaoin seo chugainn.

(i) _____

(ii) _____

3. (a) Cé air a ndéanann an stáisiún seo freastal?

_____

(b) Cé mhéad uair an chloig sa tseachtain a chaitear le craoladh beo?

_____

CUID B

Cloisfidh tú *trí cinn* de chomhráite sa chuid seo. Cloisfidh tú gach comhrá díobh **trí huaire**. Cloisfidh tú an comhrá ó thosach deireadh an chéad uair. Ansin cloisfidh tú é ina *dhá mhír*. Beidh sos le haghaidh scríobh na bhfreagraí tar éis gach míre díobh. Ina dhiaidh sin cloisfidh tú an comhrá ó thosach deireadh arís.

COMHRÁ A hAON

An Chéad Mhír

1. Cén t-ainm atá ar an gcáilíocht atá ag Seán?

_____

2. Cá bhfuair sé an cháilíocht sin?

_____

3. Cén taithí a fuair sé an bhliain seo caite?

_____

An Dara Mír

1. Cén post a thaitneodh le Máire?

_____

2. Luaigh an dá cháilíocht atá riachtanach don phost áirithe sin.

(i) _____

(ii) _____

COMHRÁ A DÓ

An Chéad Mhír

1. Cén scrúdú a rinne Maidhc inniu?

   _____

2. Cén chaoi ar éirigh leis sa scrúdú sin?

   _____

3. (a) Cén fáth a bhfuil náire air?

   _____

   (b) Cad go díreach a tharla i Sráid na Siopaí inniu?

   _____

An Dara Mír

1. Cén t-eolas atá ag Cáit nach bhfuil ag Síle?

   _____

2. (a) Cén fáth ar thóg sé na súile den bhóthar?

   _____

   (b) Cén damáiste a rinneadh?

   _____

3. Cén mhí-thuiscint a bhí ar Mhaidhc?

   _____

COMHRÁ A TRÍ

An Chéad Mhír

1. Breac síos an dá rud a chuala Nóra faoin gcéad chathair a dtabharfaidh sí cuairt uirthi.

   (i) _____

   (ii) _____

2. Cén fáth 'speisialta' a bheidh aici dul ansin?

   _____

An Dara Mír

1. Cén bhaint atá ag an dara cathair le reathaí as Éirinn?

    _____

2. Cén fáth a rachaidh sí go dtí an dara cathair sin?

    _____

3. Luaigh rud amháin a bheidh ar siúl aici nuair a bheidh sí san áit sin.

    _____

CUID C

Cloisfidh tú *trí cinn* de phíosaí nuachta raidió/teilifíse sa chuid seo. Cloisfidh tú gach píosa díobh **faoi dhó**. Beidh sosanna le haghaidh scríobh na bhfreagraí tar éis na chéad éisteachta *agus* tar éis an dara héisteacht.

PÍOSA A hAON

1. Cén bhaint atá ag Bord na Gaeilge leis an gcomórtas seo?

    _____

2. (a) Cad a bheidh le déanamh ag daltaí iarbhunscoile chun cur isteach ar an gcomórtas?

    _____

    (b) Cad iad na duaiseanna a bheidh le buachan?

    _____

PÍOSA A DÓ

1. (a) Cad a osclaíodh go hoifigiúil inné?

    _____

    (b) Cén fáth ar tógadh é?

    _____

2. Cén t-ainm atá ar an eagraíocht a raibh baint mhór acu leis an bhforbairt seo?

    _____

3. Cén bhaint atá ag an duine a rinne an oscailt oifigiúil leis an oileán seo?

    _____

PÍOSA A TRÍ

1.   Cén fáth ar tugadh an cailín seo os comhair na cúirte inné?

   _____

2.   Cad a bhí ar siúl aici Oíche Shamhna, dar leis an nGarda?

   _____

3.   Cad a rinne sí nuair a rug an Garda uirthi?

   _____

2000 Tapescript

FÓGRA A hAON

Seo fógra faoi dhíolachán earraí a bheidh ar siúl san Ionad Pobail oíche Dé Céadaoin seo chugainn, ag tosú ar a leathuair tar éis a seacht. i measc na rudaí a bheidh ar díol ann beidh téacsleabhair, caiséid cheoil, dlúthdhioscaí, físeáin agus éadaí faiseanta. Coiste Tuismitheoirí na Pobalscoile atá á eagrú seo agus ba mhaith leo cúig mhíle punt a bhailiú chun ríomhairí agus bogearraí nua a cheannach don Phobalscoil. B'fhiú go mór dul ann.

FÓGRA A DÓ

An bhfuil suim agat i bpost mar láithreoir ar chlár raidió a chraolfar sa bhFómhar? Bhuel, má tá Gaeilge líofa agat agus tuiscint mhaith agat ar dhéagóirí, cuir d'iarratas chuig: An Rannóg Phearsanra, Raidió na Gaeltachta, Conamara. B'fhéidir gur tú a bheas mar láithreoir ar an gclár nua, Cead Cainte, a mbeidh déagóirí ag caint faoi na fadhbanna atá acu, faoi chúrsaí ceoil agus faisin agus faoi imeachtaí a mbeadh spéis ag déagóirí iontu. Bígí ag scríobh!

FÓGRA A TRÍ

Beidh ceolchoirm cheiliúrtha ar siúl sa chlub oíche SULT Déardaoin an t-ochtú lá déag de mhí na Samhna. Beidh Raidió na Life ag ceiliúradh dhá rud an oíche sin— sé bliana a bheith caite acu ar an aer agus ceadúnas nua craoltóireachhta a bheith díreach faighte acu. Stáisiún pobail é an stáisiún raidió seo a dhéanann freastal ar Ghaeilgeoirí Bhaile Átha Cliath. Tuairim is 20,000 duine a bhíonn ag éisteacht leis gach lá agus bíonn sé ag craoladh beo seasca uair an chloig sa tseachtain.

COMHRÁ A hAON

A Sheáin, an bhfaca tú na postanna atá fógartha ag POP TV don chlár Ó BHUN GO BARR, an clár ceoil ar TG4?

—Ní fhaca. Cén sórt postanna atá fógartha acu?

Tá teicneoirí, taighdeoirí agus láithreoirí ag teastáil uathu.

—Ó, ba bhreá liomsa post mar theicneoir. Tá teastas do theicneoirí faighte agam ón Institiúid Teicneolaíochta i dTrá Lí.

Agus bhí tú ag obair i siopa teilifíseán agus ríomhairí anuraidh. Tá taithí agat ar ríomhairí agus ar fhíseáin a dheisiú dá bharr.

—Cad fútsa, a Mháire? An bhfuil tusa chun cur isteach ar phost éigin acu?

Táim. Thaitneodh post mar thaighdeoir liom. Is breá liom leabhair faoi chúrsaí ceoil agus faoi cheoltóirí a léamh.

—An bhfuil cáilíochtaí ag teastáil uait don bpost sin?

Bhuel, tá saineolas ar chúrsaí popcheoil agus scileanna riaracháin riachtanach. Nár dhein tusa cúrsa riaracháin oifige le hÚdarás na Gaeltachta anuraidh?

Dhein mé. Ach caithfimid deifir a dhéanamh.

—Cad ina thaobh?

Caithfidh na foirmeacha iarratais a bheith ag POP TV roimh an bhfichiú lá de Mheitheamh.

COMHRÁ A DÓ

A Mhaidhc, cén chaoi ar éirigh leat sa scrúdú tiomána maidin inniu?

—Níor éirigh liom, a Cháit—rinne mé baileabhair dhe. Ach tá náire orm faoi rud amháin . . .

Ó?

—Bhí timpiste agam.

Ó, a Thiarna!

—Ag tiomáint síos Sráid na Siopaí i nGaillimhe, nár bhuail mé faoi charr eile a bhí romham!

Cén chaoi a tharla sé sin?

—Nach bhfaca mé Síle Nic Mhathúna ar an tsráid!

Sin í an cailín rí-álainn sa séú bliain a bhfuil tú i ngrá léi ach nach bhfuil a fhios ag Síle é sin.

—Is í. Tháinig meangadh álainn uirthi nuair a chonaic sí mé agus sméid sí orm.

Agus?

—Thóg mé mo shúile den bhóthar chun breathnú i gceart uirthi nuair a chuaigh mé isteach glan i dtóin an chairr a bhí romham.

An ndearna tú mórán damáiste?

—Bhris mé na soilse cúil ar fad agus lúb mé an roth deiridh, ach tá an scéal níos measa.

Tuige?

—Athair Shíle a bhí sa gcarr romham. Bhí míthuiscint orm—ní ormsa a sméid Síle ach ar a hathair.

COMHRÁ A TRÍ

Chuala mé go bhfuil tú chun cúpla mí a chaitheamh san Astráil ar laethanta saoire, a Nóra.

—An tseachtain seo chugainn beidh mé i dtír na gcangarúnna. Tá mé chun cuairt a thabhairt ar chathair Sydney ar dtús. Chuala mé go bhfuil an chathair sin an-ghlan agus go bhfuil muintir Sydney an-chairdiúil.

Is dóigh go rachaidh tú chuig na Cluichí Oilimpeacha ansin.

—Cinnte! Ach is é an fáth speisialta atá agam a dhul ann ná chun mo chara Éadaoin Ní Challaráin as an Spidéal a fheiceáil ag iomaíocht sa chomórtas kayacadóireachta.

An bhfanfaidh tú i Sydney an t-am ar fad?

—Ní fhanfaidh; rachaidh mé chuig cathair Melbourne ina dhiaidh sin.

Ó, sin í an chathair inar bhuaigh Ronnie Delaney—an reathaí cáiliúil as Éirinn—bonn óir sna Cluichí Oilimpeacha i 1956. Ach cén fáth a rachaidh tú go Melbourne?

—Bhuel, tá uncail agus col ceathracha agam ann agus ba mhaith liom cuairt a thabhairt orthu. Tá monarcha troscáin acu ann. Táirgeann siad troscán oifige. An rachaidh tusa ag obair ann?

—Ní rachaidh, leoga: ag spaisteoireacht nó ag déanamh bolg le gréin a bheidh mise!

PÍOSA A hAON

Dé Céadaoin seo caite sheol an tAire Oideachais agus Eolaíochta comórtas do dhaltaí iarbhunscoile. *Aon Scéal?* an t-ainm atá ar an gcomórtas seo a bhfuil Bord na Gaeilge ag déanamh urraíochta air. Beidh ar ghrúpaí de dhaltaí iarbhunscoile dráma an-ghearr a scríobh bunaithe ar an sobalchlár *Ros na Rún* a léirítear ar TG4. Ceamairí agus lá a chaitheamh san áit ina ndeintear *Ros na Rún* na duaiseanna atá le buachtaint.

PÍOSA A DÓ

In Inis Meáin, Árainn, inné, d'oscail Gráinne Seoige ó Nuacht TV3 Óstán Inis Meáin go hoifigiúil. Tógadh an t-óstán seo, an t-aon óstán ar an oileán, chun freastal ar ghnó na turasóireachta san oileán. Bhí baint mhór ag Comharchumann Inis Meáin leis an bhforbairt seo. D'eagraigh Bernadette Ní Fhlatharta, úinéir an óstáin, seisiún mór ceoil agus amhránaíochta don oíche aréir. Tá dlúthbhaint ag Gráinne Seoige leis an oileán seo mar tá gaolta léi ina gcónaí ann.

PÍOSA A TRÍ

Tugadh cailín, fiche bliain d'aois, os comhair na cúirte i Leitir Ceanainn inné mar gheall ar dhrugaí a bheith ina seilbh aici. Dúirt Garda sa chúirt go bhfaca sé í ag díol drugaí le daoine óga taobh amuigh de chlub óige Oíche Shamhna. Nuair a rinne sé iarracht í a ghabháil rith sí isteach i leithreas na mban agus amach trí chúlfhuinneog ann. Nuair a rug sé uirthi, thóg sí scian amach as a mála agus rinne sí iarracht é a mharú. Leanfar leis an gcás inniu.

Páipéar 2

The answering of prose and poetry questions at Leaving Certificate Higher level is a specialised affair requiring a specialised vocabulary. Many pupils fail to reach their potential in this part of the exam because they have not acquired the type of vocabulary necessary for achieving high grades. I include, as an introduction to this part of this revision book, a fairly comprehensive vocabulary that should enable you to approach this section with much more confidence.

Be sure to
—learn the appropriate words and expressions, and
—practise them at school, doing homework, and during school exams.

Téarmaí speisialta

téama [*theme*]: what the subject matter of the poem or story is.

saghas dáin nó scéil [*the type of poem or story*]: aoir [*satire*], caoineadh [*lament*], grá [*love*] …

mothúcháin [*feelings, emotions*]: grá, uaigneas, brón, éad [*jealousy*], fuath [*hate*], eagla …

íomhá, íomhánna [*image, images*]: imagery.

stíl [*style*]: gonta [*sharp*], simplí [*simple*], ársa [*old-fashioned*], nua-aimseartha [*modern*], casta [*complicated, convoluted*] …

meadaracht [*metre*]: saorvéarsaíocht [*blank verse*], trí rann agus amhrán …

léirmheas [*review, appraisal*]: an appraisal of a poem or story—not intended to be a summary or description. In this kind of question you should try to analyise why, for example, it is a good or bad poem or story.

Prós agus Filíocht don Scrúdú ó 2006 ar aghaidh

Mhol an Coiste Cúrsa gur mar seo thíos a bheadh an cúrsa próis agus filíochta ag an Ardleibhéal don scrúdú ó **2006** ar aghaidh. Maidir leis an gcúrsa **comónta don Ghnáthleibhéal agus don Ardleibhéal**, beidh rogha idir **cúrsa ainmnithe próis** agus **cúrsa roghnach próis**, agus beidh rogha idir **cúrsa ainmnithe filíochta** agus **cúrsa roghnach filíochta**.

AN CÚRSA PRÓIS

An Cúrsa Ainmnithe Próis
Seo a leanas na téacsanna don chúrsa ainmnithe próis ag an n**Gnáthleibhéal** **agus** ag an **Ardleibhéal**.

(i) **An Cearrbhach Mac Cába**
Scéal béaloidis (go huile)

(ii) **Coileach Ghleann Phádraig**
Gearrscéal (go huile)
nó
An Bhean Óg
Gearrscéal (go huile)

(iii) **Lig Sinn i gCathú**
Giota as úrscéal

(iv) **Fiche Bliain ag Fás**
Giota as dírbheathaisnéis

(v) **Lá Buí Bealtaine**
Dráma
nó
Clare sa Spéir
Scannán 30 nóiméad

An Cúrsa Roghnach Próis

Candidates may choose to study a **'cúrsa roghnach próis'** instead of the **'cúrsa ainmnithe próis'**. There will be a choice of sets of questions for both on the examination paper, and you may choose to answer either.

An tÁbhar Roghnach: Treoir

Is den riachtanas é go gcloífí leis na treoracha seo a leanas maidir le hábhar agus le téacsanna cuí á roghnú.

An tÁbhar Roghnach: Prós—Gnáthleibhéal agus Ardleibhéal

Agus téacsanna oiriúnacha próis á roghnú ba chóir na critéir seo a leanas a chur san áireamh.

(i) *Cineálacha*
Cúig ghiota próis agus ceann amháin díobh ag freagairt do gach ceann ar leith de na cineálacha (i) go (v) thíos:

(i) **Sliocht béaloidis**

(ii) **Gearrscéal**

(iii) **Giota as úrscéal**

(iv) **Giota as dírbheathaisnéis**

(v) **Dráma (nó giota as) nó Scannán Gaeilge**

(ii) Fad, leibhéal agus caighdeán na teanga san ábhar a roghnaítear. Glactar leis an ábhar próis ainmnithe mar threoir chinnte don ábhar atá le roghnú, maidir le fad (toirt), cineál, leibhéal agus caighdeán na teanga.

(iii) *Téamaí*

Tá sé tábhachtach na critéir seo a leanas a chur san áireamh, maidir le téamaí a roghnú sna giotaí:

- an t-ábhar féin a bheith spéisiúil agus baint a bheith aige le eispéireas na ndaltaí.
- baint a bheith ag na téamaí le topaicí agus le feidhmeanna teanga an tsiollabais.
- meascán d'ábhar trom agus d'ábhar éadrom a bheith i gceist.
- cothromaíocht a bheith idir saothar na mban agus saothar na bhfear.

(iv) **NB** *Ábhar nach bhfuil inghlactha*

- Ní ghlacfar le sliocht ar bith as *Díolaim Próis na Meánteistiméireachta*
- Ní bheidh cead ag iarrthóirí úsáid a bhaint as aistriúchá(i)n. meabhraítear d'iarrthóirí go gcaithfidh gach uile théacs a roghnaítear a bheith ina bhuntéacs Gaeilge.

CÚRSA NA HARDTEISTIMÉIREACHTA: ARDLEIBHÉAL

Maidir leis an *ábhar comónta* don Ghnáthleibhéal agus don Ardleibhéal.

NB Beidh cead ag iarrthóirí tabhairt faoi cheann ar bith de no roghanna seo a leanas:

Rogha 1	**Prós ainmnithe agus filíocht ainmnithe**
	NÓ
Rogha 2	**Prós roghnach agus filíocht roghnach**
	NÓ
Rogha 3	**Prós ainmnithe agus filíocht roghnach**
	NÓ
Rogha 4	**Prós roghnach agus filíocht ainmnithe**

Tugtar faoi deara go bhfuil rogha níos fairsinge i gceist anois d'iarrthóirí maidir leis an ábhar comónta.

PRÓSTÉACS BREISE

Maidir leis an *bPróstéacs Breise*

- Níor mhór d'iarrthóirí Ardleibhéal staidéar a dhéanamh **ar phróstéacs breise ainmnithe <u>NÓ</u> roghnach.**
- **Ní bheidh cead ag iarrthóirí úsáid a bhaint as aistriúchá(i)n, agus meabhraítear d'iarrthóirí go gcaithfidh gach uile théacs a roghnaítear a bheith ina bhuntéacs Gaeilge.**

AN CÚRSA AINMNITHE OR AN CÚRSA ROGHNACH—HOW TO CHOOSE

I'm sure that there are very many students around the country who do not realise that they have a choice of studying a **Cúrsa Ainmnithe** (named course) **or** a **Cúrsa Roghnach** (your own choice of course). This applies to both **prós** and **filíocht**.

The Layout
In answering questions on this part of **Páipéar 2,** it is important for candidates to note that they **now have the following choices.**

The Choices
When answering examination questions **candidates now** have the following **4 choices to choose from:**

Rogha 1   **Prós Ainmnithe agus Filíocht Ainmnithe**
(Choice 1) **OR**
Rogha 2   **Prós Roghnach agus Filíocht Roghnach**
              OR
Rogha 3   **Prós Ainmnithe agus Filíocht Ainmnithe**
              OR
Rogha 4   **Prós Roghnach agus Filíocht Roghnach**

NB. It is important for teachers and students to note that this is a significant change from previous years and that it gives students a much wider choice in this part of the course.

AN CÚRSA AINMNITHE PRÓIS

An Cearrbhach Mac Cába
Coimhlint idir an t-olc agus an mhaith is téama don scéal béaloidis seo. Tá téamaí eile ann freisin: bás, beatha agus clisteacht.

PEARSANA
An Cearrbhach
Réice gan scrúpall ba ea é a bhíodh i gcónaí ag imirt cártaí. Bhí sé an-chliste chomh maith.

Dia
Bhí sé óg agus dathúil agus bhaist sé an leanbh agus thug sé trí achainí don Chearrbhach.

An Bás
Fear an-ghránna a bhí caol agus fada agus bhí ann.

PRÍOMHPHOINTÍ AN SCÉIL

- Bhí an Cearrbhach beo bocht toisc go raibh an-dúil aige sa chearrbhachas agus sna cártaí.
- Chaitheadh sé na laethanta ina chodladh agus bhíodh sé i gcónaí ag imirt cártaí san oíche.
- Nuair a rugadh a mhac bhí sé ag imirt cártaí.
- Nuair a bhí sé ag lorg sagart chun an leanbh a bhaisteadh bhuail sé le Dia.
- Dúirt an Cearrbhach le Dia nach raibh fáilte aige roimhe.
- Ina dhiaidh sin bhuail sé leis an mbás agus chuaigh an triúr acu go dtí a theach.
- Bhaist Dia an leanbh agus bhí an Bás ina athair baistí aige.
- D'iarr an Cearrbhach achainí ar Dhia agus fuair sé trí achainí uaidh.
- Fuair sé bua chearrbhach an domhain agus bua dhochtúirí an domhain.
- Ansin fuair sé achainí eile ón mBás, go mbeadh sé ábalta duine tinn a leigheas ach an Bás a bheith ag cosa na leapa. Ní bheadh sé in ann duine tinn a leigheas dá mbeadh an Bás ag ceann na leapa.
- Thosaigh na Cearrbhach ag imirt cártaí arís agus d'éirigh sé saibhir
- Chuaigh an Cearrbhach go dtí an Spáinn chun fear saibhir a leigheas, ach bhí an Bás ag ceann na leapa.
- Rug an Bás air in áit an fhir a leigheas sé. Gheall an Bás nach dtiocfadh sé ar ais go ceann seacht mbliana. ✗
- Nuair a tháinig an Bás ar ais tar éis na seacht mbliana d'imir an Cearrbhach cleas air agus fuair sé seacht mbliana eile. ✗
- Tháinig an Bás ar ais tar éis na seacht mbliana eile ach d'imigh sé arís nuair a dhiúltaigh an Cearrbhach paidir a rá. ✗
- Chuaigh na seacht mbliana eile thart agus bhuail an Cearrbhach le buachaill óg a dúirt go raibh sé ina dhilleachta. ✗
- Thosaigh an Cearrbhach ag múineadh paidir dó ach d'éirigh an Bás as corp an bhuachalla.
- Mharaigh an Bás an Cearrbhach agus chuaigh an Cearrbhach go hifreann. Bhuaigh sé ar na diabhail ag imirt cártaí agus chuir siad an ruaig air.
- Lig Naomh Peadar isteach sna flaithis é agus chaith an Cearrbhach na cártaí san aer.
- Tá na cártaí céanna le feiceáil ag geataí na bhflaitheas go fóill.

CEISTEANNA

1. Déan plé gairid ar a éifeachtaí, dar leat, is a léirítear an téama sa scéal béaloidis, An Cearrbhach Mac Cába.
2. Maidir leis an scéal béaloidis, An Cearrbhach Mac Cába, luaigh an príomhthéama ann, dar leat, agus déan plé gairid ar an bhforbairt a dhéantar ar an bpríomhthéama sin ó thosach deireadh an scéil.
3. Déan trácht ar a éifeachtaí, dar leat, is a léirítear meon na príomhphearsan sa scéal seo.

Coileach Ghleann Phádraig

TÉAMA
Tá greann mar théama sa ghearrscéal seo. Chomh maith leis sin tá téamaí eile ann: leigheas agus díoltas.

PEARSANA
An Scéalaí
Bean mheánaosta ba ea an scéalaí a raibh go leor taithí aici mar thréadlia. Bhí sí cineálta agus tuisceanach.

Jim
Mac léinn ba ea é a bhí ag fáil taithí oibre.

Sally Tom Mhóir
Bean chainteach a chuireann go mór leis an ngreann sa scéal.

Oisín (Coileach Ghleann Phádraig)
Éan breá, bríomhar ba ea an Coileach a bhuaigh bonn óir i Seó an Earraigh.

'An Coilichín' (Fear céile Sally Tom)
Duine cúlánta ciúin ar thaitin príobháideachas leis.

PRÍOMHPHOINTÍ AN SCÉIL
- Bhí clú agus cáil ar choileach Ghleann Phádraig a bhí ábalta fiche cearc a shásamh gan stró.
- Thug lucht an tábhairne bualadh bos do Sally Tom agus mhol siad **Oisín**. Bhuaigh **Oisín** bonn óir i Seó an Earraigh.
- Bhí díomá ar an **Coilichín** mar go raibh cuma lag ar **Oisín**. Thosaigh na fir óga ag magadh faoi.
- Bhí fear óg, **Jim**, ag cabhrú leis an **Scéalaí**, ach ní raibh eolas praiticiúil aige. Ní raibh **Jim** ábalta fáil amach cad a bhí cearr leis an éan.
- Cheap **Sally Tom Mhóir** go ndearna duine éigin dochar don éan.
- Dúirt an **Coilichín** gur mallacht Naomh Pádraig a bhí ar an éan ach níor chreid **Sally Tom** scéal na mallachta ach gur víreas a bhí ar an éan.
- Mhol an **Scéalaí** do **Sally Tom** agus dá céile **Oisín** a choinneáil ina seomra codlata.
- Cheap **Sally Tom** go raibh **Oisín** lag mar gur tugadh nimh dó.
- D'aontaigh **An Scéalaí** agus **Sally Tom** gur thug an **Coilichín** an nimh dó.

CEISTEANNA
1. Cén carachtar is mó a raibh bá agat leis/léi sa ghearrscéal seo? Mínigh cén chaoi ar éirigh leis an údar do chomhbhá leis an carachtar sin a spreagadh.

2. Déan plé **gairid** ar a éifeachtaí, dar leat, is a léirítear an greann sa ghearrscéal seo.

3. Maidir leis an ngearrscéal thuas déan plé **gairid** ar do rogha **dhá cheann** de na ceannteidil seo a leanas:

   (i) buntéama an ghearrscéil

   (ii) críoch an ghearrscéil

   (iii) an ghné den ghearrscéil is mó a chuaigh i bhfeidhm ort.

An Bhean Óg

TÉAMA

Is é téama an ghearrscéil seo ná saol simplí na mbochtán agus an t-uaigneas agus an t-éadóchas a bhí ag baint le saol an bhean óg. *ná mná óige*

PEARSANA

An Bhean Óg

Bhí sí óg agus dílis ach bhí sí beo bocht. Bhí saol suarach, cráite aici agus bhí sí i gcónaí tuirseach agus lag.

An Fear Céile

Níl mórán eolas sa scéal faoi ach amháin go raibh sé éirimiúil agus intleachtúil.

An Cailín Óg

Cailín deas, cliste. B'aoibhinn léi bheith ag súgradh cois farraige.

An Gasúr Óg

Bhí sé níos óige agus bhí a mháthair ag ceapadh go raibh sé simplí. Ní raibh caint aige.

PRÍOMHPHOINTÍ AN SCÉIL

- Théadh an bhean óg agus a leanaí cois farraige go luath gach lá.
- Fad a bhí na páistí ag súgradh cois farraige rinne sí iarracht an leabhar 'The Co-operative Movement in Great Britain' a léamh.
- Bhí an-spraoi ag na páistí san uisce agus rinne sí a lán cainte leo.
- Bhí sí ag iarraidh a n-intinn a spreagadh.
- Ba stróinséir sa cheantar í agus ní raibh cairde aici.
- Níor chreid sí i nDia.
- Níor thaitin obair an tí léi agus ní raibh cócaireacht nó fuáil go ró-mhaith aici.
- Bhí an bhean óg tuirseach agus lag ach bheadh uirthi béile blasta a ullmhú agus an teach a bheith glan néata nuair a thiocfadh a fear céile abhaile um thráthnóna.
- Ach bhí sí dílis dó cé gur bheag dóchas a bhí aici.

CEISTEANNA

1. Déan plé **gairid** ar a éifeachtaí, dar leat, is a léirítear téama an éadóchais sa ghearrscéal seo.
2. 'Is géar an tuiscint d'aigne na mban a léirítear sa scéal **An Bhean Óg**'. Déan plé **gairid** air sin.
3. 'Tá tuiscint an-mhaith ag an údar, ar mheon an bhean óg sa ghearrscéal seo'. Déan plé **gairid** air sin.
4. Cad iad na tréithe a léiríonn an bhean óg, dar leat? Déan plé **gairid** ar a éifeachtaí is a léirítear na tréithe sin sa scéal **An Bhean Óg.**

Lig Sinn i gCathú

TÉAMA
Tá saol an mhic léinn, díoltas, greann agus an óige mar théamaí sa sliocht seo.

PEARSANA
Máirtín Ó Méalóid
Bhí scoláireacht ag Máirtín ach níor theastaigh uaidh bheith ag staidéar. Ní raibh meas aige ar an údarás.

Pádraic Puirséal (An Púca)
Fear mór ramhar a raibh an iomarca dúil aige san ól ba ea **An Púca**. Bhí easaontas idir é féin agus an garraíodóir.

An Garraíodóir
Fear taghdach, lasánta ba ea é. Chuir sé an dlí ar an **bPúca**.

An Sparánaí (Balor)
Bhí guth ard gairgeach aige agus níor thaitin Máirtín leis.

An Monsignor De Bláca
Leachtóir sóisearach le Breatnais ba ea é nach raibh mórán spéise aige sa choláiste ná sa scoláireacht.

An tEaspag (the Bishop)
Fear cliste glic ba ea an tEaspag.

PRÍOMHPHOINTÍ AN SCÉIL
* Bhí scoláireacht ag Máirtín Ó Méalóid san ollscoil ach níor bhac sé leis na léachtanna.
* Nuair a bhí sé ag iarraidh seic scoláireachta a fháil ón gcoláiste bhuail sé le Pádraic Puirséal, an doirseoir.
* D'éirigh easaontas idir Pádraig Puirséal (An Púca) agus an garraíodóir.

159

- Chuir an garraíodóir an dlí ar An Púca.
- Fuair an tAthair De Bláca post mar léachtóir sóisearach le Breatnais agus roinnt blianta ina dhiaidh sin toghadh é ina uachtarán ar an gcoláiste.
- Bhí Máirtín i dtrioblóid sa choláiste mar go raibh sé as láthair ó na léachtanna go minic. Dá bhrí sin thug an sparánaí íde béil dó.
- Thug an sparánaí an seic do Mháirtín agus amach an doras leis gan focal eile a rá.

CEISTEANNA
1. Maidir leis an sliocht as **Lig Sinn i gCathú** déan plé **gairid** ar an pháirt a ghlacann Máirtín Ó Méalóid sa sliocht agus ar thábhacht a charachtair.
2. Déan plé **gairid** ar théama na coimhlinte san úrscéal **Lig Sinn i gCathú**.
3. Cén léargas a thugtar dúinn ar chumhacht na hEaglaise sa sliocht seo?

Fiche Bliain Ag Fás

TÉAMA
Tá téamaí éagsúla sa sliocht seo. An óige an téama is mó ach tá an greann agus an seansaol mar théamaí eile sa sliocht.

PEARSANA
Muiris (an scéalaí)
Buachaill bríomhar, fuinniúil. Chomh maith leis sin bhí sé glic agus rúnmhar. Saghas rógaire agus cleasaí a bhí ann.

Tomás
Rógaire eile ach ní raibh sé chomh cliste is a bhí an scéalaí.

Bean an Tí Tábhairne
Ní raibh sí ró-dheas agus ní raibh sí stuama. Thug sí an iomarca piontaí do na buachaillí cé go raibh siad an-óg.

PRÍOMHPHOINTÍ AN SCÉIL
- Chuaigh Muiris agus Tomás go rásaí Fionntrá. Bhí cúig scilling déag an duine acu agus chuaigh siad go dtí teach an óil.
- Tar éis cúpla pionta d'éirigh Tomás seafóideach agus tháinig an tonn taoscach (begin to vomit) ar Mhuiris.
- Bhí Tomás caoch ar meisce istigh sa bheár.
- Chuir Muiris ina luí air an beár a fhágáil agus tháinig an tonn taoscach ar Thomás freisin.
- Bhí siad ceart go leor ansin agus chuaigh siad ar ais go dtí na rásaí.

CEISTEANNA

1. 'Is cumasach an léiriú a dhéantar ar an gcaidreamh idir Muiris (an scéalaí) agus Tomás sa sliocht as an ndírbheathaisnéis, Fiche Blian ag Fás'. Déan plé **gairid** air sin.

2. Maidir leis an dírbheathaisnéis, Fiche Blian ag Fás, luaigh an príomhthéama atá ann, dar leat, agus déan plé **gairid** ar an bhforbairt a dhéantar ar an bpríomhthéama sin ó thosach deireadh an tsleachta.

3. 'Is iad príomhbhuanna an sliocht seo ná an greann agus an truamhéil'. É sin a phlé.

Lá Buí Bealtaine

TÉAMA
Tá téamaí éagsúla sa dráma seo: grá, éad, díoltas agus an óige ach is í an tseanaois príomhthéama an dráma.

PEARSANA
Peadar Mac Fhlannchadha (ina fhear óg)
Fear láidir lasánta a thit i ngrá le Nóinín, ach bhí sé formadach.

Peadar Mac Fhlannchadha (ina sheanfhear)
Bhí sé páistiúil agus cantalach agus cé go raibh sé i gcathaoir rothaí bhí sé fós i ngrá le Nóinín.

Nóinín
Bhí sí álainn agus suim aici i gcúrsaí faisin. Fiú nuair a phós sí fear eile bhí sí fós i ngrá leis. Nuair a bhí sí ina seanbhean san ospidéal bhí sí lách agus cineálta agus intinn an-ghéar aici i gcónaí.

Na Banaltraí
Bhí siad cineálta agus cneasta ach níor thuig siad na seandaoine i gceart.

PRÍOMHPHOINTÍ AN SCÉIL
- Bhí breithlá ag seanfhear, Peadar Mac Fhlannchadha, in ospidéal na seanóirí.
- Lá breá Bealtaine a bhí ann agus bhuail siad le seanbhean, Nóinín Ní Chathasaigh, a bhí in ospidéal na seandaoine chomh maith.
- Thosaigh Nóinín ag caint le Peadar agus d'inis sí dó faoin bhfear óg ar thit sí i ngrá leis fadó darb ainm Peadar Mac Fhlannchadha.
- Mharaigh Peadar fear a bhí ag rince le Nóinín agus chaith sé deich mbliana i bpríosún.
- Dúirt sí leis gur phós sí fear eile agus go raibh clann acu.
- Nuair a chuala Peadar scéal Nóinín ghlaoigh sé amach ainm Nóinín go ceanúil.

- Ansin d'fhiafraigh **Nóinín** den bhanaltra cérbh é an seanfhear agus dúradh léi gurbh é Peadar Mac Fhlannchadha é.
- Bhí fhios aici go raibh Peadar i ngrá léi agus thosaigh sí ag caoineadh.

CEISTEANNA

1. Maidir leis an dráma, *Lá Buí Bealtaine*, déan plé **gairid** ar an mbuntéama ann agus ar an ngné is mó den dráma a chuaigh i bhfeidhm ort féin.
2. Maidir leis an dráma, *Lá Buí Bealtaine*, scríobh tuairisc **ghairid** ar an bpáirt a ghlacann duine de na pearsana seo sa dráma agus ar an gcaoi a gcuireann sé le cur chun cinn an phlota.
3. 'Is minic i genre an dráma cur síos ar an gcoimhlint agus ar an gcruachás daonna'. Déan é sin a phlé, **go gairid** maidir leis an dráma, *Lá Buí Bealtaine.*

Clare sa Spéir

TÉAMA AN SCANNAIN

Tá go leor téamaí éagsúla sa scannán seo: grá, greann agus cairdeas idir dhaoine ach is é an saol pósta an téama is coitianta atá ann.

PEARSANA

Clare

Bean phósta, stuacánach, mheánaosta ab ea í. Bhí grá mór aici dá clann.

Eoin

Fear traidisiúnta, meánaosta ba ea Eoin a bhí ar nós saghas 'cuma liom' ag tús an scannáin.

Na Páistí

Bhí Lisa chomh stuacánach is a bhí a máthair ach gnáthpháistí ba ea í féin agus na páistí eile.

PRÍOMHPHOINTÍ AN SCÉIL

- Cheap daoine go raibh Clare craiceáilte. Bhí sí ag iarraidh curiarracht dhomanda (World record) a shárú.
- Bhí sí tuirseach dá saol agus ní raibh sí féin agus a fear céile, Eoin ag réiteach le chéile.
- Ní raibh Eoin ró-shásta nuair a chuaigh sí in airde ar chrann sa gháirdín.
- Ní raibh sé ábalta cúram na bpáistí nó cúraimí tí a láimhseáil.
- Níor tháinig Clare anuas den chrann cé go raibh sé ag stealladh báistí agus cé go raibh Eoin agus na páistí i gcruachás.
- Ach i ndeireadh na dála ghéill Eoin agus dúirt sé nach mbeadh cúraimí tí agus clainne ina ualach uirthi a thuilleadh. Dúirt sé go gcabhródh sé léi agus go mbeadh meas mór aige agus acu uirthi as sin amach.

CEISTEANNA

1. 'Cuireann an greann agus an díchreideamh sa scannán seo go mór leis'. Déan plé **gairid** air sin.
2. Déan plé **gairid** ar a éifeachtaí, dar leat, is a léirítear an chodarsnacht idir Clare agus a fear céile Eoin.
3. 'Tá léargas sár-mhaith sa scannán seo ar na deacrachtaí a bhaineann le saol pósta Eoin agus Clare'. Déan plé **gairid** air sin.

FILÍOCHT AINMNITHE

Gealt?
Áine Ní Ghlinn

Léim gealt in airde ar bhus a sé déag inné
agus pitseámaí air—stríocaí liath is dearg orthu!
Shuigh sé síos in aice le fear a raibh babhlaer agus *briefcase* air!
Rug an créatúr greim an duine bháite ar a *bhriefcase*!
Trí shuíochán síos uaidh chrosáil bean a cosa!
Rug máthair greim an duine bháite ar a páiste!
D'fhéach an páiste ar an ngealt!
Rinne an ghealt meangadh mór mantach gáire!

Labhair an tiománaí le fear an *depot*!
Labhair fear an *depot* le lucht 999!
Fuair sé lucht dóiteáin ar dtús is d'fhiafraigh siadsan de an raibh an ghealt i mbaol nó tré thine nó in airde ar chrann—Ní raibh!
Bhris an fear dóiteáin an líne!
Ghlan an tiománaí sruth allais dá éadan!
'A Chríost,' a scread sé—de chogar ar eagla go gcloisfeadh
gealt na bpitseámaí é—'Cuir fios ar na *bloody* Gardaí!'

Tháinig na Gardaí is ghlanadar an bóthar amuigh i Ráth Fhearnáin!
Tháinig an t-arm is luíodar taobh thiar dá leoraithe,
meaisínghunnaí crochta!
Tháinig na dochtúirí lena gcuid steallairí is le veist cheangail!
... Tháinig an bus!
Bhí fear an *bhriefcase* báite ina chuid allais féin!
Bhí bríste an tiománaí fliuch!
Bhí bean na gcos crosáilte fós coschrosáilte!
Bhí rúnaí a bhí le bheith in oifig mhór i Sráid Chamden
leathuair a' chloig ó shin anois in Ráth Fhearnáin!

Bhí an páiste ag stánadh ar an ngealt!
Bhí an ghealt ag súgradh le cnaipí a phitseámaí
– é fós ag gáire go mantach!
... Stad an bus!
... D'ardaigh an ghealt a cheann!
D'aithin sé dochtúir! D'aithin an veist cheangail!
Is é fós ag gáire léim sé suas is rith amach an doras
isteach i lámha an dochtúra! Isteach sa veist a bhí gan lámha!

Istigh sa bhus phléasc osna faoisimh!
Níor labhair ach an páiste –
'A Mhamaí, cén fáth nach ligfeá domsa mo phitseámaí
a chaitheamh ar an mbus?'

Gluais

 (1) gealt: duine le Dia, a lunatic
 (2) pitseámaí: pyjamas
 (3) stríocaí: stripes
 (4) babhlaer: bowler (hat)
 (5) greim an duine bháite: a tight grip, the dying person's grip
 (6) meangadh: a big smile
 (7) mantach: gap-toothed
 (8) i mbaol: in danger
 (9) sruth allais: a stream of sweat
(10) de chogar: in a whisper
(11) crochta: ready
(12) steallairí: syringes
(13) veist cheangail: strait jacket
(14) coschrosáilte: cross-legged
(15) ag stánadh: staring
(16) d'ardaigh an ghealt: the lunatic raised his head
(17) osna: sigh
(18) phléasc osna faoisimh: there was a sigh of relief

PRÍOMHPHOINTÍ AN DÁIN

* Léim **gealt** ar bhus a sé déag. Bhí éadaí codlata air agus shuigh sé in aice le fear a raibh mála aige.
* Choinnigh an fear greim daingean ar a mhála agus rug an mháthair greim daingean ar a páiste.
* D'fhéach an páiste ar an ngealt agus thosaigh an ghealt ag gáire.
* Ghlaoigh an tiománaí ar an mbusáras ach toisc nach raibh an gealt i mbaol níor tháinig siadsan ná an bhriogáid dóiteáin.
* Ach tháinig na gardaí agus tháinig an t-arm agus dochtúirí le veist cheangail.
* Bhí na daoine ar an mbus trí chéile agus cuid acu déanach don obair.
* Chuir an dochtúir an veist cheangail ar an ngealt agus bhí áthas ar na daoine ar an mbus.

TÉAMA

Tá **eachtra greannmhar** mar théama an dáin seo. Chomh maith leis sin tá **áiféis an tsaoil** mar théama ann.

Príomh-mhothúcháin

Greann

Eagla

Áthas

Faoiseamh

Príomh-íomhánna

- An ghealt agus na pitseámaí á gcaitheamh aige
- 'An Créatúr' le **greim an duine bháite ar a bhriefcase.**
- Nuair a rinne an ghealt **'meangadh mór mantach gáire.'**
- Nuair a ghlan na gardaí **'an bóthar amuigh i Ráth Fhearnáin'.**
- Nuair a tháinig an t-arm agus luigh siad **'taobh thiar dá leoraithe, meaisínghunnaí crochta'.**
- Nuair a léim an ghealt den bhus **'isteach i lámha an dochtúra isteach sa veist a bhí gan lámha.'**

CEIST AGUS FREAGRA SAMPLACH

Cad é príomhthéama an dáin, **Gealt**, dar leat? Déan plé **gairid** ar an gcaoi a gcuirtear an príomhthéama sin os ár gcomhair sa dán seo.   (12 mharc)

Freagra

Tá **eachtra greannmhar** mar théama sa dán seo agus chomh maith leis sin an mhíthuiscint a bhíonn ar dhaoine a bhfuil a gciall agus a réasún acu faoin duine nach bhfuil mórán ciall ná réasún aige. Feictear an **greann** go minic sa dán agus cruthaíonn **Áine Ní Ghlinn** sraith íomhánna fíor-ghreannmhar, cuirim i gcás, nuair a léim an ghealt ar bhus a sé déag;

'agus pitseámaí air—stríocaí liath is dearg orthu'

Táim ag ceapadh (I think) gur chruthaigh sí íomhá ghreannmhar eile díreach ina dhiaidh sin sa dán agus í ag caint faoin bhfear

'a raibh babhlaer agus briefcase air'

agus nuair a rug an fear

'greim an duine bháite ar a bhriefcase'

Is aoir ghreannmhar an dán seo, gan amhras, agus táim ag ceapadh go raibh sé seo soiléir nuair a dúirt an tiománaí.

'A Chríost'—'Cuir fios ar na bloody Gardaí'.

Chomh maith leis sin sílim go bhfuil an aoir agus an áiféis sa tríú véarsa an-ghreannmhar; an t-arm agus a leoraithe agus na meaisínghunnaí réidh acu.

'Tháinig an t-arm is luíodar taobh thiar dá leoraithe,

Meaisínghunnaí crochta'.

CEISTEANNA EILE

1. Maidir leis an dán seo. Déan plé **gairid** ar an phríomhthéama agus ar **mhothúchán amháin** a mhúscail sé ionat?
2. 'Is cumasach an léiriú a dhéantar sa dán seo ar mhí-thuiscint agus ar dhearcadh an phobail ar dhaoine lagintinneacha. É sin a phlé.
3. 'Tugann Áine Ní Ghlinn sárléiriú dúinn ar dhuine atá go mór trína chéile sa dán seo. Déan plé **gairid** ar an ráiteas sin.
4. Scríobh nóta **gairid** ar an gcaoi a ndeachaigh an dán seo i bhfeidhm ort.

Níl Aon Ní
Cathal Ó Searcaigh

Níl aon ní, aon ní, a stór,
níos suaimhní ná clapsholas smólaigh
i gCaiseal na gCorr,

ná radharc níos aoibhne
ná buicéad stáin na spéire ag sileadh
solais ar Inis Bó Finne

Is dá dtiocfá liom, a ghrá,
bheadh briathra ag bláthú ar ghas mo ghutha
mar shiolastrach Ghleann an Átha,

Is chluinfeá geantraí sí
i gclingireacht na gcloigíní gorma
i gcoillidh Fheanna Bhuí

Ach b'fhearr leatsa i bhfad
brúchtbhaile balscóideach i mBaile Átha Cliath
lena ghleo tráchta gan stad,

seachas ciúinchónaí sléibhe
mar a gciúnaíonn an ceo le teacht na hoíche
anuas ó Mhín na Craoibhe.

Gluais

(1) **ní**: rud, thing
(2) **stór**: grá, love
(3) **níos aoibhne**: more pleasant
(4) **clapsholas**: twilight
(5) **níos áille**: more beautiful
(6) **spéir liath**: a grey sky
(7) **ag sileadh**: spilling
(8) **briathra**: words

(10) **ag bláthú**: blossoming

(11) **geantraí**: soft, soothing music

(12) **clingireacht**: tinkling

(13) **cloigíní gorma**: bluebells

(14) **brúchtbhaile balscóideach**: an ugly suburb

(15) **seachas**: instead of, rather than

(16) **ciúinchónaí sléibhe**: a quiet mountain abode

PRÍOMHPHOINTÍ AN DÁIN

- Tá **Cathal Ó Searcaigh** ag caint lena leannán faoina áit dhúchais i nDún na nGall.
- Iarrann sé uirthi teacht leis go dtí an áit álainn ina bhfuil sé.
- Deir sé léi go gcloisfeadh sí focail cheolmhar agus ceol bog taitneamhach dá dtiocfadh sí go dtí an áit sin.
- Ach b'fhearr léi fanacht i mbrúchtbhaile gránna.

TÉAMA

Is dán grá é seo ina bhfuil an file ag iarraidh a ghrá a mhealladh go Dún na nGall. Tá áilleacht na háite mar théama eile sa dán álainn seo.

Príomh-mhothúcháin

Tá **grá** mar théama sa dán seo:

- grá dá leannán
- grá Uí Shearcaigh dá áit dhúchais
- agus grá don nádúr (dúlra).

Is mothuchán láidir eile mífhoigne an fhile lena leannán.

Meafair

Tá meafar deas sa dara véarsa:

'Buicéad stáin na spéire ag sileadh solais'

a chiallaíonn go raibh taitneamh na gréine ar nós uisce.

Tá meafar deas eile sa tríú véarsa:

'bheadh briathra ag bláthú ar ghas mo ghutha'

a chiallaíonn go bhfaigheadh sé spreagadh chun focail fileata grá a scríobh ó áilleacht na mbláthanna.

Codarsnacht

Tá codarsnacht an-láidir idir saol na cathrach agus saol na tuaithe go mór mór i véarsa a cúig nuair a ghlaonn an file **'brúchtbhaile balscóideach'** ar Bhaile Átha Cliath. Tá sé seo i gcodarsnacht leis an **'radharc níos aoibhne'** i nDún na nGall.

Príomh-íomhánna an Dáin

Tá an t-uafás íomhánna sa dán seo:

- an **'clapsholas smólaigh**

i gCaiseal na gCorr'.
* Is íomhá fíor-dheas é **'buicéad stáin na spéire ag sileadh Solais ar Inis Bó Finne'**
* Cuireann an íomhá álainn **'geantraí sí i gclingireacht na gcloigíní gorma'**
sonas agus suaimhneas agus áthas in iúl dúinn.
* Is aoibhinn liom an íomhá álainn; **'mar a gciúnaíonn an ceo'**
a chuireann síocháin agus suaimhneas in iúl.

CEISTEANNA

1. Cad é príomhthéama an dáin seo, dar leat? Déan plé **gairid** ar an gcaoi a gcuirtear an príomhthéama sin os ár gcomhair sa dán.   (12 mharc)
2. Maidir leis an dán seo, déan trácht **gairid** ar éifeacht na húsáide a bhaineann an file, dar leat, as do rogha **dhá cheann** díobh seo a leanas:
   íomhánna; an dúlra; meafair   (15 mharc)
3. Scríobh nóta **gairid** ar na mothúcháin is láidre atá sa dán seo agus ar na nithe a mhúscail na mothúcháin sin, dar leat, i gcroí an fhile.   (12 mharc)
4. Conas a léirítear sa dán seo go bhfuil an file go mór i ngrá lena áit dhúchais?   (12 mharc)

Mo Ghille Mear
Seán Clárach Mac Domhnaill

Bímse buan ar buairt gach ló,
ag caoi go cruaidh 's ag tuar na ndeor,
mar scaoileadh uainn an buachaill beo
's ná ríomhtar tuairisc uaidh, mo bhrón!

Curfá:
Is é mo laoch, mo ghille mear,
is é mo Shaesar, gille mear;
ní bhfuaireas féin aon tsuan ar séan
ó chuaigh i gcéin mo ghille mear.

Ní haoibhinn cuach ba suairc ar neoin,
táid fíorchoin uaisle ar uatha spóirt,
táid saoithe 's suadha i mbuairt 's i mbrón
ó scaoileadh uainn an buachaill beo.

Níor éirigh Phoebus féin ar cóir,
ar chaomhchneas ré tá daolbhrat bróin,
tá saobha ar spéir is spéirling mhór
chun sléibhte i gcéin mar d'éala' an leon.

Níl séis go suairc ar chruachruit cheoil,
tá an éigse i ngruaim gan uaim 'na mbeol,
táid béithe buan ar buairt gach ló
ó théarnaigh uainn an buachaill beo:

Gluais

(1) **buan**: i gcónaí, always
(2) **ar buairt**: ag gol, crying
(3) **ag tuar na ndeor**: about to cry
(4) **Ná ríomhtar uaidh**: ní chloistear cuntas faoi
(5) **gile mear**: ógánach beoga, lively youngster
(6) **suan**: codladh
(7) **séan**; go sámh
(8) **i gcéin**: thar lear, far away
(9) **ar neoin**: i lár an lae
(10) **ar uatha spóirt**: níl aon spóirt acu, they don't like sport
(11) **saoithe**: daoine léannta
(12) **suadha**: scoláirí, filí
(13) **Phoebus**: an ghrian, the sun
(14) **daolbhrat**: brat dubh, dorchadas, darkness
(15) **an leon**: an leon, the hero
(16) **séis**: ceol
(17) **cruachruit**: cláirseach bheag, a small harp
(18) **théarnaigh**: d'imigh

PRÍOMHPHOINTÍ AN DÁIN

- Bíonn an file brónach gach lá mar gur theith Prionsa Searlas go dtí An Fhrainc.
- Deir an file gur laoch den scoth Prionsa Searlas agus níor chodail sé i gceart ó d'imigh sé.
- Níl áthas ar an gcuach ó shin agus tá na huaisle, na filí agus na daoine léannta cráite.
- Deir an file go bhfuil an nádúr (dúlra) i gcruachás agus go bhfuil stoirm mhór ann ó d'imigh Prionsa Searlas.
- Tá gach éinne go brónach agus níl na ceoltóirí ag seinm ceoil ná na filí ag cumadh aon fhocal filíochta ó shin.

TÉAMA

Is **caoineadh** agus dán **tírghrá** an dán seo. Chomh maith leis sin tá **éadóchas** agus an **nádúr** mar théamaí ann.

Príomh-mhothúcháin

Caoineadh: Is caoineadh an dán seo mar tá brón ar an bhfile mar go bhfuil an Prionsa Searlas Eadbhard ar deoraíocht.
Tírghrá: Tá sé soiléir go bhfuil an file go mór i ngrá lena thír féin.
Éadóchas agus **brón:** Tá na mothúcháin seo le feiceáil go minic sa dán.

Príomh-íomhánna an Dáin

- An file trí chéile sa chéad véarsa.
- **'Ní haoibhinn cuach ba suairc ar neoin'.** Íomhá a deir nach mbíonn an chuach ag canadh faoi mar a bhíodh.
- **'Níor éirigh Phoebus féin ar cóir**
ar chaomhchneas ré tá daolbhrat bróin'. Íomhá an-láidir é seo faoin ghrian agus a deir go bhfuil brat dubh ar an ngealach.
- **'tá saobha ar spéir is spéirling mhór'.** Íomhá faoi stoirm mhór thoirní.

Meafair

Is meafair iad **'buachaill beo'**, **'mo laoch'**, **'mo ghille mear'** agus **'mo Shaesar'** don dóchas agus muinín atá aige sa Phrionsa Searlas.

Is meafar é an **'daolbhrat bróin'** do éadóchas an fhile.

CEISTEANNA

1. Maidir leis an dán seo, déan plé **gairid** ar an bpictiúr a chuireann an file os ár gcomhair, agus breac síos fáth **amháin** a dtaitníonn (**nó** nach dtaitníonn) an pictiúr sin leat. (15 mharc)
2. Cad é príomhthéama an dáin seo, dar leat? Déan plé **gairid** ar an gcaoi a gcuirtear an príomhthéama sin os ár gcomhair sa dán. (12 mharc)
3. Scríobh nóta ar mheadaracht an dáin seo agus léirigh an mheadaracht a bhaineann le do rogha véarsa ann. (8 mharc)
4. Déan cur síos **gairid i d'fhocail féin** ar an bpictiúr a chuirtear os ár gcomhair sa chéad véarsa den dán.

Jack

Máire Mhac an tSaoi

Strapaire fionn sé troithe ar airde,
Mac feirmeora ó iarthar tíre,
Ná cuimhneoidh feasta go rabhas-sa oíche
Ar urlár soimint aige ag rince,

Ach ní dhearúdfad a ghéaga im thimpeall,
A gháire ciúin ná a chaint shibhialta—
Ina léine bhán, is a ghruaig nuachíortha
Buí fén lampa ar bheagán íle—

Fágfaidh a athair talamh ina dhiaidh aige,
Pósfaidh bean agus tógfaidh síolbhach,
Ach mar conacthas domhsa é arís ní cífear,
Beagbheann ar chách mar 'gheal lem chroí é.

Barr dá réir go raibh air choíche!
Rath is séan san áit ina mbíonn sé!
Mar atá tréitheach go dté crích air—
Dob é an samhradh so mo rogha 'pháirtí é.

Gluais

(1) **strapaire**: a strapping boy
(2) **feasta**: as seo amach, ever again
(3) **soimint**: cement
(4) **a ghéaga**: a lámha, his arms
(5) **nuachíortha**: newly combed
(6) **síolbhach**: clann, family
(7) **mar conacthas domsa**: as I saw him
(8) **beagbheann ar chách**: ba chuma leis faoi aon duine
(9) **barr**: success
(10) **choíche**: always, forever
(11) **mar atá tréitheach**: according to his gifts
(12) **go dté crích air**: may he fulfill
(13) **mo rogha 'pháirtí é**: he was my choice

PRÍOMHPHOINTÍ AN DÁIN

- Cuimhníonn sí ar an bhfear óg a raibh sí ag rince leis fadó.
- Fear óg, láidir, croíúil agus mac feirmeora ba ea é.
- Is cuimhin léi a lámha thart uirthi agus iad ag rince.
- Fágfar feirm aige, pósfaidh sé agus tógfaidh sé clann ach ní bheidh sé go deo arís mar a bhí sé an oíche sin.
- Guíonn sí rath agus aoibhneas air mar b'é a rogha pháirtí aici é an samhradh sin.

TÉAMA

Seo dán maidir le daoine óga ag damhsa, i gCiarraí, fadó. Bhí an file splanctha i ndiaidh (had a crush) an strapaire ard láidir ar bhuail sí leis.

Príomh-mhothúcháin

Aoibhneas—as a bheith ag damhsa le **Jack.**
Cion—an cion a bhí aici air.
Áthas—an t-áthas a bhain sí as a bheith leis.
Buíochas—dó mar gheall ar na cuimhní cinn atá aici anois ar an ócáid sin.
Cumha—go bhfuil laethanta na hóige imithe go deo.

Príomh-íomhánna

Is íomhá dheas é an pictiúr de Jack '**Strapaire fionn sé troithe ar airde'** agus
Jack gléasta ina '**léine bhán, is a ghruaig nuachíortha**
Buí fén lampa ar bheagán íle'

CEIST AGUS FREAGRA SAMPLACH

Scríobh nóta **gairid** ar an gcaoi a ndeachaigh an dán seo i bhfeidhm ort.

(12 mharc)

Freagra

Ar an gcéad dul síos caithfidh mé a rá go ndeachaigh an dán seo i bhfeidhm go mór orm. Bhain mé fíor-thaitneamh as na mothúcháin atá sa dán agus go mór mór as an aoibhneas a bhí ar an bhfile nuair a bhí lámha Jack thart uirthi agus iad ag rince le chéile fadó:

'Ach ní dhearúdfad a ghéaga im thimpeall'

Agus chomh maith leis sin chuir a **'gháire ciúin'** agus **'a chaint shibhialta'** aoibhneas uirthi.

Deir an file sa tríú véarsa nach raibh aird acu ar éinne an oíche ud: **'Beagbheann ar chách'** agus go raibh sí i ngrá leis, **'mar 'gheal lem chroí é'.**

Feictear **cumha** an fhile sa véarsa deireanach nuair a ghuíonn sí ádh, maitheas agus aoibhneas air ach tá sé soiléir go gcuireann an turas ar ais ar bhóithrín na smaointe uaigneas agus cumha uirthi.

CEISTEANNA EILE

1. Cad é príomhthéama an dáin seo, dar leat? Déan plé **gairid** ar an gcaoi a gcuirtear an príomhthéama sin os ár gcomhair.   (12 mharc)
2. Déan plé **gairid** ar a éifeachtaí, dar leat, is atá an léiriú ar óige agus cumha an fhile sa dán seo?
3. Maidir leis an dán seo, déan trácht **gairid** ar éifeacht na húsáide a bhaineann an file, dar leat, as do rogha **dhá cheann** díobh seo a leanas:
   íomhánna, atmaisféar, suíomh, simplíocht   (15 mharc)
4. Luaigh an **dá** mhothúchán is treise a mhúsclaíonn an dán seo **ionat féin** agus déan trácht **gairid** ar na fáthanna a músclaíonn an dán an dá mhothúchan sin ionat.   (12 mharc)

Faoiseamh a Gheobhadsa

Máirtín Ó Direáin

Faoiseamh a gheobhadsa
Seal beag gairid
I measc mo dhaoine
Ar oileán mara,
Ag siúl cois cladaigh
Maidin is tráthnóna
Ó Luan go Satharn
Thiar ag baile.

Faoiseamh a gheobhadsa
Seal beag gairid
I measc mo dhaoine,
Ó chrá chroí,
Ó bhuairt aigne,
Ó uaigneas dhuairc,
Ó chaint ghontach
Thiar ag baile.

Gluais

(1) **faoiseamh**: suaimhneas, relief
(2) **seal**: tamall, a while
(3) **cois cladaigh**: cois farraige
(4) **crá**: céasadh (torment), brón
(5) **buairt**: brón, dólás (sadness)
(6) **uaigneas dhuairc**: gloomy loneliness
(7) **gontach**: géar, wounding

PRÍOMHPHOINTÍ AN DÁIN

• Ba mhaith leis an bhfile suaimhneas a fháil ar feadh tamaill bhig.
• Gheobhaidh sé an sos i measc a mhuintire féin.
• Beidh sé ag siúl cois trá agus beidh sé saor ansin ó bhuairt agus ó imní agus ó chaint ghéar.

TÉAMA

Is é an t-**uaigneas** príomhthéama an dáin seo. Tá cumha (nostalgia) mar théama sa dán chomh maith.

Príomh-mhothúcháin

brón
uaigneas
dóchas
gruaim

CEIST AGUS FREAGRA SAMPLACH

Tá na **híomhánna** seo sár-mhaith:
• An file ag **'siúl cois cladaigh'** agus é **'i measc mo dhaoine'** arís.
• An file **'thiar ag baile'** ar feadh **'seal beag gairid'**.

Ceist

Cad é príomhthéama an dáin seo, dar leat? Déan plé **gairid** ar an gcaoi a gcuirtear an príomhthéama sin os ár gcomhair sa dán seo.

Freagra

Tá an t-uaigneas mar théama don dán seo agus táim ag ceapadh go gcuireann an file, Mháirtín Ó Direáin, an téama seo os ár gcomhair go sár-mhaith. Tá simplíocht ag baint leis an saol ar Oileáin Árainn agus tá an tsimplíocht chéanna sa dán álainn seo. Chomh maith leis sin baineann an file úsáid an-mhaith as athrá chun a scéal a insint.

Tá uaigneas an fhile le feiceáil ag tús an dáin nuair a deir sé gur mhaith leis sos agus suaimhneas a fháil i measc a mhuintire féin, ar feadh scaithimh bhig:

'Faoiseamh a gheobhadsa,
Seal beag gairid
I measc mo dhaoine'.

Tá an t-uaigneas soiléir arís sa dara véarsa agus bheadh trua agat dó nuair a deir sé gur mhaith leis bheith saor:

'Ó chrá chroí,
Ó bhuairt aigne
Ó uaigneas dhuairc'.

Is dán pearsanta fealsúnach é seo a tháinig amach ó cheartlár a chroí.

CEISTEANNA EILE

1. Luaigh **dhá cheann** de na mothúcháin is mó atá le brath, dar leat, ar an dán seo, agus inis cad a mhúscail i gcroí an fhile iad. Cad é do mheas ar an gcaoi a gcuirtear in iúl iad? (12 mharc)
2. Maidir leis an dán seo, déan trácht **gairid** ar éifeacht na húsáide a bhaineann Ó Direáin, dar leat, as do rogha **dhá** cheann díobh seo a leanas:
   athrá, friotal, íomhánna, atmaisféar (15 mharc)
3. Déan plé **gairid** ar a éifeachtaí, dar leat, is atá an léiriú ar an uaigneas agus ar chrá chroí an fhile sa dán. (15 mharc)
4. Déan trácht **gairid** ar an mbaint, dar leat, atá ag an teideal le hábhar an dáin seo. (8 marc)

Oíche Nollaig na mBan
Seán Ó Ríordáin

Bhí fuinneamh sa stoirm a éalaigh aréir,
Aréir oíche Nollaig na mBan,
As gealt-teach iargúlta tá laistiar den ré
Is do scréach tríd an spéir chughainn 'na gealt,
Gur ghíosc geataí comharsan mar ghogallach gé,
Gur bhúir abhainn shlaghdánach mar tharbh,
Gur múchadh mo choinneal mar bhuille ar mo bhéal
A las 'na splanc obann an fhearg.

Ba mhaith liom go dtiocfadh an stoirm sin féin
An oíche go mbeadsa go lag
Ag filleadh abhaile ó rince an tsaoil
Is solas an pheaca ag dul as,

Go líonfaí gach neomat le liúirigh ón spéir,
Go ndéanfaí den domhan scuaine scread,
Is ná cloisfinn an ciúnas ag gluaiseacht fám dhéin
Ná inneall an ghluaisteáin ag stad.

Gluais
  (1) fuinneamh: cumhacht, strength
  (3) gealt-teach: mental home
  (3) iargúlta: remote
  (4) scréach: beic, screech
  (5) gogallach gé: cackle of geese
  (5) ghíosc: creak
  (6) gur bhúir: roared
  (8) splanc: solas, a spark
(13) liúirigh: yelling
(14) scuaine scread: a flock yelling, a lot of shouting
(16) inneall an ghluaisteáin: croí an fhile, the heart of the motor (poet)

TÉAMA
Is é an bás agus eagla an fhile roimhe téama an dáin seo. Tá frustrachas, fearg agus misneach an fhile mar théamaí eile sa dán.

PRÍOMHPHOINTÍ AN DÁIN
* Chuir an stoirm an bás i gcuimhne don fhile.
* Deir an file go raibh an stoirm chomh huafásach sin go raibh sé cosúil le rud éigin a bhí ag teacht amach as **gealt-teach.**
* Ba cosúil gur tháinig an stoirm ón saol osnádúrtha.
* Tháinig fearg air nuair a mhúch an stoirm a choinneal, mar nuair a bhí an choinneal ar lasadh bhí dóchas aige.
* B'fhearr leis dá dtiocfadh an stoirm nuair a bheadh sé ar leaba a bháis ionas nach gcloisfeadh sé an bás ag teacht.

Príomh-mhothúcháin
Eagla—roimh an stoirm agus roimh theacht an bháis.
Fearg—mar gheall ar theacht an bháis.
Frustrachas—mar gheall ar dhosheachantacht (inevitability) an bháis.
Maorgacht—(dignity) an fhile agus é ag glacadh dúshláin an bháis.

Príomh-íomhánna
Tá an t-uafás íomhánna sa dán seo.
* an stoirm ag teacht as '**gealt-teach iargúlta**'
* an stoirm ag scréachach tríd an spéir
* an '**abhainn shlaghdánach**' ar nós tarbh ag ligean búir as.
* a choinneal ag múchadh '**mar bhuille ar mo bhéal**'

- an file ag teacht abhaile ó rince (ó phléisiúr) an tsaoil. Seo ceann de na híomhánna is láidre agus is géarchúisí (insightful) i bhfilíocht na Gaeilge.
- agus tá an íomhá den screadaíl ar fuaid an domhain, '**Go ndéanfaí den domhan scuaine scread**', lán de bhrí agus tromchiallach.

Na Meafair

Is dán e seo a bhfuil a lán meafar ann agus tá cuid acu fíor-shuimiúil.

- Na geataí ag gíoscán cosúil le '**gogallach gé**'.
- Is meafar deas é '**rince an tsaoil**' do phléisiúr an tsaoil.
- Is meafar sár-mhaith é '**go ndéanfaí den domhan scuaine screaa**' den stoirm uafásach.
- Meafar géarchúiseach eile é '**solas an pheaca ag dul as**' a chiallaíonn go bhfuil an file ag éirí sean agus nach mbaineann sé taitneamh as an bpeaca a thuilleadh.
- Is meafar an-ghéar eile '**inneall an ghluaisteáin ag stad**' do chroí an fhile ag stopadh agus é ag fáil bháis.

Codarsnacht

Tá codarsnacht sa dán seo idir an ciúnas, '**an ciúnas ag gluaisteacht fám dhéin**' agus an t-atmaisféar stoirmiúil.

Onamataipé

Baineann an file úsáid as onamataipé chun fuaimeanna áirithe a chruthú. Cuirim i gcás **scréach', 'ghíosc', 'ghogallach gé', 'abhainn shlaghdánach'.**

Uaim

Tá uaim éifeachtach sa dán, cuirim i gcás; gur '**ghíosc geata comharsan mar ghogallach gé', agus mar 'bhuille ar mo bhéal'.**

Pearsantú

'**gur bhúir abhainn shlaghdánach**'

CEISTEANNA

1. Déan plé **gairid** ar phríomh-mhothúchán an dáin agus ar an gcaoi a dtéann sé i bhfeidhm ort.   (12 mharc)
2. 'Faitíos an fhile roimh an mbás is téama don dán seo'. É sin a phlé.   (12 mharc)
3. Déantar cur síos an-éifeachtach agus an-drámatúil sa dán seo ar an stoirm agus ar an mbás. É sin a phlé.
4. Nóta **gairid** uait faoi oiriúnacht an teidil, dar leat, dá bhfuil i gceist sa dán seo.   (9 marc)

Dán do Mhelissa
Nuala Ní Dhomhnaill

Mo Pháistín Fionn ag rince i gcroí na duimhche,
ribín id cheann is fáinní óir ar do mhéaranta
duitse nach bhfuil fós ach a cúig nó a sé de bhlianta
tíolacaim gach a bhfuil sa domhan mín mín.

An gearrcach éin ag léimt as tóin na nide,
an feileastram ag péacadh sa díog,
an portán glas ag siúl fiarsceabhach go néata,
is leatsa iad le tabhairt faoin ndeara, a iníon.

Bheadh an damh ag súgradh leis an madra allta,
an naíonán ag gleáchas leis an nathair nimhe,
luífeadh an leon síos leis an uan caorach
sa domhan úrnua a bhronnfainn ort mín mín.

Bheadh geataí an ghairdín ar leathadh go moch is go déanach,
ní bheadh claimhte lasrach á fhearadh ag Ceiribín,
níor ghá dhuit duilliúr fige mar naprún íochtair
sa domhan úrnua a bhronnfainn ort mín mín.

A iníon bhán, seo dearbhú ó do mháithrín
go mbeirim ar láimh duit an ghealach is an ghrian
is go seasfainn lem chorp féin idir dhá bhró an mhuilinn
i muilte Dé chun nach meilfí tú mín mín.

Gluais

- **(1) dumhach**: sand-dune
- **(2) tíolacaim**: bronnaim, i bestow.
- **(5) gearrcach**: nestling
- **(6) ag péacadh**: sprouting
- **(6) díog**: clais cois claí, trench
- **(9) damh**: ox
- **(10) nathair nimhe**: a snake
- **(12) mín mín**: gan stró, easily
- **(14) ceiribín**: angel
- **(17) dearbhú**: declaration
- **(20) muilte dé**: this life

PRÍOMHPHOINTÍ AN DÁIN

- Bhí iníon an fhile, Melissa, ag rince cois farraige, nuair nach raibh ach cúig nó sé bliana slánaithe aici.

- Bhí an file ag féachaint uirthi le grá ina croí.
- Thug sí rudaí éagsúla le déanamh di agus bheadh sí sásta Gairdín Pharthais a thabhairt di, áit ina mbeadh chuile rud furasta agus cineálta.
- Dúirt an file nach mbeadh fadbh dá laghad aici sa domhan sin.

TÉAMA
Grá an fhile dá hiníon.

Príomh-mhothúcháin
grá—dóchas—áthas—náire

Príomh-íomhánna
- Tá an íomhá d'iníon an fhile ag rince cois trá go hálainn.
- Tá na tagairtí éagsúla don dúlra fíor-dheas, cuirim i gás; an t-éinín nuabheirthe ag **'léimt as tóin na nide',**

agus

'an feileastram ag péacadh sa díog'

agus

an portán glas ag **'siúl fiarsceabhach go néata'.**

Chomh maith leis sin is íomhánna ón mBíobla **'geataí an ghairdín'**, **'ceiribín'**, **'claimhte lasrach'** agus **'duilliúr fige'.**

CEISTEANNA
1. Maidir leis an dán seo, déan plé **gairid** ar an bpríomhthéama ann agus ar an gcaoi a gcuirtear romhainn é.   (15 mharc)
2. Déan cur síos **gairid i d'fhocail féin** ar an bpictiúr a chuireann an file os ár gcomhair sa chéad véarsa den dán.   (12 mharc)
3. Nóta **gairid** uait faoi mhothúcháin an fhile sa dán.   (9 marc)
4. Déan trácht **gairid** ar an mbaint, dar leat, atá ag an teideal le hábhar an dáin.

An Chéad Dráma
Johnny Chóil Mhaidhc Ó Coisdealbha

Chum Dia dráma 'gleann na ndeor',
Agus thug sé páirt ann do go leor,
Dráma fada ar stáitse mór,
An domhan.

Sé Dia a chum an tragóid staire,
Agus rinne sé leideoir den bhuachaill báire
Táim cinnte glan go mbíonn sé ag gáire—
Faoin aisteoireacht.

Chum sé dráma le milliúin radharc
Agus rinne sé leideoir d'fhear na n-adharc
Ar chúl an chuirtín as ár radharc.
Na héisteoirí.

Léiríonn sé fhéin a dhráma,
Agus tugann sé na torthaí ag deireadh an ama
Faigheann an leideoir na daoine cama
Ach coinníonn sé fhéin na daoine mánla
Nach aisteach.

Tá mo pháirt-sa ar tí a bheith thart
Ach ní raibh na focla a'm i gceart
Thar fóir sa ngluaiseacht is ó smacht
Ach tá na torthaí fós le theacht
Chaill mé marcannaí.

Níl fanta anois ach mír bheag eile,
Nó go dtitfidh an cuirtín síos ag deireadh,
Tiocfaidh an dráma ar aghaidh le foireann cile,
Agus fágfar mise ag an seoladh deireadh.
An roilig.

Más uaigní an mhír atá le theacht,
Ná an radharc deire a d'imigh thart,
Imeoidh mo chiall 's mo mheabhair ó smacht
Agus scoiltfidh an croí in mo lár faoi sheacht—
Le uaigneas.

Tiúrfaidh an dochtúr suas a chás,
Is fágfar mise ag an mbás,
Ansin tá mise ag deireadh an rás',
Tabhair duais dom.

Beidh mo chnámha i gcónra dharaigh,
Is mé sínte siar le ciumhais na mara,
Díbir a leideoir agus teara,
A léiritheoir.

Gluais

(1) **gleann na ndeor**: vale of tears
(6) **leidoir**: person who prompts
(15) **na daoine cama**: the bad people
(16) **na daoine mánla**: the good people
(18) **ar tí**: nearly, about to
(33) **tiúrfaidh**: tabharfaidh
(37) **cónra dharaigh**: an oak coffin

179

PRÍOMHPHOINTÍ AN DÁIN

- Comparáid idir dráma ar stáitse agus an saol atá i gceist.
- Is é Dia a chum an dráma agus thug sé páirt do gach duine den chine daonna.
- Is é Dia léiritheoir an dráma agus phioc sé an diabhal mar leideoir chun leideanna a thabhairt do na haisteoirí.
- Tugann Dia na duaiseanna amach ag an deireadh agus faigheann an diabhal na haisteoirí a bhí go holc agus coinníonn Dia na daoine maithe.
- Tá deireadh leis an bpáirt a bhí aige féin (an file) mar tá a shaol beagnach thart.
- Drochshaol a bhí aige agus níl ach an bás i ndán dó.
- Tá sé ag súil nach mbeidh deireadh a shaoil ró-uaigneach.
- Dúirt an file nach mbeidh an dochtúir in ann é a shábháil agus tá súil aige go mbainfidh sé na Flaithis amach.

TÉAMA

An choimhlint idir Dia agus an diabhal ar son anam an duine atá mar phríomhthéama an dáin seo.

Príomh-mhothúcháin

Uaigneas: agus é ag smaoineamh ar a bhás féin.
Dóchas: go mbeidh an bua ag Dia, agus go mbainfidh sé na Flaithis amach.
Eagla: roimh an mbás.
Brón: agus é ag machnamh ar deireadh a shaoil.

Príomh-íomhánna

- Tá an íomhá den saol brónach **'gleann na ndeor'** sár-mhaith.
- Tá an íomhá den saol seo, an **'stáitse mór'** an-oiriúnach.
- Is maith liom an íomhá **'chaill mé marcannaí'** faoi na peacaí a rinne sé.
- Is íomhá álainn é **'go dtitfidh an cuirtín síos'**, a chiallaíonn an bás.

Na Meafair

Meafar leanúnach is ea an dán ar fad.
Is meafar é an dráma do shaol an duine.

CEISTEANNA

1. Cad é príomhthéama an dáin seo, dar leat? Déan plé **gairid** ar an gcaoi a gcuirtear an príomhthéama sin os ár gcomhair sa dán. (15 mharc)
2. Maidir leis an dán seo, déan trácht **gairid** ar na **mothúcháin** a mhúsclaíonn an dán sin **ionat féin**. Nóta **gairid** uait faoin tábhacht, dar leat, a ghabhann leis na línte:
   '**Agus thug sé páirt ann do go leor,**
   Dráma fada ar stáitse mór,
   An domhan.' (12 mharc)
3. Maidir leis an dán seo, déan trácht **gairid** ar éifeacht na húsáide a bhaineann an file, dar leat, as do rogha **dhá cheann** díobh seo a leanas:
   íomhánna, meafair, atmaisféar, suíomh. (12 mharc)

4. Nóta **gairid** uait faoi oiriúnacht an teidil, dar leat, dá bhfuil i gceist sa dán seo.

(9 marc)

An Mháthair
Caitlín Maude

'Ní fíor go bhfeiceann tú os do chomhair
seanbhean liath sheargaithe,
gan luas géag
ná mire meangán,
titithe i bhfeoil.
Bhí mé óg, ach tá mé níos óige—
álainn, tá mé anois níos áille fós.
Nach bhfeiceann tú an triúr?
Gile na finne, na duibhe, na doinne—
mo thriúr mac, mo thriúr Oscar.
Féach an mhaorgacht i mo shúil,
an uaisleacht 'mo ghnúis,
an óige,
an áille,
an luas,
an neart,
chuile bhua faoi thrí.
Is triúr fear mé,
is triúr fear óg mé,
lúth, láidir, cumasach,
agus fós,
is triúr maighdean mé
i ngrá le triúr óigfhear—
maighdeanacha meidhreacha, meangacha,
snadhmaithe i scáilí deoracha úra
aisteacha na coille—
an eala, an fiach dubh, an smólach
ag coraíocht i mo cheann.
Nach bhfeiceann tú na hóigfhir
agus na maighdeanacha
agus iad ag caint, ag gáirí
agus ag gabháil fhoinn,
i ngreim láimhe ina chéile
ag dul síos an bóithrín
fada fada síoraí
agus an t-ór ag spréacharnaíl
ar gach taobh díobh?

Gluais

(2) seargaithe: withered

(4) mire: speed

(4) meangán: wile

(17) chuile: gach, every

(24) meangach: smiling

(25) snadhmaithe: tied

(25) deoracha úr: the dew

(28) ag coraíocht: competing, wrestling

(33) i ngreim láimhe: holding hands

PRÍOMHPHOINTÍ AN DÁIN

- Seanbhean atá ag caint anseo agus tá fuinneamh na beatha inti fós.
- Cé go bhfuil ualach na mblianta anuas uirthi tá maorgacht ar leith aici i gcónaí.
- Chomh maith leis sin tá sí meidhreach, gáireach agus álainn agus deir sí gur **'triúr maighdean'** í i ngrá le **'triúr óigfhear'**.

TÉAMA

Tá an tseanaois, máithreacht, an óige agus an grá mar théamaí sa dán seo.

Príomh-mhothúcháin

Grá: dá clann féin

Bród: as a triúr mac agus asti féin.

Áthas: mar gheall ar áilleacht na bhfear agus na mban óg.

Maorgacht: ina seanaois agus ina máithreacht féin.

Príomh-íomhánna

Cruthaíonn an file íomhánna áille sa dán seo:

- 'Gile na finne, na duibhe, na doinne', chun an fhoirfeacht a chur in iúl.
- An luas, an óige, an áille, an neart, chun an óige a chur in iúl.
- **'titithe i bhfeoil'** chun an tseanaois a chur in iúl.
- **'ag caint, ag gáirí agus ag gabháil fhoinn'** chun áthas a chur in iúl.

CEISTEANNA

1. Cad é príomhthéama an dáin seo, dar leat? Déan trácht **gairid** ar a éifeachtaí is a dhéantar forbairt ar an bpríomhthéama sin sa dán. (12 mharc)
2. Scríobh nóta ar mheadaracht an dáin agus léirigh an mheadaracht a bhaineann le do rogha véarsa ann. (9 marc)
3. Luaigh an dá mhothúchán is treise a mhúsclaíonn an dán seo **ionat féin** agus déan trácht **gairid** ar na fáthanna a mhúsclaíonn an dán an dá mhothúchán sin ionat. (12 mharc)
4. Déan trácht **gairid** ar an úsáid a bhaineann an file as meafair sa dán seo. (9 marc)

Úirchill an Chreagáin

Art Mac Cumhaidh

Ag Úirchill an Chreagáin a chadail mé aréir faoi bhrón
is le héirí na maidne tháinig ainnir fá mo dhéin le póig;
bhí gríos-ghrua ghartha aici 'gus lainnir ina céibh mar ór
's gurb é íocshláinte an damhain bheith ag amharc ar an ríoghain óig.

'A fhialfhir charthanaigh, ná caitear thusa i ndealramh bróin
ach éirig' do sheasamh 'gus aistrigh liom siar sa ród
go tír dheas na meala nach bhfuair Gallaibh ann cead réim go fóill
mar 'bhfaighir aoibhneas ar hallaibh do do mhealladh le siansa ceoil.'

'Cha diúltfainn do chuireadh ar a gcruinníonn siad na ríthe d'ór ach gur
cladhartha liom scarúint le ma charaid 'tá sa tír go fóill;
an céile úd a mheallas le mo gheallúint tráth bhí sí óg,
dá dtréigfinn anois í gur fiosach damh go mbeadh sí i mbrón.'

'Cha shílim gur caraid duit a maireann de do ghaoltaibh beo—
tá tú faofa, gan earra, bocht, earraoideach, baoth, gan dóigh;
nach mb'fhearr dhuitse imeacht le hainnir na maothchrobh meor
nó an tírse a bheith ag fanóid faoi gach rabhán dá ndéan tú 'cheol?'

'A ríoghain deas mhilis, an tú Helen fár treaghdadh sló
nó an de na naoi mná deasa thú ó Pharnassus bhí déanta i gcló?
cá tír insa chruinne 'nar hoileadh thú, a réalt gan cheo,
lér mhian leat mo shamhailse a bheith ag cagarnaigh leat siad sa ród?'

'Ná fiafraigh dhíom ceastaibh óir cha gcadlaim ar an taobhsa 'Bhóinn;
is síogaí beag linbh mé a hoileadh le taobh Ghráinne óig';
i mbruín cheart na n-ollamh bím go follas ag dúscadh an cheoil,
san oíche ag Teamhair 's ar maidin i gclár Thír Eoghain.'

'S é mo ghéarghoin tinnis gur theastaigh uainn Gaeil Thír Eoghain
agus oidhríbh an Fheadha gan seaghais faoi léig 'ár gcóir,
géagaibh glandaite Néill Fhrasaigh nach dtréigfeadh an ceol
is chuirfeadh éide fá Nollaig ar na hollaimh bheadh ag géilleadh dóibh.'

'Ó treaghdadh na treabhaibh bhí in Eachroim is fa-roair! fán mBóinn,
sliocht Ire, na flathaibh bhéaradh fascadh do gach draoi gan ghleo,
nach mb'fhearr dhuitse sna liosaibh agus mise le do thaoibh gach neoin
ná saighde chlann Bhullaí a bheith ag tolladh fá do chroí go deo?'

'A ríoghain deas mhilis, más cinniúin damh tú féin mar stór,
tabhair léagsa is gealladh damh sul fá n-aistre mé leat siar sa ród,
má éagaim fán tSeanainn, i gcrích Mhanainn nó san Éiphte mhór gurb i gcill
chumhra an Chreagáin a leagfar mé i gcré faoi fhód.'

Gluais

(3) **gríos-ghrua ghartha**: rosy cheeks
(4) **íocshláinte an damhain**: best health restorer in the world
(4) **ríoghan óg**: noble young woman
(5) **a fhialfhir charthanaigh**: generous man
(7) **gallaibh**: foreigners, English people
(9) **cha dhiúltfainn**: I wouldn't refuse
(10) **cladhartha**: cowardly, miserable
(13) **gaoltaibh**: relatives
(14) **faofa**: very poor
(14) **baoth**: daft, silly
(16) **rabhán**: verse
(17) **fár treaghdadh sló**: responsible for the killing of thousands
(18) **na naoi mná deasa Ó Pharnassus**: the nine muses
(19) **insa chruinne**: in the world
(20) **ag cagarnaigh leat**: whispering to you
(21) **ceastaibh**: questions
(24) **clár**: a plain
(26) **oidhríbh an Fheadha**: the heirs of the O'Neill's
(26) **seaghais**: joy
(26) **faoi léig**: marbh
(30) **sliocht Ire**: the people of Ulster
(30) **na flathaibh**: the princes

PRÍOMHPHOINTÍ AN DÁIN

- Is aisling pholaitiúil fháthchiallach (allegorical) atá i bhfoirm comhrá an dán seo.
- Chuaigh an file a chodladh i gCill an Chreagáin agus brón air.
- Tháinig bean álainn (spéirbhean) chuige agus iarrann sí air teacht léi go Tír na nÓg, áit a mbeidh áthas air arís.
- Níor theastaigh uaidh a bhean agus a chairde a fhágáil agus dúirt sí leis nach bhfuil meas ar bith ag éinne air mar fhile.
- Dúirt sí leis gur síog í agus go raibh sí ina cónaí i Móta, i gContae na hIarmhí.
- Dúirt an file léi go raibh a chroí briste agus dúirt sí leis go mbeadh sé níos fearr dá rachadh sé léi.
- Dúirt an file go mbeadh sé sásta dul léi ar choinníoll go gcuirfí i reilig an Chreagáin é.

TÉAMA

Cruachás na hÉireann agus cruachás agus briseadh croí an fhile agus filí na hÉireann an téama sa dán seo.

Príomh-mhothúcháin

Briseadh croí agus **éadóchas** an fhile.
Dílseacht an fhile nuair a dúirt sé nár mhaith leis a bhean agus a chairde a thréigint.
Fulaingt (sufference) agus **géilleadh** (resignation) an fhile ag deireadh an dáin.

Príomh-íomhánna

Tá go leor leor íomhánna éifeachtacha sa dán seo:

- **'Is le héirí na maidne tháinig ainnir fá mo dhéin le póig;'**

Seo íomhá a spreagann dóchas i gcroí an fhile.

- **'Go tír deas na meala'**—íomhá dheas eile a chiallaíonn tír álainn.

- **'a réalt gan cheo:'** a chiallaíonn 'a bhean álainn'.

Na Meafair

Is meafar é **'géagaibh glandaite Néill Fhrasaigh'** do phátrúin na bhfilí.

Is meafar eile é **'éide fá Nollaig ar na hollaimh'** a léiríonn an seanchóras pátrúnachta.

CEISTEANNA

1. 'Cruachás na hÉireann agus trioblóidí na bhfilí' is téama don dán seo. Déan plé **gairid** ar an ráiteas sin. (15 mharc)
2. Déan plé **gairid** ar phríomhmhothúcháin an dáin seo. (12 mharc)
3. Maidir leis an dán seo, déan trácht **gairid** ar éifeacht na húsáide a bhaineann an file, dar leat, as do rogha **dhá cheann** díobh seo a leanas:
   íomhánna, uaim, codarsnacht, atmaisféar (12 mharc)
4. Déan trácht **gairid** as an úsáid a bhaineann an file as meafair sa dán seo. (12 mharc)

Maigdiléana

Cathal Ó Searcaigh

I dtrátha an ama a dtachtann sealán aibhléise
aoibh shoilseach na spéire
tchím uaim í de ghnáth, an ghirseach is deise
de mhná sráide na háite seo;
agus í ar a *beat* ag *crúiseáil* go huaigneach
sa mharbhsholas chnámhach
ag spléachadh go fáilí ar scáilí na gcros teilifíse
ag cuartú a Calvaire go heaglach.

Amantaí eile tchím í le haithint an lae
agus í i gcaifitéire ag ól tae
sula bpilleann sí ar an *underground*
abhaile ina haonar go Paddington.
Nuair nach labhraíonn éinne leat, a ghrá,
thíos ansiúd, dubh bán nó riabhach
bhéarfaidh na fógraí béal bán duit agus béadán
i dtumba folamh an *underground*

nó b'fhéidir scéala ón Ghalailéach.

185

Gluais

- **(1) tachtann**: chokes
- **(1) sealán**: loop, noose
- **(3) tchím**: I see
- **(3) an ghirseach**: an cailín óg
- **(5) a beat ag crúiseáil**: cruising (walking) easily on her own beat
- **(6) cnámhach**: harsh
- **(9) amantaí**: uaireanta, sometimes
- **(14) riabhach**: mixed race
- **(15) béal bán**: plámás, soft talk
- **(15) béadán**: gossip

PRÍOMHPHOINTÍ AN DÁIN

- D'fheiceadh an file an bhean sráide (striapach) álainn go minic i Londain.
- Bhíodh sí ag déanamh a gnó ar na sráideanna.
- Chomh maith leis sin d'fheiceadh sé í ag ól tae i gcaifitéire, roimh dul abhaile di.
- Chuimhnigh an file ar Mháire Mhaighdiléana agus é ag féachaint ar an striapach.

TÉAMA

Tá striapachas (prostitution) mar phríomhthéama an dáin seo agus chomh maith leis sin tá téamaí eile ann; uaigneas agus cruachás an tsaoil.

Príomh-mhothúcháin

Eagla agus **uaigneas** na striapaí agus **anró** an tsaoil.

Príomh-íomhánna

Cruthaíonn an file íomhá bheo éifeachtach den striapach le béarlagair (slang) ar nós **'ag crúiseáil'** agus ar **'a beat'**.

Cruthaíonn an file íomhá éifeachtach eile den striapach ag ól tae sa bhialann. Tá an íomhá den chailín sráide ag siúl na sráideanna faoi scáth na n-aeróg teilifíse an-mhaith.

CEISTEANNA

1. 'Is léir go bhfuil trua agus bá ag an bhfile don chailín sráide'. Déan plé **gairid** ar an ráiteas seo. (15 mharc)

2. Maidir leis an dán seo, déan plé **gairid** ar an bpríomhthéama ann agus ar an gcaoi a gcuirtear os ár gcomhair é. (12 mharc)

3. Nóta **gairid** uait faoi oiriúnacht an teidil, dar leat, dá bhfuil i gceist sa dán seo. (9 marc)

4. Mínigh a bhfuil i gceist ag an bhfile sna línte seo a leanas:
   **'tchím uaim í de ghnáth, an ghirseach is deise
   de mhná sráide na háite seo;'**

An tOileán
Deirdre Brennan

Is liomsa an t-oileán seo
Na haillte úd
Mar a n-eitlíonn cailleacha dubha,
Na crainn faoi thorthaí
A lúbann go huisce.
As an gceo tagann báid
Nach bhfaighidh lamairne choíche.

Ar chuma ainmhí dhoicheallaigh
An fharraige ag mo chosa,
Airím a mhúscailteacht,
A dhrantán im chluasa
Sna hoícheanta muirbhuailte
Sula dtagann suan.

Oiriúnaíonn an ithir seo dom,
Bláthaím faoina líonmhaireacht,
Gan roic ar m'éadan,
Mo ghruaig gan liath.
Scaoilim thar toinn chugat
Each bán mo dhúile
Go roinnfinn mo ríocht leat.

Tar agus taisligh mo ghleannta,
céaslaigh mo shruthanna geala
Agus caithfidh mé mo sheal
Ag cur meala fút,
Beathóidh mé ar sméara thú,
Caoróga na síoraíochta
A mhúchfaidh do chíocras go deo.

Gluais

   (3) cailleacha dubha: éin dhubha, cormorants (also known as black paddies)
   (7) lamairne: cé, jetty
   (8) doicheallach: crosta, cross, inhospitable
   (12) muirbhuailte: stoirmeach
   (14) oiriúnaíonn: suits
   (15) líonmhaireacht: flúirse, abundance
   (19) mo dhúile: my desire
   (23) mo sheal: mo shaol
   (25) beathóidh mé: I will nourish
   (26) síoraíocht: eternity

PRÍOMHPHOINTÍ AN DÁIN

- Tá an file ina chónaí ar oileán agus déanann sé maitheas di.
- Tá leannán an fhile ar an mórthír.
- Cé go bhfuil an t-oileán iargúlta tá sé fíor-álainn.
- Cé go bhfuil suaimhneas agus sonas aici ar a hoileán tá uaigneas uirthi gan a leannán, agus ba bhreá léi dá dtiocfadh sé chuici ar an oileán.

TÉAMA

Is é an grá príomhthéama an dáin seo agus tá an dúlra mar théama ann chomh maith.

Príomh-mhothúcháin

Grá: an fhile dá leannán agus don oileán.

áthas: an fhile lena saol ar an oileán.

Uaigneas: an fhile gan a leannán.

Príomh-íomhánna

Tá go leor íomhánna áille sa dán seo.

Na haillte mar a n-eitlíonn cailleacha dubha'

An chontúirt ó na **'hainmhí dhoicheallaigh'** agus na **'hoícheanta muirbhuailte'.**

Tá an íomhá faoin ngrá ag cur meala fút an-dheas.

Na Meafair

Tá baint an-mhór ag roinnt de na meafair sa véarsa deireanach le gnéas, go mór mór nuair a dhéanann sí tagairt de **'gleannta'** agus **'sruthanna geala'.**

Cuireann siad seo corp mná in iúl.

D'fhéadfaí a rá gur meafar leanúnach an t-oileán d'uaigneas an fhile.

CEISTEANNA

1. Maidir leis an dán seo, déan plé **gairid** ar an bpríomhthéama ann agus ar an gcaoi a gcuireann an file os ár gcomhair é.   (20 marc)
2. Déan plé **gairid** ar phríomh-mhothúchán an dáin seo agus ar an gcaoi a dtéann sé i bhfeidhm ort.   (12 mharc)
3. Maidir leis an dán seo. Déan plé **gairid** ar an úsáid a bhaineann an file as íomhánna ann.   (12 mharc)
4. Scríobh nóta ar mheadaracht an dáin agus léirigh an mheadaracht le do rogha véarsa ann.   (9 marc)

Dá mb'Fhéidir arís d'ár gCumann

Eithne Strong

Á, an t-uaigneas, an folús—
nach bhfeicfidh sí choíche é,
eisean, go mba croílár saoil di.

D'imigh na cianta thart gan siolla aisti,
gan deoir. Seasc, feochta, cruaite di.
Díthreabhach ina díseart, ina neamhní.

Ansin lá de na laethanta i dtitim na bliana,
í dólásach ag sraoilleadh trín ngleann,
nuair, mar thintreach, b'fhacthas di

aiséirí an fhómhair, pléascadh an athfháis,
faoi mar a rathaigh arís baslóga an earraigh
amhail is dá mba úrbhreith dóibh,

is do raid tríthi fuinneamh
na míorúilte nó gur ísligh sí
ar thulach caonaigh
mar ar scaoileadh líonrith a foinse
is mar ar chaoin go fras
ualach a seisce.

Ar filleadh di dá bhotháinín seomra
chrom ar scríobh litreach
don bhfear faoin bhfód is dúirt
'Á, a stóirín go deo,
dá mb'fhéidir arís dár gcumann . . .'

is lean léi uaidh sin
ag scríobh, ag scríobh scéil chasta
an ghrá nó gur líonadh folús
is gur thaobhaigh sí arís comhdhaoine.

Gluais

   (1) folús: emptiness
   (2) choíche: go deo, ever again
   (4) cianta: the ages
   (5) seasc: barren
   (5) feochta: withered
   (6) díthreabhach ina díseart: a recluse in the desert

(6) **ina neamhní**: a non-entity, worthless

(8) **ag sraoilleadh**: ag strácáil, trudging

(11) **rathaigh**: blossom, prosper

(13) **raid**: move quickly, forcefully

(16) **líonrith**: terror

(19) **botháinín seomra**: tiny room

(23) **dá mb'fhéidir arís dár gcumann**: if only we could be a couple (unit, lovers) again

PRÍOMHPHOINTÍ AN DÁIN

- Bhí uaigneas ar an bhfile nuair a fuair a fear céile bás.
- Bhí a saol faoi scamall agus bhí sí gan dóchas, gan féinmheas.
- Bhí sí buartha ag tús an gheimhridh.
- Ach i bhfómhar na bliana chonaic sí an t-athfhás ag bláthú i ngach áit agus mhothaigh sí ath-fhás inti féin.
- Thosaigh sí ag caoineadh ach chuimhnigh sí ar a fear céile san uaigh agus mhothaigh sí gur mhaith léi bualadh le daoine arís.

TÉAMA

Tá an **bás** mar théama sa dán seo agus chomh maith leis sin tá **cruachás** agus **brón** mar théamaí ann.

Príomh-mhothúcháin

Uaigneas, éadóchas, áthas, grá, dólás.

Príomh-íomhánna

Tá an íomhá den fhile gan fuinneamh, gan bheocht an-láidir:

'**Seasc, feochta, cruaite di.**

Díthreabhach ina díseart,'

Chomh maith leis sin tá an íomhá a thaispeánann an t-athrú mór a tháinig uirthi fíor-mhaith:

'**mar thintreach, b'fhacthas di**

aiséirí an fhómhair, pléascadh an athfháis.'

CEISTEANNA

1. 'Bás agus briseadh croí an fhile is ábhar don dán seo'.
   É sin a phlé. (15 mharc)
2. Déan plé **gairid** ar phríomh-mhothúchán an dáin agus ar an gcaoi a ndeachaigh sé i bhfeidhm ort. (12 mharc)
3. Mínigh a bhfuil i gceist ag an bhfile sna línte seo a leanas:
   '**mar thintreach, b'fhacthas di**
   aiséirí an fhómhair, pléascadh an athfháis.' (6 mharc)
4. Nóta **gairid** uait ar an úsáid a bhaintear as **codarsnacht** sa dán. (9 marc)

STAIR NA GAEILGE

As this is a **revision book**, I will not attempt a comprehensive coverage of this part of the course. I have therefore chosen to cover a few of the most important aspects and in particular those that **most frequently** come up in **examination questions**.

HOW TO ANSWER STAIR NA GAEILGE QUESTIONS

As '**stair na Gaeilge**' is the last question in a **3 hour and 20 minute** exam, candidates frequently
—**are physically and/or mentally exhausted and**
—**have little or no time left**.
I would therefore recommend that you answer the questions briefly in the following manner.
1. A short réamhrá of 2/3 sentences.
2. Trí mhórphointe—three major numbered/bullet points, with 2/3/4 sentences for each major point.
3. The combination of 1 (short réamhrá) and 2 (three major points) would be expected to produce a full answer of approximately **100 words**.

Treoirlínte do Stair na Gaeilge

I include here a number of topics that are covered in the **Stair na Gaeilge** course.
* An Ghaeilge mar theanga Cheilteach
* An Fhiannaíocht
* An Rúraíocht
* Na Príomh-annála ⁄
* Filíocht na mBard ⁄
* Príomhfhilí agus príomhscríbhneoirí na Gaeilge
* Béaloideas na Gaeilge ⁄
* An Ghaeilge sna meáin chumarsáide
* Tionchar teangacha iasachta ar na nGaeilge
* An Ghaeltacht sa lá atá inniu ann
* Meath na Gaeilge sa naoú haois déag
* An Aisling Pholaitiúil
* Athbheochan na Gaeilge
* Ogham ⁄
* Na Gluaiseanna ⁄
* Na Canúintí ⁄
* An tAmhrán ⁄

An Ghaeilge mar theanga Cheilteach
* Is teanga **Ind-Eorpach** í an Ghaeilge, mar aon leis na teangacha Ceilteacha eile: **Gaeilge na hAlban**, an **Mhanainnis**, an **Bhreatnais**, an **Bhriotáinis**, agus an **Choirnis**.

Is teanga Ind.Eorpach í an Ghaeilge — cosúil le
teangacha Ceilteacha eile — Manainnis, Breatnais,
Gaeilge na hAlban, Cornais, Briotáinis,

① An Ghaeilge mar Theanga Ceilteach

- Labhraítear an Ghaeilge, Gaeilge na hAlban, an Bhreatnais agus an Bhriotáinis mar theangacha pobail go fóill. Tá gluaiseacht athbheochana ann maidir leis an Manainnis agus an Choirnis.
- Tugtar an **Cheiltis Oileánach** ar an teanga a labhraíodh na Ceiltigh in Éirinn agus sa Bhreatain fadó.
- Seo a leanas roinnt de na hiarsmaí atá againn ón gCeiltis:
  —an **aimsir láithreach** agus an **aimsir ghnáthláithreach**
  —an **aimsir tháite**: m.sh. **bhíos** (bhí mé), **fuaireas** (fuair mé)
  —na **forainmneacha réamhfhoclacha**: m.sh. **dom, liom, romham**
  —na **tuisil**
  —an **séimhiú** agus an **t-urú**.

② OGHAM

- **Seanchóras scríbhneoireachta ba ea é.**
- D'úsáidtí **poncanna** i gcomhair na **ngutaí** agus **scríoba** i gcomhair na g**consan**.
- Baineadh úsáid as idir na blianta **400 agus 750** nó mar sin.
- Tá samplaí le feiceáil ar na **galláin** agus ar chlocha eile.
- Ainmneacha **na dtaoiseach agus na ríthe** a bhíodh scríofa orthu.
- Baineadh úsáid as **Ogham** in **Albain** chomh maith.

③ NA CANÚINTÍ

Tá difríochtaí áirithe idir chanúintí éagsúla na Gaeilge. Tugtar na difríochtaí seo faoi deara go mór mór sna gnéithe seo a leanas:

(1) **fuaimniú** (pronunciation)
(2) **stór focal** (vocabulary)
(3) **nathanna cainte**
(4) **gramadach.**

Canúint Uladh	Canúint Chonnacht	Canúint na Mumhan
croc	croc	cnoc
mrá	mrá	mná

(níl ansin ach roinnt samplaí)

I gcanúint na Mumhan cuirtear an **bhéim** (stress) ar an siolla deireanach más guta fada atá ann. I gcanúint Chonnacht agus i gcanúint Uladh cuirtear an bhéim ar an gcéad siolla, taobh amuigh d'eisceacht nó dhó.

1. FUAIMNIÚ

Canúint Uladh	Canúint Chonnacht	Canúint na Mumhan
gluaisteán	gluaisteán	gluaisteán
múinteoir	múinteoir	múinteoir
siopadóir	siopadóir	siopadóir

2. STÓR FOCAL

Canúint Uladh	Canúint Chonnacht	Canúint na Mumhan
cuidiú	cabhair	cabhair
doiligh	deacair	deacair
gasúr	gasúr	garsún
iontach	an-	an-
mada	gadhar	madra
measartha	réasúnta/cuibheasach	cuibheasach (cuíosach)
préataí	fataí	prátaí
tobann	tobann	obann
úr	nua	nua

(Níl anseo ach roinnt samplaí.)

3. NATHANNA CAINTE

Canúint Uladh	Canúint Chonnacht	Canúint na Mumhan
cad é mar atá tú?	cén chaoi a bhfuil tú?	conas tá tú?
gabh anseo/goitse	gabh i leith	tar anseo

(Níl anseo ach roinnt samplaí.)

4. GRAMADACH

I gcanúint **Uladh** agus i gcanúint **Chonnacht** úsáidtear an **fhoirm scartha** den bhriathar; i gcanúint **na Mumhan** úsáidtear an **fhoirm tháite**:

Canúint Uladh	Canúint Chonnacht	Canúint na Mumhan
cheap mé	cheap mé	cheapas
bhí mé	bhí mé	bhíos
an raibh tú?	an raibh tú?	an rabhais?

I gcanúint **Uladh** úsáidtear séimhiú seachas urú sa tuiseal tabharthach:

Canúint Uladh	Canúint Chonnacht	Canúint na Mumhan
ar an bhóthar	ar an mbóthar	ar an mbóthar

④

MEATH NA GAEILGE SA NAOÚ HAOIS DÉAG

Thosaigh meath na Gaeilge **cúig chéad bliain** ó shin leis na **ríthe Túdaracha**, a chuir an Béarla chun cinn, agus lean sé le **fás na gcathracha**.

- Buille tubaisteach ba ea **teip Éirí Amach 1798**.
- Tugadh tús áite don Bhéarla i **gColáiste Phádraig, Maigh Nuad**. Rinne an **Eaglais Chaitliceach** a gnó trí mheán an **Bhéarla**.
- Nuair a bunaíodh na scoileanna náisiúnta (1831 ar aghaidh) bhain siad úsáid as **córas oideachais Shasana**.
- Chuidigh an **Drochshaol** (1845–47) le meath na Gaeilge. Fuair milliún duine bás agus chuaigh milliún eile ar imirce go Meiriceá agus go dtí an Astráil, Gaeilgeoirí a bhformhór mór.
- Thug **Daniel O'Connell** agus a ghluaiseacht **tús áite don Bhéarla**.

- San fhichiú haois bhí tionchar as cuimse ag **scannáin, an raidió agus an teilifís** i leathnú an Bhéarla ar fud an domhain.

⑤ AN BÉALOIDEAS

Tugtar **béaloideas** ar eolas ó bhéal ar leis na gnáthdhaoine é a thagann anuas ó ghlúin go glúin. Baineann an béaloideas le **dánta, scéalta, seanfhocail, piseoga, logainmneacha, nathanna cainte**, agus **paidreacha**. Bunaíodh **Coimisiún Béaloideasa Éireann** sa bhliain **1935**.

Tréithe an bhéaloidis

- **Simplíocht na bpearsan.**
- **Áibhéil agus dochreidteacht** na scéalta agus na ndánta.
- **Greann agus fáthchiallachas** na scéalta.
- **Dílseacht na bpearsan** agus **draíocht** agus **geasa** sna scéalta.
- **Niachas** sna dánta agus scéalta.
- **Na ceachtanna** a bhíodh le foghlaim sna scéalta agus dánta.
- **Barbarthacht** agus **gaiscíocht.**

⑥ An t-amhrán

Tháinig meadarachtaí **an amhráin** chun cinn le deireadh **Ré na bPátrún** agus de bharr sin an **dáin dhírigh**.

- **Meadarachtaí aiceanta** bunaithe ar rithim ghnáthchainte atá san amhrán.
- **Friotal** i bhfad níos simplí (ná an dán díreach) le Gaeilge na ngnáthdhaoine.
- Bíonn go leor **tagairtí don dúlra** ann.
- Ba iad **Seathrún Céitinn, Piaras Feirtéir, Dáibhí Ó Bruadair** agus **Pádraigín Haicéad** na filí ba mhó le rá a scríobh dánta i meadaracht an amhráin sa seachtú haois déag.
- Scríobh roinnt filí **Uladh** i bhfoirm véarsaíochta ar a dtugtar **trí rann agus amhrán**, ina mbíodh **trí véarsa** i meadarachtaí siollacha an **dáin dhírigh** agus an **véarsa deireanach** i meadaracht **an amhráin**.
- Scríobhadh filíocht éagsúil, idir **amhráin ghrá, chaointe, aislingí** agus **aortha**, i meadarachtaí an amhráin **sa seachtú agus san ochtú haois déag.**

Teanga

(1) An Ghaeilge mar theanga Cheilteach

(2) Teagmháil na Gaeilge le teangacha eile

Tionchar Iasachta ar an nGaeilge

⑦ Tionchar na Lochlannach

Tar éis scrios na mainistreacha ón **naoú haois** ar aghaidh, tháinig an Ghaeilge faoi thionchar theanga na **Lochlannach**. Baineann formhór na bhfocal a tháinig ón **Lochlainnis** le **cúrsaí tráchtála agus loingseoireachta:**

oileán
fuinneog
scilling
margadh

> bád
> bord
> cnaipe

Tionchar na Normannach

Thosaigh sé seo ón mbliain **1169** ar aghaidh. Thug na Normannaigh **an Fhraincis agus an Béarla** isteach in Éirinn. Tá baint ag go leor de na focail seo le **cúrsaí eaglaise, dlí, agus polaitíochta**:

> buidéal
> dainséar
> garsún
> pardún
> péinteáil
> séipéal
> seomra

Tionchar na Laidine

Bhí tionchar ag an Laidin ar an nGaeilge mar gheall ar **theacht na Críostaíochta** agus an bhaint a bhí ag Éirinn leis an m**Breatain** (áit a raibh na **Rómhánaigh** i réim).

> arm
> athair
> cat
> leabhar
> máistir
> máthair
> míle
> sagart

(3) Na canúintí (féach leathanach 192)

(4) Athbheochan na Gaeilge roimh 1893 (féach leathanach 197)

(5) An Ghaeltacht san aonú haois fhichead

Tá dhá chineál ceantar Gaeltachta ann: **fíor-Ghaeltacht**, ina labhraíonn formhór na ndaoine an Ghaeilge sa bhaile, agus **breac-Ghaeltacht**, ina labhraíonn daoine Gaeilge agus Béarla.

Na ceantair Ghaeltachta

- **Conamara** agus **Oileáin Árann** i gContae na Gaillimhe
- **Contae Dhún na nGall**
- **Ráth Cairn** i gContae na Mí
- **Corca Dhuibhne** i gContae Chiarraí
- **Cúil Aodha** augs **Baile Bhuirne** i gContae Chorcaí
- **Eachléim, Ceathrú Thaidhg** agus **Tuar Mhic Éadaigh** i gContae Mhaigh Eo
- **an Rinn** i gContae Phort Láirge
- Tá an ceantar Gaeltachta is mó i gConamara, Contae na Gaillimhe.

- D'aistrigh go leor daoine ó Chonamara go **Ráth Cairn**, Contae na Mí, sna caogaidí agus sna seascaidí. D'aistrigh cuid mhaith eile ó Chontae Chiarraí, Chontae Mhaigh Eo agus Chontae Dhún na nGall go **Baile Ghib** i gContae na Mí. Polasaí an Rialtais ba chúis leis seo. D'éirigh go maith leis an scéim i **Ráth Cairn**, ach nior éirigh chomh maith sin léi i **mBaile Ghib**.
- Téann na mílte dalta ó bhunscoileanna agus mheánscoileanna go dtí na ceantair éagsúla Ghaeltachta gach samhradh ag foghlaim na Gaeilge.
- Creidtear go bhfuil an teanga ag fáil bháis i gcuid mhaith de na ceantair Ghaeltachta le tamall anuas.

FORBAIRTÍ SA GHAEILGE ÓN MBLIAIN 1960 I LEITH

Seo a leanas cuid d'fhorbairtí na Gaeilge ó thús na seascaidí:
- **Gael-Linn,** a chuireann cúrsaí ar fáil do dhaoine fásta agus do mhic léinn
- **Slógadh,** príomhfhéile ealaíon don óige
- **Bord na Gaeilge,** eagraíocht stáit a chuireann an Ghaeilge chun cinn
- **Raidió na Gaeltachta** agus **Raidió na Life**
- **TG4**
- Nuachtáin agus irisí: **Foinse, Lá, Feasta, Comhar, Mahogany Gaspipe, An Staighre, An Dréimire, An tUltach,** srl.
- **Comhar na Múinteoirí Gaeilge**
- **Na scoileanna Gaelacha**
- **Comhdháil Náisiúnta na Gaeilge**
- **Údarás na Gaeltachta**
- **Institiúid Teangeolaíochta Éireann** (Linguistics Institute of Ireland)

LITRÍOCHT

An Fhiannaíocht
- Cuid den **bhéaloideas** is ea na scéalta seo.
- Baineann na scéalta leis an bh**Fiann** agus le **Fionn mac Cumhail,** in aimsir **Chormaic mhic Airt.**
- '**Agallamh na Seanórach', 'Tóraíocht Dhiarmada agus Ghráinne'** agus '**Bruíon Chaorthainn'** na saothair is tábhachtaí.
- **Gnáthdhaoine** is mó atá sna scéalta.
- Tarlaíonn na heachtraí **amuigh faoin aer.**
- Bíonn **áibhéil** (exaggeration) **agus barbarthacht** (barbarity) iontu.
- Bíonn **draíocht** (magic), **crógacht** (bravery) agus **niachas** (chivalry) sna scéalta.
- Tá béim ar **dhinnseancha**s (seanchas na logainmneacha) ach ní ar **an dúlra** iontu.
- Is minic a bhíonn **rothag** ('run') sna scéalta.
- Scríobhadh na dánta sa stíl ar a dtugtar an '**dán díreach'.**
- Feictear **coimhlint idir an phágántacht agus an Chríostaíocht** iontu.

AN BÉALOIDEAS: NÓSANNA, FÉILTE, AGUS TRAIDISIÚIN

(11) An dán díreach
- Tá baint ag an dán díreach leis an tréimhse **1300–1600**.
- **Filíocht shiollach** le **méid áirithe siolla i ngach líne** a bhíodh sa dán díreach.
- Bhíodh ceird na filíochta á cleachtadh i **dteaghlaigh ar leith**.
- Bhíodh ar na filí **seacht mbliana** a chaitheamh ag foghlaim dlí, ginealais, filíocht agus stair **sna bardscoileanna agus sna dámhscoileanna**.
- Bhíodh ar an mbard na dánta a léamh nó a rá **i láthair an taoisigh**.
- Is beag **mothú** a bhíodh iontu.
- Is sampla den dán díreach **'Fuaras Mian'**.
- Chuidigh an **Drochshaol (1845–47)** le meath na Gaeilge. Fuair **milliún duine bás** agus chuaigh **milliún** eile ar imirce go **Meiriceá** agus tíortha eile, **Gaeilgeoirí a bhformhór**.

(12) Athbheochan na Gaeilge
- Thosaigh sí sa **dara leath den naoú haois déag**.
- Scoláirí ón iasacht, ar nós **Johann Zeuss** agus **Kuno Meyer**, is mó a chuidigh leis.
- Chomh maith leo siúd chuidigh na scoláirí **Seán Ó Donnabháin** agus **Eoghan Ó Comhraí** leis an athbheochan.
- Foilsíodh **Irisleabhar na Gaeilge** sa bhliain **1882**.
- Bunaíodh **Conradh na Gaeilge** sa bhliain **1893** agus d'fhoilsigh sé *An Claidheamh Soluis*. Bhí **Patrick Pearse** ina eagarthóir air.
- Bhunaigh **Dáithí Ó Cuimín** agus **Eoin Ó Nualláin** an **Society for the Preservation of the Irish Language** sa bhliain **1876**, agus glacadh leis an nGaeilge mar ábhar sna scoileanna ina dhiaidh sin.
- Chuidigh **foclóir Gaeilge-Béarla Uí Dhuinnín (1904)** agus **foclóir Gaeilge-Béarla Uí Dhónaill (1978)**.
- Bunaíodh **Oireachtas na Gaeilge** (1897), **Rannóg an Aistriúcháin** (1922), an **Gúm** (1926), agus an **Coiste Téarmaíochta** (1927).
- Dar ndóigh, cuidíonn **Raidió na Gaeltachta**, **Raidió na Life**, **TG4** agus forbairt na **gcúrsaí samhraidh** agus na **scoileanna Gaelacha** leis an athbheochan.

AN LITRÍOCHT

(13) An Rúraíocht
Cnuasach **laochscéalta** atá inti, a bhfuil baint acu le **Cúige Uladh**. Tá siad suite in aimsir **Chonchúir mhic Neasa**. Glacann **Cú Chulainn** páirt mhór sa choimhlint a bhíonn ar siúl idir **Cúige Chonnacht agus Cúige Uladh**.
- Daoine uaisle a bhíonn sna scéalta.
- Bíonn **draíocht** agus **niachas** go forleathan iontu.
- Tá neart **logainmneacha** ann.

- Is iomaí uair a bhíonn **an lámh in uachtar ag an mbean**.
- Is sna **caisleáin agus sna dúnta** a tharlaíonn na heachtraí.
- Feictear **áibhéil agus barbarthacht** iontu.
- Tá na heachtraí suite idir an **séú haois** agus an **dara haois déag**.

STAIR NA GAEILGE
CEISTEANNA SCRÚDAITHE NA ROINNE OIDEACHAIS
1999–2004

Ceist 4	Stair na Gaeilge—2004	[30 marc]

Scríobh gearrchuntas ar **dhá cheann** díobh seo a leanas.

(a) Do rogha **beirt** díobh seo:
Máire Mhac an tSaoi; Séamas Ó Néill; Caitlín Maude; Pádraig Mac Piarais; Máirtín Ó Direáin; Brian Merriman; Áine Ní Ghlinn; Séamas Ó Grianna ('Máire').

(b) Tionchar na Laidine **nó** na Lochlainnise **nó** na Fraincise ar an nGaeilge. (Is leor **trí** mhórphointe.)

(c) An Fhiannaíocht. (Is leor **trí** mhórphointe.)

(d) An Aisling Pholaitiúil. (Is leor **trí** mhórphointe.)

(e) Meath na Gaeilge sa naoú haois déag. (Is leor **trí** mhórphointe.)

(f) Do rogha **dhá cheann** díobh seo leanas: Foras (Bord) na Gaeilge; TG 4; An Caighdeán Oifigiúil; An Ghaeltacht.

Ceist 4	Stair na Gaeilge—2003	[30 marc]

Scríobh gearrchuntas ar **dhá cheann** acu seo a leanas.

(a) Do rogha **beirt** díobh seo:
Pádraig Mac Piarais; Dubhghlas de hÍde; Máirtín Ó Cadhain; Seosamh Mac Grianna; Aogán Ó Rathaille; Liam Ó Flaithearta; Cathal Ó Searcaigh; Nuala Ní Dhomhnaill.

(b) An Rúraíocht. (Is leor **trí** mhórphointe.)

(c) An Ghaeilge mar theanga Cheilteach. (Is leor **trí** mhórphointe.)

(d) Athbheochan na Gaeilge. (Is leor **trí** mhórphointe.)

(e) Béaloideas na Gaeilge. (Is leor **trí** mhórphointe.)

(f) Do rogha **dhá cheann** díobh seo:
Ogham, Na Gluaiseanna, Leabhar na hUidhre, Filíocht na mBard.

Ceist 4	Stair na Gaeilge—2002	[30 marc]

Scríobh gearrchuntas ar **dhá cheann** acu seo a leanas.

(a) Tionchar do rogha **dhá cheann** de na teangacha seo ar an nGaeilge:
Laidin, Lochlannais, Fraincis, Béarla.

(b) Trí Mhórchanúint na Gaeilge. (Is leor **trí** mhórphointe.)

(c) An Fhiannaíocht. (Is leor **trí** mhórphointe.)

(d) An Aisling Pholaitiúil. (Is leor **trí** mhórphointe.)

(e) Do rogha **beirt** díobh seo a leanas:
Seosamh Mac Grianna; Caitlín Maude; Pádraic Ó Conaire; Máire Mhac an

tSaoi; Aogán Ó Rathaille; Peadar Ó Doirnín; Eibhlín Dhubh Ní Chonaill; Breandán Ó hEithir; Máirtín Ó Cadhain.

(f)   An Ghaeilge agus na Meáin Chumarsáide (teilifís, raidió, nuachtáin, iriseoireacht) sa lá atá inniu ann. (Is leor **trí** mhórphointe.)

Ceist 4	Stair Na Gaeilge—2001	[30 marc]

Scríobh gearrchuntas ar *dhá cheann* acu seo a leanas:

(a)   Do rogha **beirt** díobh seo:
      Antaine Ó Reachtaire; Brian Merriman; Peadar Ó Doirnín; Peig Sayers; Liam Ó Flaithearta; Mairéad Ní Ghráda; Séamus Ó Néill; Síle Ní Chéilleachair.

(b)   An Ghaeilge mar theanga Cheilteach (Is leor **trí** mhórphointe).

(c)   An Rúraíocht (Is leor **trí** mhórphointe).

(d)   Na Dánta Grá (Is leor **trí** mhórphointe).

(e)   Athbheochan na Gaeilge (Is leor **trí** mhórphointe).

(f)   Do rogha **dhá cheann** díobh seo:
      Ogham; na Gluaiseanna Sean-Ghaeilge; Logainmneacha na hÉireann.

Ceist 4	Stair Na Gaeilge—2000	[30 marc]

Scríobh gearrchuntas ar *dhá cheann* acu seo a leanas:

(a)   Do rogha **beirt** díobh seo:
      Pádraig Ó Conaire; Máire Mhac an tSaoi; Séamas Ó Grianna ('Máire'); Tomás Ó Criomhthainn; Cathal Ó Searcaigh; Eibhlín Dhubh Ní Chonaill; Louis de Paor.

(b)   An Fhiannaíocht (Is leor **trí** mhórphointe).

(c)   An tAmhrán i Litríocht na Gaeilge (Is leor **trí** mhórphointe).

(d)   An Scéalaíocht i mBéaloideas na Gaeilge (Is leor **trí** mhórphointe).

(e)   An Ghaeilge sna meáin chumarsáide (Is leor trácht ar **dhá** cheann díobh seo: Teilifís, Raidió, Nuachtáin, Irisí).

(f)   An Ghaeltacht inniu (Is leor **trí** mhórphointe).

Ceist 4	Stair Na Gaeilge—1999	[30 marc]

Scríobh gearrchuntas ar *dhá cheann* acu seo a leanas:

(a)   Do rogha **beirt** díobh seo:
      Cathal Buí Mac Giolla Gunna, Dubhghlas de hÍde, Peig Sayers, Máirtín Ó Cadhain, Seosamh Mac Grianna, Máirtín Ó Direáin, Nuala Ní Dhomhnaill, Siobhán Ní Shúilleabháin.

(b)   An Ghaeilge mar theanga Cheilteach (Is leor **trí** mhórphointe).

(c)   An Rúraíocht (an Laochscéalaíocht Ultach) (Is leor **trí** mhórphointe).

(d)   Fílíocht na mBard (Fílíocht na Scol) (Is leor **trí** mhórphointe).

(e)   An Aisling Pholaitiúil i Litríocht na Gaeilge (Is leor **trí** mhórphointe).

(f)   Tionchar do rogha **dhá cheann** de na teangacha seo a leanas ar an nGaeilge: Laidin, Lochlainnis, Fraincis, Béarla.

GRAMADACH

Na briathra rialta
AN CHÉAD RÉIMNIÚ

Modh ordaitheach	Aimsir chaite	Aimsir láithreach	Aimsir fháistineach	Aimsir ghnáthchaite	Modh coinníollach
fág [leave]	d'fhág	fágann	fágfaidh	d'fhágadh	d'fhágfadh
bris [break]	bhris	briseann	brisfidh	bhriseadh	bhrisfeadh
ól [drink]	d'ól	ólann	ólfaidh	d'óladh	d'ólfadh
dóigh [burn]	dhóigh	dónn	dófaidh	dhódh	dhófadh
caith [throw/wear/spend]	chaith	caitheann	caithfidh	chaitheadh	chaithfeadh
siúil [walk]	shiúil	siúlann	siúlfaidh	shiúladh	shiúlfadh
léigh [read]	léigh	léann	léifidh	léadh	léifeadh
sábháil [save]	shábháil	sábhálann	sábhálfaidh	shábháladh	shábhálfadh
buaigh [win]	bhuaigh	buann	buafaidh	bhuadh	bhuafadh
iarr [request]	d'iarr	iarrann	iarrfaidh	d'iarradh	d'iarrfadh
mol [praise]	mhol	molann	molfaidh	mholadh	mholfadh
fan [wait]	d'fhan	fanann	fanfaidh	d'fhanadh	d'fhanfadh

An briathar saor

Modh ordaitheach	Aimsir chaite	Aimsir láithreach	Aimsir fháistineach	Aimsir ghnáthchaite	Modh coinníollach
fág	fágadh	fágtar	fágfar	d'fhágtaí	d'fhágfaí
bris	briseadh	bristear	brisfear	bhristí	bhrisfí
ól	óladh	óltar	ólfar	d'óltaí	d'ólfaí
iarr	iarradh	iarrtar	iarrfar	d'iarrtaí	d'iarrfaí

AN DARA RÉIMNIÚ

Modh ordaitheach	Aimsir chaite	Aimsir láithreach	Aimsir fháistineach	Aimsir ghnáthchaite	Modh coinníollach
ceannaigh [buy]	cheannaigh	ceannaíonn	ceannóidh	cheannaíodh	cheannódh
dúisigh [wake]	dhúisigh	dúisíonn	dúiseoidh	dhúisíodh	dhúiseodh
beannaigh [bless/greet]	bheannaigh	beannaíonn	beannóidh	bheannaíodh	bheannódh
éirigh [rise]	d'éirigh	éiríonn	éireoidh	d'éiríodh	d'éireodh
ceangail [tie]	cheangail	ceanglaíonn	ceanglóidh	cheanglaíodh	cheanglódh
socraigh [settle]	shocraigh	socraíonn	socróidh	shocraíodh	shocródh
foghlaim [learn]	d'fhoghlaim	foghlaimíonn	foghlaimeoidh	d'fhoghlaimíodh	d'fhoghlaimeodh
aithin [recognise]	d'aithin	aithníonn	aithneoidh	d'aithníodh	d'aithneodh
imir [play]	d'imir	imríonn	imreoidh	d'imríodh	d'imreodh
inis [tell]	d'inis	insíonn	inseoidh	d'insíodh	d'inseodh

An briathar saor

ceannaigh	ceannaíodh	ceannaítear	ceannófar	cheannaítí	cheannófaí
dúisigh	dúisíodh	dúisítear	dúiseofar	dhúisítí	dhúiseofaí
éirigh	éiríodh	éirítear	éireofar	d'éirítí	d'éireofaí
imir	imríodh	imrítear	imreofar	d'imrítí	d'imreofaí
inis	insíodh	insítear	inseofar	d'insítí	d'inseofaí

CLEACHTADH

Athscríobh na habairtí seo a leanas agus cuir isteach an fhoirm cheart den bhriathar atá idir lúibíní i ngach cás.

1   An (fan) Liam sa bhaile oíche Aoine seo chugainn?

_____

2   Ní (ól) Méabh usice beatha go deo arís.

_____

3   (Siúil) Áine abhaile ón scoil lena cara amárach.

_____

4   An (ceannaigh) Lorcán leabhar nua i mBaile Átha Cliath arú amárach?

_____

5 (Léigh mé) nuachtán na maidine dá mbeadh an deis agam.

_____

6 Dúirt Áine go (éirigh) sí go moch maidin amárach.

_____

7 (Imir) Trevor Giles sárchluiche don Mhí i gcoinne Chill Dara, ach (buaigh) Niall Buckley an duais.

_____

8 Dúirt an múinteoir go (caith muid) an obair bhaile sin a dhéanamh anocht.

_____

9 (Rith) Sonia O'Sullivan sa rás dá (inis) bainisteoir na foirne di é a dhéanamh.

_____

10 Dá (creid tú) an raiméis sin (creid tú) rud ar bith.

_____

11 (Éist) mé leat inné ach ní (éist) mé leat riamh arís.

_____

12 Má (fan) tú ag oifig an phoist (buail) mé leat ag leathuair tar éis a hocht, le cúnamh Dé.

_____

Na briathra neamhrialta

Modh ordaitheach	Aimsir chaite	Aimsir láithreach	Aimsir fháistineach	Aimsir ghnáthchaite	Modh coinníollach
bí	bhí	tá	beidh	bhíodh	bheadh
[be]	ní raibh	níl	ní bheidh	ní bhíodh	ní bheadh
abair	dúirt	deir	déarfaidh	deireadh	déarfadh
[say]	ní dúirt	ní deir	ní déarfaidh	ní deireadh	ní déarfadh
beir	rug	beireann	béarfaidh	bheireadh	bhéarfadh
[catch]	níor rug	ní bheireann	ní bhéarfaidh	ní bheireadh	ní bhéarfadh
clois	chuala	cloiseann	cloisfidh	chloiseadh	chloisfeadh
[hear]	níor chuala	ní chloiseann	ní chloisfidh	ní chloiseadh	ní chloisfeadh
déan	rinne	déanann	déanfaidh	dhéanadh	dhéanfadh
[do/ make]	ní dhearna	ní dhéanann	ní dhéanfaidh	ní dhéanadh	ní dhéanfadh

Modh ord-aitheach	Aimsir chaite	Aimsir láithreach	Aimsir fháistineach	Aimsir ghnáthchaite	Modh coinníollach
feic [*see*]	chonaic ní fhaca	feiceann ní fheiceann	feicfidh ní fheicfidh	d'fheiceadh ní fheiceadh	d'fheicfeadh ní fheicfeadh
ith [*eat*]	d'ith níor ith	itheann ní itheann	íosfaidh ní íosfaidh	d'itheadh ní itheadh	d'íosfadh ní íosfadh
faigh [*get*]	fuair ní bhfuair	faigheann ní fhaigheann	gheobhaidh ní bhfaighidh	d'fhaigheadh ní fhaigheadh	gheobhadh ní bhfaigheadh
tabhair [*give*]	thug níor thug	tugann ní thugann	tabharfaidh ní thabharfaidh	thugadh ní thugadh	thabharfadh ní thabharfadh
tar [*come*]	tháinig níor tháinig	tagann ní thagann	tiocfaidh ní thiocfaidh	thagadh ní thagadh	thiocfadh ní thiocfadh
téigh [*go*]	chuaigh ní dheachaigh	téann ní théann	rachaidh ní rachaidh	théadh ní théadh	rachadh ní rachadh

An briathar saor

Modh ordaitheach	Aimsir chaite	Aimsir láithreach	Aimsir fháistineach	Aimsir ghnáthchaite	Modh coinníollach
bí	bhíothas ní rabhthas	táthar níltear	beifear	bhítí	bheifí
abair	dúradh ní dúradh	deirtear ní deirtear	déarfar ní déarfar	deirtí	déarfaí
beir	rugadh	beirtear	béarfar	bheirtí	bhéarfaí
clois	chualathas	cloistear	cloisfear	chloistí	chloisfí
déan	rinneadh ní dhearnadh	déantar	déanfar	dhéantaí	dhéanfaí
feic	chonacthas ní fhacthas	feictear	feicfear	d'fheictí	d'fheicfí
ith	itheadh	itear	íosfar	d'ití	d'íosfaí
faigh	fuarthas ní bhfuarthas	faightear	gheobhfar ní bhfaighfear	d'fhaightí	gheofaí
tabhair	tugadh	tugtar	tabharfar	thugtaí	thabharfaí
tar	thángthas	tagtar	tiocfar	thagtaí	thiocfaí
téigh	chuathas ní dheachthas	téitear	rachfar	théití	rachfaí

CLEACHTADH

Athscríobh na habairtí seo a leanas agus cuir isteach an fhoirm cheart de na focail atá idir lúibíní.

1 Níor (tar) Seán abhaile go dtí leathuair tar éis a deich aréir, agus ní (bí) a mháthair sásta leis.

_____

2 (Téigh) mé go dtí Baile Átha Cliath le mo chairde ar maidin agus níor (tar) mé abhaile go dtí meán oíche.

_____

3 Dá (bí) seans agam (téigh mé) chuig Prodigy san RDS.

_____

4 Níor (clois) mé amhrán nua na Spice Girls go fóill, ach (clois) mé ar an raidió anocht é.

_____

5 Dá (faigh) Donncha seans ar bith (bí) an bua aige sa rás, ach táim ag ceapadh nach (bí) sé ann.

_____

6 (Tabhair mé) póg do Mháirín dá (tabhair) sí seans dom.

_____

7 Ní (feic) mé Pól ar scoil inniu. Meas tú an (bí) sé ar scoil amárach?

_____

8 An (déan tú) an aiste dá (tabhair mé) cabhair duit?

_____

9 An (abair tú) le hÓrlaith go (feic) mé amárach í ach nach (bí) mé ábalta bualadh léi arú amárach?

_____

10 Ar (beir) na Gardaí ar na gadaithe a (déan) an robáil?

_____

An forainm réamhfhoclach
(The prepositional pronoun)

ag [*at*]	**de** [*from*]	**le** [*with/belonging to*]	**roimh** [*before*]
agam	díom	liom	romham
agat	díot	leat	romhat
aige, aici	de, di	leis, léi	roimhe, roimpi

againn	dínn	linn	romhainn
agaibh	díbh	libh	romhaibh
acu	díobh	leo	rompu

ar [*on*]	**do** [*to*]	**ó** [*from*]	**thar** [*over*]
orm	dom	uaim	tharam
ort	duit	uait	tharat
air, uirthi	dó, di	uaidh, uaithi	thairis, thairsti
orainn	dúinn	uainn	tharainn
oraibh	daoibh	uaibh	tharaibh
orthu	dóibh	uathu	tharstu

as [*out of*]	**faoi** [*under/ about*]	**trí** [*through*]	**idir** [*between*]
asam	fúm	tríom	—
asat	fút	tríot	—
as, aisti	faoi, fúithi	tríd, tríthi	—
asainn	fúinn	trínn	eadrainn
asaibh	fúibh	tríbh	eadraibh
astu	fúthu	tríothu	eatarthu

chuig [*towards*]	**i** [*in*]	**um** [*around*]
chugam	ionam	umam
chugat	ionat	umat
chuige, chuici	ann, inti	uime, uimpi
chugainn	ionainn	umainn
chugaibh	ionaibh	umaibh
chucu	iontu	umpu

Leanann *séimhiú* na réamhfhocail seo a leanas:

ar	**idir**
de	**ó**
do	**roimh**
faoi	**thar**

Leanann *urú* an réamhfhocal seo:

i

CLEACHTADH

Athscríobh na habairtí seo a leanas agus líon na bearnaí iontu.

   1 Bhí Dónall ag féachaint … an rás inné.

2 Scríobh Éadaoin litir … a hathair, ach ní bhfuair sí litir ar ais …

_____

3 Ar íoc tú … na deochanna go fóill?

_____

4 Bhí … dul abhaile agus aire a thabhairt do mo mhadra.

_____

5 Bhuail mé … mo chara Áine aréir, ach níor thug mé an bronntanas … go fóill.

_____

6 Tá pas ag teastáil … sa scrúdú, ach ní éireoidh … má bhíonn mé leisciúil.

_____

7 Chuir D. J. Carey an sliotar … an trasnán agus bhí an bua … Cill Chainnigh.

_____

8 Nuair a chonaic mé Eoghan bheannaigh mé …

_____

9 Chuir Úna a cóta … agus chuaigh sí amach an doras.

_____

10 Dúirt Antaine go raibh Pádraig ag caint … ach níl mé chun aon rud a dhéanamh …

_____

11 Thit mé … chrann nuair a bhí mé ag iarraidh na húlla a ghoid.

_____

12 Bhain siad … a gcasóga.

_____

Céimeanna comparáide na haidiachta

Bunchéim	_Breischéim_	_Sárchéim_
	níos—	is—
bán	báine	báine
bog	boige	boige
ciallmhar	ciallmhaire	ciallmhaire
dall	daille	daille
dearg	deirge	deirge
dian	déine	déine
donn	doinne	doinne
dubh	duibhe	duibhe
fliuch	fliche	fliche

gar	gaire	gaire
glas	glaise	glaise
gorm	goirme	goirme
mall	maille	maille
óg	óige	óige
aoibhinn	aoibhne	aoibhne
ciúin	ciúine	ciúine
dílis	dílse	dílse
láidir	láidre	láidre
milis	milse	milse
brónach	brónaí	brónaí
cumhachtach	cumhachtaí	cumhachtaí
díreach	dírí	dírí
iontach	iontaí	iontaí
oiriúnach	oiriúnaí	oiriúnaí
salach	salaí	salaí
tuirseach	tuirsí	tuirsí
cáiliúil	cáiliúla	cáiliúla
misniúil	misniúla	misniúla
dána	dána	dána
tapa	tapa	tapa

AIDIACHTAÍ NEAMHRIALTA

Bunchéim	*Breischéim*	*Sárchéim*
	níos—	is—
álainn	áille	áille
beag	lú	lú
breá	breátha	breátha
dócha	dóichí	dóichí
fada	faide	faide
fogas	foisce	foisce
furasta	fusa	fusa
gearr	giorra	giorra
iomaí	lia	lia
ionúin	ansa/ionúine	ansa/ionúine
maith	fearr	fearr
mór	mó	mó
nua	nuaí	nuaí
olc	measa	measa
te	teo	teo
tréan	tréine/treise	tréine/treise
—	túisce	túisce

CLEACHTADH

Athscríobh na habairtí seo a leanas agus cuir isteach an fhoirm cheart de na focail atá idir lúibíní.

1 Tá an seomra níos (salach) inniu.

_____

2 Bíonn madra níos (beag) ná capall ach bíonn cat níos (mór) ná luch.

_____

3 Tá an Spáinn níos (te) ná Éire, ach tá Éire níos (glas) ná an Spáinn.

_____

4 Deirtear go bhfuil sé níos (furasta) pas a fháil sa Bhéarla ná mar atá sé sa Ghaeilge.

_____

5 Tá Donovan Bailey níos (tapa) ná Michael Johnson.

_____

6 Dúirt mo chara go bhfuil Maigh Eo níos (maith) ná an Mhí, ach tá mise ag ceapadh nach bhfuil an ceart aige.

_____

7 Is (gar) cabhair Dé ná an doras.

_____

8 Feicfidh mé thú níos (minic) as seo amach.

_____

9 Tá an aimsir tirim go leor inniu, ach meastar go mbeidh sí níos (tirim) amárach, le cúnamh Dé.

_____

10 Tá na daltaí dána inniu, ach bhí siad i bhfad níos (olc) inné.

_____

Briathra éagsúla

Anseo thíos tugaim liosta de na briathra is coitianta sa Ghaeilge. Molaim duit cleachtadh a dhéanamh orthu ionas go mbeidh tú in ann úsáid a bhaint astu agus tú ag labhairt agus ag scríobh na Gaeilge.

Modh ordaitheach		Ainm briathartha	Aidiacht bhriathartha
abair	[say]	rá	ráite
adhlaic	[bury]	adhlacadh	adhlactha
admhaigh	[admit]	admháil	admhaithe
aimsigh	[aim]	aimsiú	aimsithe

Modh ordaitheach		Ainm briathartha	Aidiacht bhriathartha
airigh	[*perceive*]	aireachtáil	—
aiséirigh	[*rise again*]	aiséirí	aiséirithe
aithin	[*recognise*]	aithint	aitheanta
aithris	[*repeat*]	aithris	aithriste
áitigh	[*persuade*]	áiteamh	áitithe
aontaigh	[*agree*]	aontú	aontaithe
ardaigh	[*raise*]	ardú	ardaithe
bac	[*hinder*]	bacadh	bactha
bácáil	[*bake*]	bácáil	bácáilte
bagair	[*threaten*]	bagairt	bagartha
báigh	[*drown*]	bá	báite
bailigh	[*gather*]	bailiú	bailithe
bain	[*take*]	baint	bainte
baist	[*baptise*]	baisteadh	baiste
bánaigh	[*lay waste*]	bánú	bánaithe
beannaigh	[*bless*]	beannú	beannaithe
bearr	[*trim*]	bearradh	bearrtha
béic	[*roar*]	béiceadh	béicthe
beir	[*bear; catch*]	breith	beirthe
bí	[*be*]	bheith	—
blais	[*taste*]	blaiseadh	blasta
bligh	[*milk*]	bleán	blíte
bodhraigh	[*deafen*]	bodhrú	bodhraithe
bog	[*soften*]	bogadh	bogtha
braith	[*feel*]	brath	braite
breac	[*dot*]	breacadh	breactha
bréag	[*lie*]	bréagadh	bréagtha
breoigh	[*glow*]	breo	breoite
bris	[*break*]	briseadh	briste
bronn	[*bestow*]	bronnadh	bronnta
brúigh	[*press*]	brú	brúite
buaigh	[*win*]	buachan	buaite
buail	[*beat*]	bualadh	buailte
caill	[*lose*]	cailleadh	caillte
cáin	[*fine*]	cáineadh	cáinte
caith	[*throw*]	caitheamh	caite
cam	[*bend*]	camadh	camtha
can	[*sing*]	canadh	canta
caoch	[*blind*]	caochadh	caochta
caoin	[*lament*]	caoineadh	caointe
cas	[*turn; sing*]	casadh	casta
cealg	[*deceive*]	cealgadh	cealgtha

Modh ordaitheach		*Ainm briathartha*	*Aidiacht bhriathartha*
ceangail	[*tie*]	ceangal	ceangailte
ceannaigh	[*buy*]	ceannach	ceannaithe
ceap	[*compose*]	ceapadh	ceaptha
céas	[*crucify*]	céasadh	céasta
ceil	[*conceal*]	ceilt	ceilte
cinn	[*fix*]	cinneadh	cinnte
cíor	[*comb*]	cíoradh	cíortha
claon	[*incline*]	claonadh	claonta
cleacht	[*practise*]	cleachtadh	cleachta
clis	[*startle; fail*]	cliseadh	cliste
cloigh	[*adhere; conquer*]	cloí	cloíte
clois	[*hear*]	cloisteáil	cloiste
cnag	[*knock*]	cnagadh	cnagtha
cniog	[*rap*]	cniogadh	cniogtha
cniotáil	[*knit*]	cniotáil	cniotáilte
cnuasaigh	[*gather*]	cnuasach	cnuasaithe
codail	[*sleep*]	codladh	codlata
cogain	[*chew*]	cogaint	coganta
coimeád	[*keep*]	coimeád	coimeádta
coinnigh	[*keep*]	coinneáil	coinneáilte
cóirigh	[*arrange*]	cóiriú	cóirithe
coisc	[*prevent*]	cosc	coiscthe
comhair	[*count*]	comhaireamh	comhairthe
comóir	[*celebrate*]	comóradh	comórtha
cónaigh	[*live*]	cónaí	cónaithe
corraigh	[*move*]	corraí	corraithe
cosain	[*defend*]	cosaint	cosanta
cothaigh	[*feed*]	cothú	cothaithe
cráigh	[*torment*]	crá	cráite
creach	[*ruin*]	creachadh	creachta
creid	[*believe*]	creidiúint	creidte
criathraigh	[*sift*]	criathrú	criathraithe
croch	[*hang*]	crochadh	crochta
crom	[*bend*]	cromadh	cromtha
cros	[*cross*]	crosadh	crosta
crúigh	[*milk*]	crú	crúite
cuidigh	[*help*]	cuidiú	cuidithe
cuimhnigh	[*remember*]	cuimhneamh	cuimhnithe
cuimil	[*rub*]	cuimilt	cuimilte
cuir	[*put*]	cur	curtha
cum	[*compose*]	cumadh	cumtha
dáil	[*distribute*]	dáileadh	dáilte
dall	[*blind*]	dalladh	dallta

Modh ordaitheach		Ainm briathartha	Aidiacht bhriathartha
daor	[condemn]	daoradh	daortha
déan	[do]	déanamh	déanta
dearc	[look]	dearcadh	dearctha
dearmad	[forget]	dearmad	dearmadta
deisigh	[repair]	deisiú	deisithe
díbir	[banish]	díbirt	díbeartha
díol	[sell]	díol	díolta
dóigh	[burn]	dó	dóite
druid	[shut]	druidim	druidte
dúisigh	[wake]	dúiseacht	dúisithe
dún	[close]	dúnadh	dúnta
éag	[die]	éagadh	éagtha
éalaigh	[escape]	éalú	éalaithe
éiligh	[demand]	éileamh	éilithe
éirigh	[rise]	éirí	éirithe
éist	[listen]	éisteacht	éiste
eitigh	[refuse]	eiteach	eitithe
eitil	[fly]	eitilt	eitilte
fág	[leave]	fágáil	fágtha
faigh	[get]	fáil	faighte
fair	[watch]	faire	fairthe
fan	[wait]	fanacht	fanta
fás	[grow]	fás	fásta
feabhsaigh	[improve]	feabhsú	feabhsaithe
feac	[bend]	feacadh	feactha
féach	[look]	féachaint	—
féad	[be able]	féadachtáil	—
feann	[skin]	feannadh	feannta
fear	[grant]	fearadh	feartha
feic	[see]	feiceáil	feicthe
feil	[suit]	feiliúint	—
fiafraigh	[ask]	fiafraí	fiafraithe
figh	[weave]	fí	fite
fill	[return]	filleadh	fillte
fiosraigh	[enquire]	fiosrú	fiosraithe
fiuch	[boil]	fiuchadh	fiuchta
fliuch	[wet]	fliuchadh	fliuchta
foghlaim	[learn]	foghlaim	foghlamtha
freagair	[answer]	freagairt	freagartha
freastail	[attend]	freastal	freastalta
frioch	[fry]	friochadh	friochta
fuadaigh	[kidnap]	fuadach	fuadaithe

Modh ordaitheach		Ainm briathartha	Aidiacht bhriathartha
fuaigh	[sew]	fuáil	fuaite
fuaraigh	[cool]	fuarú	fuartha
fuascail	[release]	fuascailt	fuascailte
gabh	[catch]	gabháil	gafa
gair	[call]	gairm	gairthe
gáir	[shout]	gáire	gáirthe
geal	[whiten]	gealadh	gealta
geall	[promise]	gealladh	geallta
gearán	[complain]	gearán	gearánta
gearr	[cut]	gearradh	gearrtha
géill	[yield]	géilleadh	géillte
glac	[accept]	glacadh	glactha
glan	[clean]	glanadh	glanta
glaoigh	[call]	glaoch	glaoite
gléas	[dress]	gléasadh	gléasta
gluais	[move]	gluaiseacht	gluaiste
goid	[steal]	goid	goidte
goil	[cry]	gol	—
goill	[hurt]	goilleadh	goillte
gortaigh	[injure]	gortú	gortaithe
gread	[strike]	greadadh	greadta
gríosagih	[urge]	gríosú	gríosaithe
guigh	[pray]	guí	—
iarr	[ask]	iarraidh	iarrtha
imigh	[leave]	imeacht	imithe
imir	[play]	imirt	imeartha
impigh	[implore]	impí	impithe
inis	[tell]	insint	inste
íobair	[sacrifice]	íobairt	íobartha
íoc	[pay]	íoc	íoctha
iomar	[row]	iomramh	iomartha
iompaigh	[turn]	iompú	iompaithe
iompair	[transport]	iompar	iompartha
ionsaigh	[attack]	ionsaí	ionsaithe
ith	[eat]	ithe	ite
labhair	[speak]	labhairt	labhartha
láimhsigh	[handle]	láimhsiú	láimhsithe
lámhach	[shoot]	lámhach	lámhaithe
las	[light]	lasadh	lasta
leag	[place]	leagadh	leagtha
leáigh	[melt]	leá	leáite

Modh ordaitheach		Ainm briathartha	Aidiacht bhriathartha
lean	[follow]	leanúint	leanta
léas	[flog]	léasadh	léasta
leath	[spread]	leathadh	leata
leigheas	[cure]	leigheas	leigheasta
leon	[sprain]	leonadh	leonta
ligh	[lick]	lí	lite
líon	[fill]	líonadh	líonta
lobh	[rot]	lobhadh	lofa
loit	[damage]	lot	loite
lom	[strip]	lomadh	lomtha
lonnaigh	[settle]	lonnú	lonnaithe
lorg	[trace]	lorg	lorgtha
luaigh	[mention]	lua	luaite
lúb	[bend]	lúbadh	lúbtha
luigh	[lie]	luí	luite
machnaigh	[contemplate]	machnamh	—
maígh	[boast]	maíomh	maíte
mair	[live]	maireachtáil	martha
maisigh	[decorate]	maisiú	maisithe
maith	[forgive]	maitheamh	maite
marcáil	[mark]	marcáil	marcáilte
méadaigh	[multiply]	méadú	méadaithe
meáigh	[weigh]	meá	meáite
meall	[entice]	mealladh	meallta
measc	[mix]	meascadh	measctha
meath	[decay]	meath	meata
mill	[spoil]	milleadh	millte
mínigh	[explain]	míniú	mínithe
mol	[praise]	moladh	molta
múch	[quench]	múchadh	múchta
múin	[teach]	múineadh	múinte
múscail	[wake]	múscailt	múscailte
nasc	[tie]	nascadh	nasctha
neartaigh	[strengthen]	neartú	neartaithe
nigh	[wash]	ní	nite
nocht	[bare]	nochtadh	nochta
oibrigh	[work]	oibriú	oibrithe
oir	[suit]	oiriúint	—
oirnigh	[ordain]	oirniú	oirnithe
ól	[drink]	ól	ólta
ordaigh	[order]	ordú	ordaithe

Modh ordaitheach		Ainm briathartha	Aidiacht bhriathartha
oscail	[open]	oscailt	oscailte
pioc	[pick]	piocadh	pioctha
pléasc	[explode]	pléascadh	pléasctha
pléigh	[discuss]	plé	pléite
plúch	[smother]	plúchadh	plúchta
póg	[kiss]	pógadh	pógtha
poll	[hole]	polladh	pollta
pós	[marry]	pósadh	pósta
preab	[leap]	preabadh	preabtha
ramhraigh	[fatten]	ramhrú	ramhraithe
réab	[tear]	réabadh	réabtha
reic	[trade]	reic	reicthe
réitigh	[smooth]	réiteach	réitithe
reoigh	[freeze]	reo	reoite
rialaigh	[rule]	rialú	rialaithe
riar	[administer]	riaradh	riartha
rinc	[dance]	rince	rincthe
ríomh	[count]	ríomhadh	ríofa
rith	[run]	rith	rite
roinn	[divide]	roinnt	roinnte
rómhar	[dig]	rómhar	rómhartha
rop	[thrust]	ropadh	roptha
róst	[roast]	róstadh	rósta
rothaigh	[cycle]	rothaíocht	rothaithe
sábháil	[save]	sábháil	sábháilte
samhlaigh	[imagine]	samhlú	samhlaithe
saor	[free]	saoradh	saortha
scag	[filter]	scagadh	scagtha
scaip	[scatter]	scaipeadh	scaipthe
scairt	[shout]	scairteadh	scairte
scanraigh	[frighten]	scanrú	scanraithe
scaoil	[loosen]	scaoileadh	scaoilte
scar	[separate]	scaradh	scartha
sciob	[snatch]	sciobadh	sciobtha
sciorr	[slip]	sciorradh	sciortha
scoilt	[split]	scoilteadh	scoilte
scríob	[scratch]	scríobadh	scríobtha
scríobh	[write]	scríobh	scríofa
scrios	[delete]	scriosadh	scriosta
scuab	[sweep]	scuabadh	scuabtha
séan	[deny]	séanadh	séanta

Modh ordaitheach		Ainm briathartha	Aidiacht bhriathartha
seas	[stand]	seasamh	seasta
seol	[sail]	seoladh	seolta
sil	[drip]	sileadh	silte
siúil	[walk]	siúl	siúlta
slog	[swallow]	slogadh	slogtha
smaoinigh	[reflect]	smaoineamh	smaointe
snámh	[swim]	snámh	snáfa
socraigh	[settle]	socrú	socraithe
spreag	[urge]	spreagadh	spreagtha
sroich	[reach]	sroicheadh	sroichte
steall	[pour]	stealladh	steallta
stop	[stop]	stopadh	stoptha
strac	[tear]	stracadh	stractha
suigh	[sit]	suí	suite
súigh	[suck]	sú	súite
tabhair	[give]	tabhairt	tugtha
tacaigh	[support]	tacú	tacaithe
tacht	[choke]	tachtadh	tachta
taispeáin	[show]	taispeáint	taispeánta
taistil	[travel]	taisteal	taistealta
taitin	[like]	taitneamh	—
tar	[come]	teacht	tagtha
tarlaigh	[happen]	tarlú	tarlaithe
tarraing	[pull]	tarraingt	tarraingthe
teann	[tighten]	teannadh	teannta
teastaigh	[want]	teastáil	—
téigh	[go]	dul	dulta
teilg	[throw]	teilgean	teilgthe
teip	[fail]	teip	teipthe
teith	[flee]	teitheadh	teite
tiomáin	[drive]	tiomáint	tiomáinte
tionlaic	[accompany]	tionlacan	tionlactha
tionóil	[gather]	tionól	tionólta
tiontaigh	[turn]	tiontú	tiontaithe
tit	[fall]	titim	tite
tochail	[scratch, dig]	tochailt	tochailte
tóg	[take]	tógáil	tógtha
tomhais	[measure]	tomhas	tomhaiste
tosaigh	[start]	tosú	tosaithe
treabh	[plough]	treabhadh	treafa
treascair	[overthrow]	treascairt	treascartha
tréig	[abandon]	tréigean	tréigthe
triomaigh	[dry]	triomú	triomaithe

Modh ordaitheach		Ainm briathartha	Aidiacht bhriathartha
troid	[fight]	troid	troidte
tuairimigh	[opine]	tuairimiú	tuairimithe
tuig	[understand]	tuiscint	tuigthe
tuill	[earn]	tuilleamh	tuillte
ullmhaigh	[prepare]	ullmhú	ullmhaithe
umhlaigh	[humble]	umhlú	umhlaithe
úraigh	[freshen]	úrú	úraithe
úsáid	[use]	úsáid	úsáidte
vótáil	[vote]	vótáil	vótáilte

Díochlaonadh an ainmfhocail

* **díoclaonadh** [declension]
* **tuiseal ginideach** [genitive case]
* **uimhir uatha** [singular]
* **uimhir iolra** [plural]

AN CHÉAD DÍOCHLAONADH

> * Tá na hainmfhocail go léir *firinscneach* [masculine].
> * Críochnaíonn na focail ar *chonsan leathan* [a broad consonant].
> * Caolaítear an t-ainmneach uatha chun an ginideach uatha a fháil, agus séimhítear an focal más féidir; mar shampla:
>   an bád—seolta an bháid

Uimhir uatha	Tuiseal ginideach	Uimhir iolra	Tuiseal ginideach
an capall	cosa an chapaill	na capaill	cosa na gcapall
an fear	obair an fhir	na fir	obair na bhfear
an marcach	caipín an mharcaigh	na marcaigh	caipíní na marcach
an t-úll	praghas an úill	na húlla	praghas na n-úll
an t-éan	dath an éin	na héin	dath na n-éan
an séipéal	altóir an tséipéil	na séipéil	altóir na séipéal

CLEACHTADH

1 Scríobh tuiseal ginideach (uimhir uatha) na bhfocal seo a leanas.
   Sampla: An post—oifig an phoist.

(*a*) An leabhar—clúdach an _____

(*b*) An peann—barr an _____

(*c*) An bord—cosa an _____

(*d*) An scéal—tús an _____

(*e*) An clúdach—dath an _____

(*f*) An pictiúr—dath an _____

2   Scríobh tuiseal ginideach, *uimhir iolra,* na bhfocal seo a leanas.
     Sampla: Na héin—guth na n-éan.

(*a*) Na hoileáin—muintir na _____

(*b*) Na fir—obair na _____

(*c*) Na huain—praghas na _____

(*d*) Na Gaeil—cluichí na _____

(*e*) Na gluaisteáin—rothaí na _____

(*f*) Na sionnaigh—gliceas na _____

3   Scríobh tuiseal ginideach (uimhir uatha) na n-ainmneacha seo a leanas.
     Sampla: Seán—leabhar Sheáin.

(*a*) Cathal—gruaig _____

(*b*) Ciarán—peann _____

(*c*) Éamann—leabhar _____

(*d*) Pól—bróga _____

AN DARA DÍOCHLAONADH

- Tá na hainmfhocail go léir *baininscneach,* ach amháin **sliabh** agus **im**.
- Críochnaíonn na hainmfhocail ar chonsan.
- Athraítear an t-alt **an** go **na** sa tuiseal ginideach, uimhir uatha.
  Sampla: An scoil—doras na scoile.

Uimhir uatha	*Tuiseal ginideach*	*Uimhir iolra*	*Tuiseal ginideach*
an lámh	méar na láimhe	na lámha	lár na lámh
an bhróg	praghas na bróige	na bróga	praghas na mbróg
an tsráid	lár na sráide	na sráideanna	ainmneacha na sráideanna
an sliabh	barr an tsléibhe	na sléibhte	barr na sléibhte

CLEACHTADH

1   Scríobh tuiseal ginideach (uimhir uatha) na bhfocal seo a leanas.
Sampla: An chos—bonn na coise.

(a) An oifig—doras _____

(b) an t-im—blas _____

(c) an abairt—tús _____

(d) an stailc—deireadh _____

(e) an eaglais—tuairim _____

(f) an tuairim—fáth _____

2   Scríobh tuiseal ginideach, *uimhir iolra,* na bhfocal seo a leanas:

(a) Na foirmeacha—líonadh _____

(b) Na dallóga—dath _____

(c) Na ceisteanna—freagairt _____

(d) Na cnámha—briseadh _____

(e) Na tuairimí—nochtadh _____

(f) Na fáinleoga—eitilt _____

AN TRÍÚ DÍOCHLAONADH

- Tá na hainmfhocail firinscneach nó baininscneach.
- Críochnaíonn na hainmfhocail go léir ar chonsan.

Uimhir uatha	Tuiseal ginideach	Uimhir iolra	Tuiseal ginideach
an bhliain	tús na bliana	na blianta	ar feadh na mblianta
an buachaill	bróga an bhuachalla	na buachaillí	bróga na mbuachaillí
an dochtúir	mála an dochtúra	na dochtúirí	málaí na ndochtúirí
an rang	barr an ranga	na ranganna	seomraí na ranganna

CLEACHTADH

1   Scríobh tuiseal ginideach (uimhir uatha) na bhfocal seo a leanas.
Sampla: An fheoil—blas na feola.

(a) An báicéir—arán _____

(b) An bláth—dath _____

(c) An feirmeoir—talamh _____

(d) An mhóin—gearradh _____

(*e*) An trácht—brú _____

(*f*) An poitigéir—siopa _____

2 Scríobh tuiseal ginideach, *uimhir iolra*, na bhfocal seo a leanas:

(*a*) Na heagarthóirí—tuairimí na _____

(*b*) Na heagraíochtaí—baill na _____

(*c*) Na paisinéirí—málaí na _____

(*d*) Na moltóirí—machnamh na _____

(*e*) Na buarthaí—fáth na _____

(*f*) Na gleannta—lár na _____

AN CEATHRÚ DÍOCHLAONADH

- Tá na hainmfhocail baininscneach nó firinscneach.
- Ní athraíonn siad in aon chor sa tuiseal ginideach.
- Na hainmfhocail a chríochnaíonn ar **–ín** agus an chuid is mó de na hainmfhocail a chríochnaíonn ar **–a**, **–e** nó **–aire** cuirtear **í** leo san uimhir iolra.
  Sampla: An bosca—na boscaí.

Uimhir uatha	*Tuiseal ginideach*	*Uimhir iolra*	*Tuiseal ginideach*
an oíche	tús na hoíche	na hoícheanta	lár na n-oícheanta
an gúna	dath an ghúna	na gúnaí	dath na ngúnaí
an bhanaltra	pá na banaltra	na banaltraí	pá na mbanaltraí
an cailín	gruaig an chailín	na cailíní	gruaig na gcailíní

CLEACHTADH

1 Scríobh tuiseal gineadach (uimhir uatha) na bhfocal seo a leanas:

(*a*) An siopa—suíomh _____

(*b*) An cócaire—béile _____

(*c*) An t-ainmhí—fearg _____

(*d*) An trá—gaineamh _____

(*e*) An giorria—luas _____

(*f*) An contae—lár _____

(*g*) An cóta—dath _____

2 Scríobh tuiseal ginideach, *uimhir iolra,* na bhfocal seo a leanas:

(*a*) Na fógraí—teachtaireacht na _____

(*b*) Na báidíní—seolta na _____

(*c*) Na cúnna—bia na _____

(*d*) Na téacsanna—praghas na _____

(*e*) Na busanna—teacht na _____

(*f*) Na béilí—blas na _____

AN CÚIGIÚ DÍOCHLAONADH

- Tá formhór na n-ainmfhocal seo baininscneach.
- Críochnaíonn siad ar **–il**, **–in**, **–ir**, nó guta.

Uimhir uatha	*Tuiseal ginideach*	*Uimhir iolra*	*Tuiseal ginideach*
an abhainn	bruach na habhann	na <u>h</u>aibhneacha	uisce na <u>n</u>-aibhneacha
an eochair	poll na <u>h</u>eochrach	na <u>h</u>eochracha	fáinne na <u>n</u>-eochracha
an traein	rothaí na traenach	na traenacha	rothaí na <u>dt</u>raenacha
an <u>t</u>-athair	leanbh an athar	na <u>h</u>aithreacha	linbh na <u>n</u>-aithreacha

Cleachtadh

1 Scríobh tuiseal ginideach (uimhir uatha) na bhfocal seo a leanas:

(*a*) An chomharsa—teach _____

(*b*) An mháthair—grá _____

(*c*) An chaora—cosa _____

(*d*) An bráthair—paidir _____

(*e*) An riail—fáth _____

(*f*) An mhonarcha—obair _____

2 Scríobh tuiseal ginideach, *uimhir iolra,* na bhfocal seo a leanas:

(*a*) Na cathaoireacha—cosa na _____

(*b*) Na litreacha—stampaí na _____

(*c*) Na huimhreacha—comhaireamh na _____

(*d*) Na lachain—dath na _____

(*e*) Na deirfiúracha—ainmneacha na _____

(*f*) Na trialacha—toradh na _____

Páipéir Scrúdaithe

COIMISIÚN NA SCRÚDUITHE STÁIT
SCRÚDÚ NA hARDTEISTIMÉIREACHTA, 2003

Gaeilge
Ardleibhéal—Páipéar 1
(170 marc)

Déardaoin 5 Meitheamh
Tráthnóna, 1.30 go dtí 4.20

Treoracha d'iarrthóirí

FREAGAIR CEIST 1 (*leathanach 3*) **AGUS CEIST 2** (*leathanaigh 4–7*)

Ní mór do na hiarrthóirí cúram a dhéanamh de chruinneas na teanga.
Caillfear marcanna trí bheith faillíoch ann.

CEIST 1   **—CEAPADÓIREACHT—**   **[100 marc]**

Freagair do rogha **ceann amháin** de *A*, *B*, *C nó D* anseo thíos.
Nóta: Ní gá dul thar 500–600 focal nó mar sin i gcás ar bith.

A   **—AISTE—**   **(100 marc)**

Scríobh **aiste** ar **cheann amháin** de na hábhair seo.
(a) Ní hionann saibhreas agus sonas.
(b) Reiligiún i saol an lae inniu: is minic a bhíonn polaitíocht chomh maith le creideamh i gceist.
(c) Easpa cothromaíochta i ndáileadh an rachmais is cúis le mórchuid fadhbanna sóisialta.

B   **—SCÉAL—**   **(100 marc)**

Ceap **scéal** a mbeadh do rogha **ceann amháin** díobh seo oiriúnach mar theideal air.
(a) *Glacann fear críonna comhairle.*
(b) Caimiléireacht.

| C | —ALT NUACHTÁIN nó IRISE— (100 marc) |

Freagair do rogha **ceann amháin** díobh seo.

(a) Rinne tú suirbhé i measc do chomhscoláirí ar chaighdeán, ar éifeacht (tionchar) agus ar chineál na gclár teilifíse a bhféachann daoine óga orthu.

Scríobh an t-**alt** a chuirfeá chuig nuachtán Gaeilge faoinar léiríodh sa suirbhé.

(b) Bhí comórtas i nuachtán Gaeilge ag lorg alt ar an ábhar seo a leanas:
Bíonn cúrsaí na Gaeilge agus na Gaeltachta rómhinic mar ábhar i bhfoilseacháin áirithe Gaeilge.

Scríobh an t-**alt** a chuirfeá isteach ar an gcomórtas.

| D | —DÍOSPÓIREACHT nó ÓRÁID— (100 marc) |

Freagair do rogha **ceann amháin** díobh seo.

(a) Scríobh an **chaint** a dhéanfá – i ndíospóireacht scoile – ar son nó in aghaidh an rúin seo a leanas:
Is mó go mór a bhfuil de bhuntáistí ná de mhíbhuntáistí ag baint leis an idirlíon.

(b) Iarradh ort **caint** a thabhairt sa rang Gaeilge ar an téama seo:
Na fadhbanna a bhíonn ag seandaoine i láthair na huaire.

Scríobh an **chaint** a thabharfá ar an téama sin.

| CEIST 2 | —LÉAMHTHUISCINT— | [70 marc] |

Freagair **A** ar leathanaigh 4 (thíos) agus 5 (thall) *agus* **B** ar leathanaigh 6 agus 7.

| A—(35 marc) |

Léigh an sliocht seo a leanas agus freagair na cesiteanna a ghabhann leis.
BÍODH NA FREAGRAÍ I D'FHOCAIL FÉIN, OIREAD AGUS IS FÉIDIR LEAT.

TEANGACHA I MBAOL A GCAILLTE

1. Faoi dheireadh na haoise seo, is é is dóichí ná a mhalairt ná nach mbeidh tásc ná tuairisc ar leath de na 5,000 teanga atá á labhairt ar fud na cruinne inniu. Imíonn teanga amháin as úsáid in aghaidh na coicíse! Níl ansin ach cuid de na staitisticí duairce atá i leabhar nua an staraí shóisialta, Andrew Dalby. Saothar is ea *Language in Danger* a chuirfidh creathanna fuachta faoi dhaoine ar cás leo todhchaí na

223

mionteangacha (teangacha mionlaigh). Maíonn Dalby go bhfuil leath de mhuintir an domhain ag foghlaim ceann éigin de na 11 phríomhtheanga chumarsáide dhomhanda faoi láthair. Is é an Béarla an ceann is treise agus is gasta fás agus measann an t-údar go bhfuil Béarla líofa ag 700 milliún duine agus go bhfuil eolas maith ag 1,800 milliún eile air.

2. Cad is cúis le bás teanga? Go minic, is amhlaidh a dhéanann glúin, nó glúine, áirithe cinneadh – go feasach nó go neamhfheasach – gur mhian leo go labhródh a gcuid páistí teanga a bhfeictear dóibh 'stádas' a bheith ag baint léi: teanga an tromlaigh sa stát nó teanga na huasaicme, de ghnáth. Uaireanta, bíonn cúis i bhfad níos urchóidí le bás teanga: díothú an chine a labhraíonn í mar a tharla i gcás treibheanna Indiacha i Meiriceá, Thuaidh, Láir agus Theas. Meastar go raibh breis is 90 teanga beo i gCalifornia go luath sa naoú haois déag ach níl ach dornán beag acu á labhairt anois – a bhformhór ag seanóirí i dtithe altranais. B'fhéidir gurb é an eiseamláir is uafásaigh agus is truamhéalaí de seo ná an gortghlanadh ciníoch – 'glanadh eitneach' i dtéarmaíocht an lae inniu – a rinneadh ar phobail dhúchasacha na Tasmáine, oileán taobh thoir theas den Astráil, sa naoú haois déag.

3. Bíonn deireadh i ndán do theanga, dar le Dalby, nuair nach mbíonn fágtha mar chéile comhrá ag cainteoir ach teangeolaí maoithneach le téipthaifeadán! Ach nach bhfuil a leithéid de rud agus sochaí dhátheangach ann? Tá agus bhí riamh. Ach ní gnách go maireann dhá theanga ar comhchéim le hais a chéile san fhadtréimhse: diaidh ar ndiaidh faigheann an ceann is láidre agus is forleithne an lámh uachtair ar an gceann eile. D'fhéadfaí a mhaíomh go bhfuil a chruthú sin ar leac an dorais againn féin i gcás na Gaeilge.

4. Ina dhiaidh sin is uile, is fíor go maireann teangacha, uaireanta, i gcúinsí mífhabhracha. San Fhionlainn, fad is a bhí an tSualainn (anuas go dtí 1809) agus an Rúis (go dtí 1917) i gceannas na tíre, ba í an Fhionlannais teanga na cosmhuintire – teanga tuathánach bocht agus daoine eile a bhí go minic gan acmhainn, gan seilbh, gan chumhacht – agus Sualannais nó Rúisis mar theanga riaracháin. Anois, cé go bhfuil aitheantas oifigiúil ag an tSualannais, is í an Fhionlannais teanga dhúchais breis is 90% den daonra. Maidir leis an Rúisis, ní chloistear á labhairt san Fhionlainn anois í ach ag cuairteoirí nó ag turasóirí de bhunadh na Rúise féin nó sean-Aontas na Sóivéide.

5. Ina theannta sin, is dealraitheach gur féidir teanga a thabhairt ar ais ó bhruach na huaighe nó fiú ón uaigh féin. Is minic an Eabhrais á lua sa chomhthéacs seo ach cás fíoreisceachtúil é cás na hEabhraise. Rinneadh teanga stáit den Eabhrais in Iosrael ar dhá phríomhchúis: ba í teanga eaglaise na nGiúdach í leis na mílte bliain; bhí oiread sin inimirceach Giúdach sa tír, a raibh ollmheascán teangacha acu, nárbh fholáir cinneadh ar theanga chomónta stáit. Cinneadh ar an Eabhrais, cé go raibh roinnt mhaith i bhfabhar na Giúdaise, teanga a bhí a labhairt go forleathan ag Giúdaigh san Eoraip agus sna Stáit Aontaithe. Uaireanta, luaitear an rath a bhí ar chur chun cinn na hEabhraise in Iosrael mar eiseamláir i gcás Athbheochan na Gaeilge. Meastar, áfach, nach slán an comórtas é: ní hionann, den chuid is mó, na cúinsí sa dá chás.

(Bunaithe ar alt in *Foinse*)

Ceisteanna

(i)   Cad a deirtear *sa chéad alt* faoi chailliúint <u>agus</u> faoi ráta cailliúna teangacha?   (6 mharc)

(ii)   I bhfianaise a bhfuil ráite *sa chéad alt* abair:

(a)   cén ghairm bheatha atá ag Andrew Dalby;   (2 mharc)

(b)   cén fáth a gcuireann a bhfuil á mhaíomh ag Dalby mórimní ar dhaoine ar spéis leo caomhnú teangacha mionlaigh.   (3 mharc)

(iii)   Luaigh **dhá chúis** a d'fhéadfadh a bheith le bás teanga mionlaigh agus tabhair fianaise chun tacú le **ceann amháin** acu (*an dara halt*).   (9 marc)

(iv)   (a)   Luaigh **comhartha amháin** a thugann le fios, dar le Dalby, go bhfuil teanga geall le bheith caillte (*an tríú halt*).   (3 mharc)

(b)   Cén fath a luaitear an Ghaeilge sa *tríú halt*?   (6 mharc)

(v)   (a)   Luaigh **rud amháin** a deirtear *sa cheathrú halt* i dtaobh na Fionlannaise.   (3 mharc)

(b)   Tabhair **cúis amháin** ar glacadh leis an Eabhrais mar theanga stáit in Iosrael (*an cúigiú halt*).   (3 mharc)

```
┌─────────────────────────────────────┐
│          B—(35 marc)                 │
└─────────────────────────────────────┘
```

Léigh an sliocht seo a leanas agus freagair na ceisteanna a ghabhann leis.
BÍODH NA FREAGRAÍ I D'FHOCAIL FÉIN, OIREAD AGUS IS FÉIDIR LEAT.

SCÉAL SCANRÚIL: EASPA SÁBHÁILTEACHTA AR BHÓITHRE IS AR SHRÁIDEANNA

1. I litir a foilsíodh in *The Irish Times* um dheireadh Mhí Eanáir na bliana seo bhí a leithéid seo le rá ag an scríbhneoir: 'Tar éis rionnt mhaith tiomána a dhéanamh i ndeisceart na tíre le tamall beag anuas, is ar éigean a fhéadaim drochiompar tiománaithe áirithe a thuiscint. Is dealraitheach gur cuma leis na daoine seo béasa sibhialta, pointí pionóis agus na tuairiscí uafara faoi mharú 'daoine de dheasca drochthiomána'.

GÉILL SLÍ

2. De réir na staitisticí, maraíodh 10 duine sa Phoblacht agus 18 sa Tuaisceart i dtimpistí bóthair sa tréimhse ceithre sheachtain idir 01.01.03 agus 28.01.03. Cad is cúis leis an scéal tragóideach seo? Glactar coitianta leis gur trí bhunchúis faoi deara é: an luas, an t-ól agus faillí i gcaitheamh criosanna sábhála.

3. Tá méadú ollmhór tagtha ar líon na bhfeithiclí ar na bóithre – go háirithe, na príomhbhóithre náisiúnta – le fiche éigin bliain anuas. Is mar an gcéanna an scéal sna cathracha agus sna bruachbhailte: an iomarca tráchta nua-aimseartha agus gréasán bóithre seanaimseartha. Sna cathracha agus sna bruachbhailte is minic gluaisteáin á ngoid agus á dtiomáint gan aird dá laghad ar an tsábháilteacht. Daoine óga díomhaoine sna cathracha, den chuid is mó, a dhéanann é seo mar 'spórt' nó mar chaitheamh aimsire, mar dhea! Nuair a thugtar na coirpigh seo os comhair cúirte gearrtar téarma coimeádta nó príosúnachta orthu. Is minic, ámh, a bhíonn siad saor lom láithreach toisc gan ionad

oiriúnach coimeádta a bheith ar fáil d'ógánaigh dá n-aois.

4. Gné eile atá ag tarraingt suntais, maidir le hiompar tiománaithe, ná easpa foighne. Tarlaíonn, uaireanta, nuair a bhíonn tiománaí teanntaithe i dtranglam tráchta go mbristear ar an bhfoighne aige, go dtagann taom buile feirge air agus go dtugann faoi thiománaí eile – duine mall os a chomhair amach ag soilse tráchta b'fhéidir, nó duine dearmadach a choscfadh air bogadh isteach sa bhosca buí. Tarlaíonn a leithéid chéanna i gcás paisinéirí ar thurasanna eitléain. Is léir, sna cásanna sin áfach, go mbíonn éifeacht na dí meisciúla – an iomarca a bheith ólta ag an bpaisinéir – go mór i gceist go minic.

5. I gcás tiománaithe gluaisrothar, deirtear gur minic a ghabhann siad, ar luas tapa, thar ghluaisteáin agus leoraithe agus iad ar an taobh mícheart de na línte leanúnacha bána i lár an bhóthair. Tuairimítear chomh maith gurb iad lucht na ngluaisrothar an dream is lú a thugann aird ar fhógraí rabhaidh ar nós NÁ SCOITEAR agus CEANSÚ TRÁCHTA. Cibé scéal ina thaobh sin é, is annamh riamh a d'fheicfeá duine ar ghluaisrothar nach mbeadh clogad cosanta á chaitheamh aige nó aici. Ní hamhlaidh atá ag an-chuid díobh siúd a bhíonn ag rothaíocht ar rothair troitheán. Maítear ina dtaobh seo nach gcaitheann ach an duine fánach clogad cosanta; nach bhfanann siad le 'glas' ag soilse tráchta; go dtéann siad amach istoíche gan solas tosaigh ná cúil ar na rothair; nach gcaitheann siad feisteas sofheicthe ná criosanna lonracha.

6. Cad faoi na coisithe – iadsan a thugann faoi aistear (fada nó gairid) de shiúl cos? Arís, níl iompar mórán acu thar moladh beirte: siúlann siad ar an taobh clé den bhóthar in éagmais cosáin; níl siad sásta dul go dtí na soilse tráchta is cóngaraí chun dul trasna an bhóthair; siúlann siad trasna bóithre go mall, cliathánach agus caitheann siad éadaí dofheicthe i ndorchacht tráthnóna is oíche.

7. Luaitear dhá chúis eile le timpistí tráchta: staid na mbóithre agus bail na bhfeithiclí. Maidir leis na bóithre, is fíor go bhfuil cuid acu – go háirithe na cúlbhóithre – gan a bheith oiriúnach do riachtanais tráchta an lae inniu. I gcás na bhfeithiclí – go speisialta cinn a ceannaíodh mar 'mhargadh' ar athláimh, nó go mídhlíthiúil, nó cinn nach ndearnadh seirbhísiú mar ba chóir orthu – ní hannamh, nuair a dhéantar iniúchadh orthu, go bhfaightear amach nach mbíonn na soilse ag feidhmiú i gceart, go mbíonn na coscáin agus an córas stiúrtha fabhtach agus go mbíonn na boinn lomchaite.

(Bunaithe ar litir in *The Irish Times*)

Ceisteanna

(i) (a) Luaigh **rud amháin** atá le rá ag scríbhneoir na litreach (an chéad alt) faoi dhrochiompar tiománaithe áirithe. (2 mharc)

(b) Cad iad na cúiseanna, de réir *an dara halt*, is mó is cúis le timpistí bóthair? (6 mharc)

(ii) (a) De réir *an tríú halt*, cén chosúlacht atá idir na bealaí taistil faoin tuath agus sna cathracha? (2 mharc)

(b) Luaigh **trí rud** a deirtear sa *tríú halt* faoi ghadaíocht gluaisteán. (6 mharc)

(iii) Cén fáth a luaitear 'paisinéirí ar thurasanna eitleáin' *sa cheathrú halt*?

(6 marc)

(iv) (a) Luaigh **rud amháin** a deirtear faoi iompar tiománaithe gluaisrothar agus **rud amháin** a deirtear fúthu siúd 'a bhíonn ag rothaíocht ar rothair troitheán' (*an cúigiú halt*). (4 mharc)

(b) Luaigh **dhá rud** a deirtear *sa séú halt* faoi iompar coisithe. (4 mharc)

(v) Cad a deirtear *sa seachtú halt* faoi fheithiclí dainséaracha? (5 mharc)

SCRÚDUITHE TEISTIMÉIREACHTA, 2003

GAEILGE
ARDTEISTIMÉIREACHT, ARDLEIBHÉAL

SCÉIM MHARCÁLA

PÁIPÉAR 1 (170 marc)

CEIST 1	– CEAPADÓIREACHT –	[120 marc]

(a) Ionramháil Ábhair = 20 marc ⎱
(b) Cumas Gaeilge = 80 marc ⎰ 20 + 80 = 100

[Cumas Gaeilge = **(i)** fairsingeacht agus saibhreas Stór Gaeilge an iarrthóra, móide **(ii)** beachtas maidir le máistreacht cruinnúsáide ar na príomhghnéithe de cheart na Gaeilge.]

Nóta: Caithfidh an Scrúdaitheoir Cúnta an marc a bhronntar as 20 (Ábhar) agus an marc a bhronntar as 80 (Gaeilge) a thaispeáint go soiléir ag bun na hiarrachta ceapadóireachta.

CEIST 2 (A + B)	– LÉAMHTHUISCINT –	100 marc

A (35 MHARC)

(i) Cailliúint/ráta cailliúna teanga = 6 mharc;
(ii) (a) Gairm bheatha Dhalby = 2 mharc;
    (b) Mórimní faoina bhfuil á rá ag Dalby = 3 mharc
(iii) **Dhá chúis** faoi bhás teanga/fianaise faoi **chúis amháin** = 9 marc;
(iv) (a) Comhartha amháin go bhfuil teanga ar tí a caillte = 3 mharc;
    (b) Fáth a luaitear an Ghaeilge = 6 mharc;

(v) (a) Rud amháin faoin bhFionlannais   = 3 mharc;

    (b) Cúis amháin leis an Eabhrais mar theanga stáit   = 3 mharc.

6 + 2 + 3 + 9 + 3 + 6 + 3 + 3 = 35 mharc.

(*Gaeilge lochtach: 0—3 a bhaint den iomlán a gnóthaíodh.*)

B (35 MARC)

  (i) (a) Rud **amháin** faoi dhrochiompar tiománaithe   = 2 mharc;

     (b) Cúiseanna is mó le timpistí bóthair   = 6 mharc;

 (ii) (a) Cosúlacht idir bealaí taistil faoin tuath/sa chathair   = 2 mharc;

     (b) Trí rud faoi ghadaíocht gluaisteán   = 6 mharc;

(iii) Fáth a luaitear paisinéirí eitleán   = 6 mharc

 (iv) (a) Rud **amháin** faoi thiománaithe gluaisrothar/

         rothair troitheán   = 4 mharc;

     (b) **Dhá** rud faoi iompar coisithe   = 4 mharc;

  (v) A ndeirtear faoi fheithiclí dainséaracha   = 5 mhar

2 + 6 +2 +6 +6 + 4 + 4 + 5 = 35 mharc.

[*Gaeilge lochtach: 0—3 a bhaint den iomlán a gnóthaíodh.*]

[I gcás A agus B, gearrfar pionós i ngeall ar iomarcaíocht]

Nóta: Taispeánfar na marcanna a ghnóthaíonn iarrthóirí as an mbuneolas a aimsiú agus as na freagraí a bheith ina bhfocail féin acu ar na scripteanna. Taispeánfar freisin na marcanna a bhaintear i ngeall ar an nGaeilge a bheith lochtach agus na marcanna a bhaintear i ngeall ar iomarcaíocht san ionad cuí ar na scripteanna.

PÁIPÉAR 2 (180 MARC)

Maidir le *Ceist 1* (Prós) agus le *Ceist 3* (Filíocht), rogha idir cúrsa ainmnithe (prós ainmnithe/filíocht ainmnithe) agus cúrsa roghnach (prós roghnach/filíocht roghnach) atá i gceist. Caillfear marcanna sa chás nach gcloítear leis an riail seo.

CEIST 1	**– PRÓS –**	**(40 marc)**

Freagair **A** (Prós Ainmnithe) **nó B** (Prós Roghnach).

A—PRÓS AINMNITHE—(40 marc)

Freagair **(a) agus (b)** anseo.

(a) Plé ar an ráiteas (*Clann Lir*)   Ionramháil Ábhair   = 22 mharc
    Nó
    Plé ar théama na coimhlinte
    (*An Lasair Choille*)   Ionramháil Ábhair   = 22 mharc

(b) Tuairisc ar léiriú thréithe na mná
    (*Fiosracht Mhná*)   Ionramháil Ábhair   = 13 mharc
    Nó
    Plé ar **dhá cheann** de (i), (ii), (iii)
    (*Fiosracht Mhná*)   Ionramháil Ábhair   = 13 mharc
    Cumas Gaeilge—(a) agus (b) le chéile   = 5 mharc

C.1 = 40 marc (22 + 13 + 5)

B—PRÓS ROGHNACH—(40 marc)

Freagair **(a) agus (b)** anseo.

(a) Léiriú a dhéantar ar laoch/ bhanlaoch;
    (Scéal Béaloidis)
    Teideal an scéil   Ionramháil Ábhair   = 22 mharc
    Nó
    Plé ar phlota/ forbairt an phlota;
    (Úrscéal)
    Teideal an Úrscéil agus ainm an údair   Ionramháil Ábhair   = 22 mharc

(b) Plé ar thréithe phríomhcharachtair;
    (Gearrscéal).
    Teideal an ghearrscéil agus ainm
    an údair   Ionramháil Ábhair   = 13 mharc
    Nó
    Plé ar **dhá cheann** de (i), (ii), (iii);
    (Gearrscéal)
    Teideal an ghearrscéil agus ainm
    an údair   Ionramháil Ábhair   = 13 mharc
    Cumas Gaeilge—(a) agus (b) le chéile   = 5 mharc

C.1 = 40 marc (22 + 13 + 5)

Nóta: Caithfidh an Scrúdaitheoir an marc as 22 (Ábhar) agus as 13 (Ábhar) agus as 5 (Gaeilge) a thaispeáint go soiléir sna hionaid chuí ar an bhfreagarleabhar.

Ní bhronnfar marcanna ar theidil/ainmneacha údar a lua ach bainfear marcanna mura luaitear iad.

Ceist 2	—PRÓSTÉACS BREISE—	40 marc

[(**a**)(i) nó (**a**)(ii) nó (**b**)(i) nó (**b**)(ii) le déanamh as **A** nó **B** nó **C** nó **D**]

Ionramháil Ábhair	= 35 mharc
Cumas Gaeilge	= 5 mharc

35 + 5: C.2	= 40 marc

Nóta: Caithfidh an Scrúdaitheoir an marc as 35 (Ábhar) agus an marc as 5 (Gaeilge) a thaispeáint go soiléir san ionad cuí ar an bhfreagarleabhar.

CEIST 3	—FILÍOCHT—	70 marc

Freagair **A** (Filíocht Ainmnithe) **nó B** (Filíocht Roghnach) agus freagair **C** (Dánta Dualgais Breise).

A—FILÍOCHT AINMNITHE—(35 mharc)

Freagair (**a**) **agus** (**b**) anseo.

(**a**)
(**i**) Plé ar an ráiteas
(*Bríd Óg Ní Mháille*) = 11 mharc   } = 17 marc (Ionramháil
(**ii**) Éifeachtaí tagairtí don dúlra = 6 mharc   Ábhair)

Nó

(**i**) Plé ar an ráiteas (*Treall*) = 11 mharc   } = 17 marc (Ionramháil
(**ii**) Na mothúcháin/ ar ar mhúscail siad
san fhile = 6 mharc   Ábhair)

(**b**)
Plé **gairid** ar chruachás an fhile = 13 mharc
(*Chlaon mé mo cheann*)

Nó

Plé ar éifeachtaí **dhá cheann**: = 13 mharc
Atmaisféar, maoithneachas, codarsnacht

B—FILÍOCHT ROGHNACH—(35 mharc)

Freagair **(a) agus (b)** anseo.

(a)

(i)   Cuntas ar **dhá mhothúchán** a músclaíodh
ionat/Cúiseanna leo (dán le **fear**)
(Teideal an dáin agus ainm an fhile)   = 11 mharc

(ii)   Plé ar úsáid íomhánna/ meafair
(dán céanna)   = 6 mharc

} = 17 marc

Nó

(i)   Plé ar úsáid **dhá** cheann: meafair/cúlra/
samhlacha (seandán)   = 11 mharc
(Teideal an dáin agus ainm an fhile)

(ii)   Léiriú ar **mhothúchán amháin**/a
éifeachtaí   = 6 mharc

} = 17 marc

(b)

Dán nár roghnaíodh thuas le **bean:**
Luaigh an príomhthéama / a éifeachtaí is a chuirtear
romhainn é
(Teideal an dáin agus ainm an fhile)   = 13 mharc

Nó

Dán nár roghnaíodh thuas le **fear**
(dán nua-aimseartha)
Fáth ar roghnaíodh an teideal/ oiriúnacht
an teidil
(Teideal an dáin agus ainm an fhile)   =13 mharc

NÓTA: **I gcás an chúrsa roghnaigh, gearrtar píonós 1 mharc mura luaitear ainm
an tsaothair/ dáin nó ainm an údair más ann dó.**

$$\boxed{\text{C (35 mharc)}}$$

Freagair **(a)** <u>nó</u> **(b)** anseo

(a)
(i)	Plé ar an ráiteas (*Mí an Mheithimh*)	= 18 marc	⎫	= 30 marc
(ii)	Úsáid meafair/ samhail/ a héifeachtaí	= 8 marc	⎬	(Ionramháil
(iii)	Cuntas ar **mhothúchán amháin**	= 4 mharc	⎭	Ábhair)

(b)
(i)	Plé ar an ráiteas (*An Ceoltóir Jazz*)	= 18 marc	⎫	= 30 marc
(ii)	Plé ar an meafar ins na línte	= 4 mharc	⎬	(Ionramháil
(iii)	Plé ar saghasanna solais	= 9 marc	⎭	Ábhair)

Cumas Gaeilge (**A** nó **B** agus **C** le chéile) = 10 marc

Nóta: Caithfidh an Scrúdaitheoir an marc as 17 (Ábhar) agus as 13 (Ábhar) agus as 30 (Ábhar) agus as 10 (Gaeilge) a thaispeáint sna hionaid chuí ar an bhfreagarleabhar.

CEIST 4	—STAIR—	30 marc

Dhá cheann le déanamh as (a), (b), (c), (d), (e), (f).

13 + 12 (Eolas) móide 5 mharc ar an gCumas Gaeilge (sa dá cheann le chéile). = 30 marc.

Nóta: Caithfidh an Scrúdaitheoir Cúnta an marc a bhronntar as 25 (Eolas) agus an marc a bhronntar as 5 (Gaeilge) a thaispeáint go soiléir san ionad cuí ar an bhfreagarleabhar.

$$\boxed{\text{CLUASTUISCINT (100 marc)}}$$

Tá 45 d'fhocheisteanna ar fad le freagairt.

45 fhocheist x 2 mharc an ceann = 90 marc. Mar sin:
(i)	Tuiscint	= 90 marc
(ii)	Cumas Gaeilge	= 10 marc
(iii)	Iomlán	= 100 marc

Chuid A:	**28 marc (Eolas)**	
Fógra 1:	2 mharc x 5	= 10 marc
Fógra 2:	2 mharc x 5	= 10 marc
Fógra 3:	2 mharc x 5	= 10 marc
	10 + 10 + 10	**= 30 marc**

Chuid B:	**43 mharc (Eolas)**	
Comhrá 1:	2 mharc x 6	= 12 mharc
Comhrá 2:	2 mharc x 8	= 16 marc
Comhrá 3:	2 mharc x 6	= 12 mharc
	12 + 16 + 12	**= 40 marc**

Cuid C:	**19 marc (Eolas)**	
Píosa 1:	2 mharc x 3	= 6 marc
Píosa 2:	2 mharc x 4	= 8 marc
Píosa 3:	2 mharc x 3	= 6 mharc
	6 + 8 + 6	**= 20 marc**

Tugadh an treoir seo a leanas do na scrúdaitheoirí ar fad:

Níor mhiste do gach Príomhscrúdaitheoir Comhairleach gach a leanann seo a chur in iúl do na Scrúdaitheoirí Comhairleacha. Níor mhiste do na Scrúdaitheoirí Comhairleacha é seo a leanas a chur in iúl dá Scrúdaitheoirí Cúnta:

Sa chás go dtagann scrúdaitheoir cúnta trasna ar script a bhaineann le hiarrthóir ar cuireadh socruithe speisialta ó thaobh scrúdaithe de ar fáil dó/di

- níor mhór don scrúdaitheoir cúnta a chur in iúl dá scrúdaitheoir comhairleach go bhfuil a leithéid de script le marcáil aige/aici
- caithfidh an scrúdaitheoir comhairleach a mhíniú don scrúdaitheoir cúnta go bhfuil gach gné den scéim mharcála faoi mar atá leagtha amach le cur i bhfeidhm ó thaobh mharcáil na scripte de ach amháin nach mbeidh an litriú agus an ghramadach san áireamh
- míneoidh an scrúdaitheoir comhairleach don scrúdaitheoir cúnta go mbeifear ag déanamh fiosruithe ina thaobh seo lena chinntiú go bhfuil an scéim mharcála á cur i bhfeidhm ag an scrúdaitheoir cúnta ina leithéid de chás faoi mar ba cheart.

COIMISIÚN NA SCRÚDUITHE STÁIT
SCRÚDÚ NA hARDTEISTIMÉIREACHTA, 2004

Gaeilge Ardleibhéal
Páipéar 1 – 170 Marc – 1.30 go dtí 4.20

Treoracha d'iarrthóirí
FREAGAIR CEIST 1 (*leathanach 3*) **AGUS**
CEIST 2 (*leathanaigh 4–7*)

Ní mór do na hiarrthóirí cúram a dhéanamh de chruinneas na teanga.
Caillfear marcanna trí bheith faillíoch ann.

CEIST 1	—CEAPADÓIREACHT—	[100 marc]

Freagair do rogha **ceann amháin** de *A*, *B*, *C nó D* anseo thíos.
Nóta: Ní gá dul thar 500–600 focal nó mar sin i gcás ar bith.

A	—AISTE—	(100 marc)

Scríobh **aiste** ar **cheann amháin** de na hábhair seo.
(a) Réaltaí spóirt (<u>nó</u> ceoil <u>nó</u> scannán) — tá an iomarca tionchair acu ar aos óg na linne seo.
(b) Saol an duine shingil — is é is fearr agus is taitneamhaí.
(c) Baol agus bagairt i saol an lae inniu.

B	—SCÉAL—	(100 marc)

Ceap **scéal** a mbeadh do rogha **ceann amháin** díobh seo oiriúnach mar theideal air.
(a) *Is binn béal ina thost.*
(b) Míthuiscint.

C	—ALT NUACHTÁIN/IRISE—	(100 marc)

Freagair do rogha **ceann amháin** díobh seo.
(a) Leigh tú alt i gceann de nuachtain an Domhnaigh faoi thábhacht agus faoi thairbhe na gCluichí Oilimpeacha Speisialta a bhí ar siúl in Éirinn anuraidh. Chuir an t-alt sin fearg ort.

Scriobh an t-**alt** a chuirfeá chuig eagarthóir an nuachtáin ar an ábhar sin.

(b) Mar chuid de 'Sheachtain na Sláinte' a bhí ar siúl i do scoil i mbliana, bhí ort agallamh a chur ar dhochtúir <u>nó</u> ar bhia-eolaí faoin ábhar '*An bia inár saol*'.

Scríobh **alt** d'iris na scoile a bheadh bunaithe ar an agallamh sin.

D	—DÍOSPÓIREACHT nó ÓRÁID— (100 marc)

Freagair do rogha **<u>ceann amháin</u>** díobh seo.

(a) Scríobh an **chaint** a dhéanfá i ndíospóireacht scoile ar son **nó** in aghaidh an rúin seo a leanas:
'Níl ról ar bith ag Arm na hÉireann i saol an lae inniu.'

(b) Iarradh ort píosa cainte a thabhairt ag cruinniú tuismitheoirí sa scoil ar an téama:
'Is cúis imní an tionchar atá ag an ábhar léitheoireachta do dhéagóirí (irisí etc.), agus atá le fáil ar an margadh faoi láthair, ar dhéagóirí na hÉireann.'

Scríobh an **píosa cainte** a thabharfá ag an gcruinniú sin.

CEIST 2	—LÉAMHTHUISCINT—	[70 marc]

Freagair **A** ar leathanaigh 4 (thíos) agus 5 (thall) *agus* **B** ar leathanaigh 6 agus 7.

A—(35 marc)

Léigh an sliocht seo a leanas agus freagair na cesiteanna a ghabhann leis.
BÍODH NA FREAGRAÍ I D'FHOCAIL FÉIN, OIREAD AGUS IS FÉIDIR LEAT.

Sa Bhearna Bhaoil

1. Tháinig deireadh le gairid le misean síochána na Náisiún Aontaithe sa Liobáin, áit a raibh fórsaí síochána na hÉireann lonnaithe le blianta fada. Ní túisce deireadh curtha le misean amháin ná go bhfuil ceann nua tosaithe in áit eile. Tá fórsaí síochána na tíre seo díreach tosaithe ar dualgas sa Libéir, tír bheag in iarthar na hAfraice, a raibh cogadh cathartha fuilteach ar siúl inti go dtí le fíorghairid. Misean crua dainséarach a bheidh ann mar cé go bhfuil an phríomhchathair,

Monrovia, ciúin go maith, ní hionann an scéal sa chuid eile den tír sin, áit a bhfuil na bóithre breac le baracáidí a mbíonn páistí óga ina bhfeighil agus iad armáilte go draid agus gunna ina sheilbh ag gach uile fhear sa tír.

2. Téann fréamhacha an chogaidh chathartha sa Libéir siar go dtí bunú chathair Mhonrovia féin. I mí Feabhra, 1820, d'fhág bád a raibh 83 duine gorm inti cuan Nua-Eabhrac ag triall ar chósta na hAfraice. Iarsclábhaithe ba ea na daoine seo a d'éalaigh óna máistrí i nDeisceart na Stát Aontaithe agus a theith ó thuaidh ag lorg tearmainn dóibh féin. Cuireadh feachtas ar bun i Nua-Eabhrac chun deis a thabhairt do na daoine seo saoirse agus saol nua a bhaint amach dóibh féin ina dtír féin san Afraic. De thoradh an fheachtais seo, d'éirigh le cuid de na hiarsclábhaithe Cape Mesurado

ar chósta na Libéire a cheannach i mí na Nollag, 1821. I Meiriceá, tugadh an t-ainm 'Monrovia' ar an bhfeachtas seo agus go luath ina dhiaidh sin tugadh an t-ainm céanna ar a a tógadh timpeall ar bhá Mesurado.

3. D'eascair teannas idir na hiarsclábhaithe agus na daoine dúchasacha sa Libéir. Críostaithe ba ea na hiarsclábhaithe agus rinne siad iarracht a a gcreideamh a bhrú ar na dúchasaigh. Theip orthu san iarracht sin. De réir a chéile chuaigh tionchar na n-iarsclábhaithe i bhfeidhm ar an tír go dtí gur éirigh leo dul i gcumhacht. Bhain toradh tubaisteach leis na beartais a cuireadh i bhfeidhm ón am sin amach ar shaol na ndúchasach sa tír. Mheall an rialtas infheisteoirí Eorpacha chun na Libéire agus cuireadh talamh ar fáil chun plandálacha rubair a bhunú timpeall ar chathair Mhonrovia. Caitheadh go dona leis na dúchasaigh. Ní hé

amháin sin ach sa bhliain 1930 tuairiscíodh gur fhulaing na dúchasaigh an sclábhaíocht cheanann chéanna ar fheirmeacha na n-iarsclábhaithe agus a d'fhulaing na hiarsclábhaithe féin ar na plandálacha cadáis i nDeisceart na Stát Aontaithe dhá ghlúin roimhe sin.

4. Sa bhliain 1980, d'éirigh leis na dúchasaigh duine dá mbunadh féin, Samuel Doe, a chur i gcumhacht mar uachtarán ar an tír. Ba de thoradh an oideachais a cuireadh ar na dúchasaigh agus i ngeall ar an eagrú polaitiúil a lean sin a d'éirigh leo an t-éacht sin a dhéanamh. Ach bhí stíl neamhthrócaireach ag Doe. Ní hé amháin gur thug sé tús áite dá threibh féin ach ruaig sé treibheanna eile as a ngabháltais dhúchasacha sa chaoi gurbh éigean dóibh teitheadh as an tír uile.

5. D'iarr na teifigh seo cabhair ar Uachtarán an Chósta Eabhair, Charles Taylor, Libéireach de shliocht na n-inimirceach agus fear a raibh nimh sa fheoil aige do Doe agus dá lucht leanúna. D'ionsaigh Taylor an Libéir agus bhí an cogadh cathartha faoi lán seoil. Nuair a maraíodh Doe i 1990 ceapadh Taylor mar uachtarán ar an Libéir, a thír dhúchais féin. Chreid bunáite na ndaoine go gcuirfí deireadh leis an gcogadh agus go bhféadfaí cneácha na tíre a leigheas. Faraor, ní mar sin a tharla. Ní raibh na treibheanna uile sásta a gcuid arm a ligean uathu de bharr a mímhuiníne as Taylor. Chuir dhá ghrúpa reibiliúnaithe ó dheisceart na tíre feachtas míleata ar siúl ina aghaidh agus nuair a rinneadh léigear fíochmhar ar Mhonrovia b'éigean d'fhórsaí síochána Afraiceacha faoi stiúir Mheiriceá a ladar a chur sa scéal. Cuireadh deireadh le réimeas Taylor agus ghlac na Náisiúin Aontaithe cúram na síochána orthu féin. Is é an misean is contúirtí fós acu é agus is í an bhearna bhaoil is measa ar sheas saighdiúirí cróga na hÉireann riamh inti.

Ceisteanna

1. (a) Cén misean nua atá ag fórsaí síochána na Náisiún Aontaithe
de réir an *chéad ailt?* (3 mharc)

   (b) Cén fhianaise atá san *alt céanna* a thaispeánann go mbaineann
dainséar leis an misean seo? (4 mharc)

2. (a) Cén feachtas a cuireadh ar bun i Nua-Eabhrac de réir an
dara halt? (3 mharc)

   (b) Cén chaoi a bhfuair Monrovia a hainm de réir an *ailt
chéanna?* (3 mharc)

3. Luaigh **dhá** fháth ar eascair (fhás) teannas idir na hiarsclábhaithe agus na
dúchasaigh de réir an *tríú halt.* (6 mharc)

4. (a) Luaitear 'éacht' sa *cheathrú halt.* Cén t-éacht atá i gceist
anseo? (4 mharc)

   (b) Cad dó a dtugtar an chreidiúint as an 'éacht' seo a bhaint
amach (*an t-alt céanna*)? (4 mharc)

5. (a) Cén chaoi ar tharla sé gur bhain Charles Taylor uachtaránacht na
Libéire amach de réir an *cúigiú halt?* (4 mharc)

   (b) Cén t-eolas atá san *alt céanna* a thabharfadh míniú dúinn ar an
mímhuinín a bhí ag na dúchasaigh as Charles Taylor? (4 mharc)

B—(35 marc)

Léigh an sliocht seo a leanas agus freagair na ceisteanna a ghabhann leis.
BÍODH NA FREAGRAÍ I D'FHOCAIL FÉIN, OIREAD AGUS IS FÉIDIR LEAT.

Oidhreacht Stairiúil á Cosaint

1. Ag deireadh na bliana 2003, thángthas ar thaisí 23 duine le linn do chonraitheoirí innealtóireachta cáblaí leathanbhanda teileachumarsáide a bheith á leagan acu faoi cheann de na príomhshráideanna sa Mhuileann gCearr. Seo é an dara suíomh den chineál seo atá aimsithe ag conraitheoirí ann le roinnt blianta anuas. Sa bhliain 1999, thángthas ar reilig eile a bhaineann le mainistir de chuid Ord San Proinsias a théann siar go dtí an dara haois déag. Fuarthas 30 corp an uair sin i gcúinne amháin den reilig agus tugadh suntas mór do shliogáin éisc a bheith á gcaitheamh ag na manaigh nuair a adhlacadh iad. De réir na gcuntas scríofa atá ar fáil, thugtaí sliogáin d'oilithrigh a théadh ar oilithreacht go dtí mainistir i gcathair Compostela i dTuaisceart an Spáinne.

2. Sa dá chás thuasluaite b'éigean do na conraitheoirí, faoi fhorálacha dlí a reachtaíodh níos mó ná cúig bliana déag ó shin, *Acht um Chosaint na dTaisí Náisiúnta,* stop a chur leis an tógáil agus fios a chur ar sheandálaithe leis na láithreacha a iniúchadh. Cleachtas é seo a léiríonn an cúram is gá do chonraitheoirí a ghlacadh orthu féin sa lá atá inniu ann leis an oidhreacht stairiúil a chaomhnú.

3. Ag an tochailt is deireanaí sa Mhuileann gCearr, thángthas ar thuama faoi thalamh. Cuid

ar tháinig stair scríofa nó an seanchas i gcabhair ar an tseandálaíocht le stair an bhaile a ríomh. Agus féach ar an scéal

é de Phrióireacht Doiminiceánach a théann siar go dtí an tríú agus an ceathrú haois déag, dar le staraithe áitiúla. Bhunaigh teaghlach Normannach de shloinne, Nuinseann, an Phrióireacht seo i 1237. Shaothraigh duine acu, Gearóid, an léann dúchasach mar fhile gairmiúil agus bhain clú agus cáil amach dó féin. Cuireadh an Phrióireacht faoi chois faoin *Acht um Thoirmeasc na Mainistreacha*, a reachtaíodh faoi réimeas Anraí VIII i 1540. Baineadh leas aisti i ndiaidh a toirmisc mar phríosún ar feadh na gcéadta bliain. Tá ainm an cheantair féin, 'Blackhall', lán le macallaí na staire. San ainm Béarla sin, tá tuairisc ar stádas an Bhéarla mar theanga labhartha sa limistéar thart ar chathair Bhaile Átha Cliath ar tugadh an Pháil air sa Mheánaois.

4. Aimsíodh cnámharlaigh 16 duine sa cheantar seo agus is léir ó leagan amach na reilige gur cuireadh na coirp ar bhealach nach raibh pleanáilte mar go raibh siad caite le chéile ann. Ní bhfuarthas míniú air seo nó gur cuartaíodh foinsí na staire scríofa. De réir annála an bhaile chuirtí daoine chun báis go poiblí os comhair gheata na Prióireachta, ar phríosún í féin faoin am seo, agus b'fhéidir gur míniú é seo ar na coirp a bheith caite le chéile sa reilig agus na cloigne (cinn) a bheith ar iarraidh ar chuid acu! Ba shin í an dara huair taobh istigh de chúig bliana

stairiúil, suimiúil a tháinig chun solais: daingean de chuid na Páile le hainm álainn, An Muileann gCearr, nár fhéad na Sasanaigh a chur as riocht lena n-iarracht ar é a bhéarlú; mainistir Phroinsiasach agus ceangal aici leis an Spáinn; teaghlach Normannach a sholáthraigh filí a fuair oiliúint i scoileanna na mbard; Prióireacht a coigistíodh san 16ú céad. Nach suimiúil an stair í!

5. Is d'Oifig na nOibreacha Poiblí, do An Taisce agus do Dhúchas atá an buíochas ag dul gur sealbhaíodh an oiread sin dár stair le blianta beaga anuas. Ba iad siúd, seachas na polaiteoirí, a rinne an gaisce. Cinnte, is mór an dul chun cinn a rinneadh ó thús na seachtóidí den chéad seo caite nuair a b'éigean do dhaoine príobháideacha ar nós F.X. Martin, ollamh agus sagart, feachtas aonair a chur ar bun in aghaidh Bhardas Bhaile Átha Cliath chun láthair fhíorthábhachtach seandálaíochta a bhain leis na Danair i Sráid Winetavern sa phríomhchathair a chaomhnú. Bhuail sé an chéad bhuille i gcath a d'fhás ina chogadh. Chaill an tOllamh misniúil an cath an t-am sin. De bharr a agóide sin, ámh, cuireadh ceangal docht dlí ar thógálaithe tús áite a thabhairt dár n-oidhreacht luachmhar, stairiúil.

Gluais: Prióireacht = Séipéal agus ionad cónaithe

Ceisteanna

(i) (a) Cén obair innealtóireachta a luaitear sa *chéad alt* a bhí ar siúl sa
          Mhuileann gCearr i 2003 nuair a thángthas ar na taisí?   (4 mharc)

      (b) Cén chaoi ar chabhraigh na cuntais scríofa le míniú a
          thabhairt ar na sliogáin a fuarthas le linn na tochailte
          i 1999 (*an t-alt céanna*)?   (4 mharc)

(ii) Cén fáth arbh éigean do na conraitheoirí fios a chur ar na seandálaithe
      de réir an *dara halt*?   (4 mharc)

(iii) (a) Luaigh **dhá** rud ón *tríú halt* faoin teaghlach a bhunaigh an
          Phrióireacht.   (6 mharc)

      (b) Cad a tharla don Phrióireacht faoi réimeas Anraí VIII de
          réir an *ailt chéanna*?   (3 mharc)

(iv) (a) Cén chaoi a n-éiríonn leis an stair scríofa míniú a thabhairt ar
          an gcuma a bhí ar na corpáin sa reilig de réir an *ceathrú halt*? (4 mharc)

      (b) Luaigh **dhá** ghné atá sa *cheathrú halt* a thaispeánann gur stair
          shuimiúil, dar leis an údar, atá ag an Muileann gCearr.   (6 mharc)

(v) 'Chaill an tOllamh misniúil an cath an t-am sin,' a deirtear sa
     chúigiú halt. Cad atá i gceist leis an gcaint sin?   (4 mharc)

SCRÚDUITHE TEISTIMÉIREACHTA, 2003

GAEILGE
ARDTEISTIMÉIREACHT, ARDLEIBHÉAL

SCÉIM MHARCÁLA

PÁIPÉAR 1 (170 marc)

CEIST 1	– CEAPADÓIREACHT –	[120 marc]

    (a) Ionramháil Ábhair   = 20 marc $\Big\}$ 20 + 80 = 100
    (b) Cumas Gaeilge   = 80 marc

[Cumas Gaeilge = **(i)** fairsingeacht agus saibhreas Stór Gaeilge an iarrthóra,
móide **(ii)** beachtas maidir le máistreacht cruinnúsáide ar na príomhghnéithe
de cheart na Gaeilge.]

Nóta: Caithfidh an Scrúdaitheoir Cúnta an marc a bhronntar as 20 (Ábhar)
           agus an marc a bhronntar as 80 (Gaeilge) a thaispeáint go soiléir ag
           bun na hiarrachta ceapadóireachta.

CEIST 2 (A + B) – LÉAMHTHUISCINT – 100 marc

A (35 MHARC)

(i) (a) An misean nua ag fórsaí na Náisiún Aontaithe. = 3 mharc;
  (b) Fianaise go mbaineann dainséar leis. = 4 mharc:
(ii) (a) An feachtas a cuireadh ar bun i Nua-Eabhrac. = 3 mharc;
   (b) An chaoi a bhfuair Monrovia a ainm. = 3 mharc;
(iii) **Dhá fháth** leis an teannas idir an dá dhream. = 6 mharc;
(iv) (a) An t-éacht atá i gceist. = 4 mharc;
   (b) Cad dó a dtugtar an chreidiúint as an éacht seo? = 4 mharc;
(v) (a) An chaoi ar bhain Taylor an uachtaránacht amach. = 4 mharc;
  (b) Míniú ar mhímhuinín na ndúchasach as Taylor. = 4 mharc.

3 + 4 + 3 + 3 + 6 + 4 + 4 + 4 + 4 = 35 mharc.
(*Gaeilge lochtach: 0—3 a bhaint den iomlán a gnóthaíodh.*)

B (35 MARC)

(i) (a) An obair innealtóireachta a bhí ar siúl. = 4 mharc;
   (b) An chaoi ar chabhraigh na cuntais scríofa . . . i
     1999. = 4 mharc;
(ii) An fáth arbh éigean fios a chur ar na seandálaithe. = 4 mharc;
(iii) (a) **Dhá** rud faoin teaghlach a bhunaigh an
     Phrióireacht. = 6 mharc;
   (b) Cad a tharla don Phrióireacht faoi réimeas
     Anraí VIII? = 3 mharc;
(iv) (a) Míniú ar an gcuma a bhí ar na corpáin sa stair
     scríofa. = 4 mharc;
   (b) **Dhá** ghné den stair shuimiúil ag an
     Muileann gCearr. = 6 mharc;
(v) Cad atá i gceist leis an gcaint: 'Chaill an tOllamh
    misniúil . . .? = 4 mharc;

4 + 4 + 4 + 6 + 3 + 4 + 6 + 4 = 35 mharc.
(*Gaeilge lochtach: 0—3 a bhaint den iomlán a gnóthaíodh.*)
[I gcás A agus B, gearrfar pionós i ngeall ar iomarcaíocht.]

Nóta: Taispeánfar na marcanna a ghnóthaíonn iarrthóirí as an mbuneolas a
    aimsiú agus as na freagraí a bheith ina bhfocail féin acu ar na
    scripteanna. Taispeánfar freisin na marcanna a bhaintear i ngeall ar an
    nGaeilge a bheith lochtach agus na marcanna a bhaintear i ngeall ar
    iomarcaíocht san ionad cuí ar na scripteanna.

PÁIPÉAR 2 (180 MARC)

Maidir le *Ceist 1* (Prós) agus le *Ceist 3* (Filíocht), rogha idir cúrsa ainmnithe (prós ainmnithe/filíocht ainmnithe) agus cúrsa roghnach (prós roghnach/filíocht roghnach) atá i gceist. Caillfear marcanna sa chás nach gcloítear leis an riail seo.

CEIST 1	– PRÓS –	(40 marc)

Freagair **A** (Prós Ainmnithe) **nó B** (Prós Roghnach).

A—PRÓS AINMNITHE—(40 marc)

A
Léiriú ar na caidrimh i gceist . . . cumasach?
(*Amuigh Liom Féin*)   Ionramháil Ábhair = 22 mharc
Nó
Fadhbanna an duine óig i bhfeidhm ar an
gclann . . . a éifeachtaí is a léirítear sin?
(*Gafa*)   Ionramháil Ábhair = 22 mharc

B
Plé ar an léiriú ar an smacht ag Micil
ar Shéamas.
(*An Lasair Choille*)   Ionramháil Ábhair = 13 mharc
Nó
Plé ar (i) an mbuntéama, agus (ii), ar an
ngné is mó a chuaigh i bhfeidhm ort féin.
(*An Lasair Choille*)   Ionramháil Ábhair = 13 mharc

Cumas Gaeilge—(a) agus (b) le chéile) = 5 mharc

C.1 = 40 marc (22 + 13 + 5)

B—PRÓS ROGHNACH—(40 marc)

Freagair **(a) agus (b)** anseo.

(a)
Léiriú a dhéantar ar an gcaidreamh idir na
príomhphearsana . . . a éifeachtaí?
(Gearrscéal)
Teideal an scéil agus ainm an údair.   Ionramháil Ábhair = 22 mharc

Nó

Plé ar an gcaoi a dtéann a gcuid mothúchán i
bhfeidhm ar bheirt de na pearsana.
(Úrscéal)
Teideal an úrscéil agus ainm an údair.   Ionramháil Ábhair   = 22 mharc

(b)

Plé ar an léiriú ar thréith amháin a
bhaineann leis an bpríomhphearsa.
(Dráma)
Teideal an dráma agus ainm an údair.   Ionramháil Ábhair   = 13 mharc

Nó

Plé ar an mbuntéama agus ar an ngné is
mó a chuaigh i bhfeidhm ort féin.
(Dráma)
Teideal an dráma agus ainm an údair.   Ionramháil Ábhair   = 13 mharc

Cumas Gaeilge—(a) agus (b) le chéile = 5 mharc

C.1 = 40 marc (22 + 13 + 5)

Nóta: Caithfidh an Scrúdaitheoir an marc as 22 (Ábhar) agus as 13 (Ábhar)
agus as 5 (Gaeilge) a thaispeáint go soiléir sna hionaid chuí ar an
bhfreagarleabhar.

**Ní bhronnfar marcanna ar theidil/ainmneacha údar a lua ach bainfear
marcanna mura luaitear iad.**

Ceist 2	—PRÓSTÉACS BREISE—	40 marc

[(**a**)(i) nó (**a**)(ii) nó (**b**)(i) nó (**b**)(ii) le déanamh as **A** nó **B** nó **C** nó **D**]

Ionramháil Ábhair   = 35 mharc
Cumas Gaeilge   = 5 mharc

35 + 5: C.2   = 40 marc

Nóta: Caithfidh an Scrúdaitheoir an marc as 35 (Ábhar) agus an marc as 5
(Gaeilge) a thaispeáint go soiléir san ionad cuí ar an bhfreagarleabhar.

CEIST 3	—FILÍOCHT—	70 marc

Freagair **A** (Filíocht Ainmnithe) **nó B** (Filíocht Roghnach) agus freagair **C** (Dánta Dualgais Breise).

A—FILÍOCHT AINMNITHE—(35 mharc)

Freagair **(a) agus (b)** anseo.

(a)

(i) Príomhthéama agus an cur i láthair.
(*Mac Eile Ag Imeacht*) = 11 mharc

(ii) Úsáid na bhfocal 'tús' agus 'deireadh'
(*Mac Eile Ag Imeacht*) = 6 mharc
= **17 marc (Ionramháil Ábhair)**

Nó

(i) Plé ar an ráiteas. (*Bríd Óg Ní Mháille*) = 11 mharc

(ii) Trácht ar éifeacht na húsáide:
dúlra;íomhánna;friotal.
(*Bríd Óg Ní Mháille*) = 6 mharc
= **17 marc (Ionramháil Ábhair)**

(b)
Plé **gairid** ar an easpa réitigh in aigne an fhile.
(*Treall*) = 13 mharc

Nó

Plé ar éifeacht na húsáide a bhaintear as **dhá cheann**:
mothúchán; meafar; friotal; íomhá; atmaisféar.
(*Treall*) = 13 mharc

B—FILÍOCHT ROGHNACH—(35 mharc)

Freagair (a) agus (b) anseo.

(a)

(i) Luaigh an príomhthéama agus déan plé ar fhorbairt
an phríomhthéama.
(Dán **nua**-aimseartha le **bean**.)
(Teideal an dáin agus ainm an fhile.)   = 11 mharc

(ii) Plé ar ghné a thaitin / nár thaitin leat agus na cúiseanna.   = 6 mharc
         = 17 marc

Nó

(i) Aidhm an dáin agus an chaoi ar éirigh / nár éirigh leis
an aidhm . . .
(**Sean**dán)
(Teideal an dáin agus ainm an fhile.)   = 11 mharc

(ii) Trácht ar éifeacht na húsáide as **ceann** díobh seo: dúlra;
meafair; samhlacha; íomhánna; eachtra; friotal   = 6 mharc
         = 17 marc

(b)

Dán **Nua**-aimseartha le **bean/fear** agus nár roghnaíodh thuas:
An dá mhothúchán is mó / an léiriú orthu / an chaoi a
ndeachaigh siad i bhfeidhm ort féin.
(Teideal an dáin agus ainm an fhile)   = 13 mharc

Nó:

Dán **Nua**-aimseartha le **bean/fear** agus nár roghnaíodh thuas.
Éifeacht na húsáide a bhaintear as **dhá** cheann díobh seo:
meafair; samhlacha; friotal; íomhánna; atmaisféar; simplíocht/
castacht; athrá; codarsnacht/contrárthacht.   = 13 mharc
(Teideal an dáin agus ainm an fhile)

Nóta: I gcás an chúrsa roghnaigh, gearrtar píonós 1 mharc mura luaitear
ainm an tsaothair/ dáin nó ainm an údair más ann dó.

C (35 mharc)

Freagair **(a)** <u>nó</u> **(b)** anseo

(a)
(i)   Plé ar an ráiteas. (*Labhrann Deirdre*)   = 18 marc
(ii) Úsáid as dathanna/as rudaí a chuireann
dathanna in iúl . . . éifeacht na húsáide.   = 8 marc
(iii) Deirdre atá ag caint . . . dhá phointe
faoin gcaoi a dtéann sin i bhfeidhm ar
an dán.   = 4 mharc
                                    = 30 marc (Ionramháil Ábhair)

(b)
(i)   Plé ar an ráiteas; fearg /brón.
(*Donncha Bán*)   = 18 marc
(ii) Nóta faoin athrá sa dán.   = 4 mharc
(iii) Nóta faoin meadracht agus léiriú   = 8 marc
                                    = 30 marc (Ionramháil Ábhair)

Cumas Gaeilge (**A** nó **B** agus **C** le chéile)   = 10 marc

C.3 = 70 marc

Nóta: Caithfidh an Scrúdaitheoir an marc as 17 (Ábhar) agus as 13 (Ábhar)
agus as 30 (Ábhar) agus as 10 (Gaeilge) a thaispeáint sna hionaid chuí
ar an bhfreagarleabhar.

CEIST 4	—STAIR—	30 marc

Dhá cheann le déanamh as (a), (b), (c), (d), (e), (f).

13 + 12 (Eolas) móide 5 mharc ar an gCumas Gaeilge (sa dá cheann le chéile).
= 30 marc.

Nóta: Caithfidh an Scrúdaitheoir Cúnta an marc a bhronntar as 25 (Eolas)
agus an marc a bhronntar as 5 (Gaeilge) a thaispeáint go soiléir san
ionad cuí ar an bhfreagarleabhar.

CLUASTUISCINT (100 marc)

Tá 45 d'fhocheisteanna ar fad le freagairt.

45 fhocheist x **2** mharc an ceann = **90** marc. Mar sin:

(i)	Tuiscint	= 90 marc
(ii)	Cumas Gaeilge	= 10 marc
(iii)	**Iomlán**	= 100 marc

Cuid A:	**30 marc (Eolas)**	
Fógra 1:	2 mharc x 5	= 10 marc
Fógra 2:	2 mharc x 5	= 10 marc
Fógra 3:	2 mharc x 5	= 10 marc
	10 + 10 + 10	**= 30 marc**

Cuid B:	**40 marc (Eolas)**	
Comhrá 1:	2 mharc x 6	= 12 mharc
Comhrá 2:	2 mharc x 8	= 16 mharc
Comhrá 3:	2 mharc x 6	= 12 mharc
	12 + 16 + 12	**= 40 marc**

Cuid C:	**20 marc (Eolas)**	
Píosa 1:	2 mharc x 3	= 6 mharc
Píosa 2:	2 mharc x 4	= 8 marc
Píosa 3:	2 mharc x 3	= 6 mharc
	6 + 8 + 6	**= 20 marc**

Tugadh an treoir seo a leanas do na scrúdaitheoirí ar fad:

Níor mhiste do gach Príomhscrúdaitheoir Comhairleach gach a leanann seo a chur in iúl do na Scrúdaitheoirí Comhairleacha. Níor mhiste do na Scrúdaitheoirí Comhairleacha é seo a leanas a chur in iúl dá Scrúdaitheoirí Cúnta:

- Sa chás go dtagann scrúdaitheoir cúnta trasna ar script a bhaineann le hiarrthóir ar cuireadh socruithe speisialta ó thaobh scrúdaithe de ar fáil dó/di
- níor mhór don scrúdaitheoir cúnta a chur in iúl dá scrúdaitheoir comhairleach go bhfuil a leithéid de script le marcáil aige/aici.
- caithfidh an scrúdaitheoir comhairleach a mhíniú don scrúdaitheoir cúnta go bhfuil gach gné den scéim mharcála faoi mar atá leagtha amach le cur i bhfeidhm ó thaobh mharcáil na scripte de ach amháin nach mbeidh an litriú agus gnéithe áirithe den ghramadach san áireamh sa chás go bhfuil an tarscaoileadh seo i gceist.

- míneoidh an scrúdaitheoir comhairleach don scrúdaitheoir cúnta go mbeifear ag déanamh fiosruithe ina thaobh seo lena chinntiú go bhfuil an scéim mharcála á cur i bhfeidhm ag an scrúdaitheoir cúnta ina leithéid de chás faoi mar ba cheart.

COIMISIÚN NA SCRÚDUITHE STÁIT
SCRÚDÚ NA hARDTEISTIMÉIREACHTA, 2005

Gaeilge Ardleibhéal
Triail Chluastuisceana

(100 marc)

Déardaoin 9 Meitheamh
Tráthnóna, 4.30 go dtí 5.10

Treoracha d'iarrthóirí
Caithfidh do chuid freagraí uile sa triail seo a bheith i nGaeilge, ach amháin nuair nach gá sin.

CUID A

Cloisfidh tú *trí cinn* d'fhógraí raidió sa chuid seo.
Cloisfidh tú gach fógra díobh FAOI DHÓ. Beidh sos le scríobh na bhfreagraí tar éis na chéad éisteachta *agus* tar éis an dara héisteacht.

Fógra a hAon

1. (a) Cad a chuirfidh Bord na Leabhar Gaeilge ar siúl Dé hAoine seo chugainn?

   _____

   (b) Cá mbeidh na himeachtaí ar siúl?

   _____

2. Conas a roinnfear na páistí don ócáid?

   _____

3. (a) Cé a bheidh i mbun na n-imeachtaí i rith an lae?

   _____

   (b) Conas a chuirfear deireadh leis an lá?

   _____

Fógra a Dó

1.   Cé atá ag fógairt na scéime seo?

        _____

2. (a) Cé orthu a mbronnfar na scoláireachtaí seo?

        _____

    (b) Cé mhéad is fiú na scoláireachtaí seo?

        _____

3. (a) Luaigh **dhá** rud faoin gcúrsa céime atá i gceist.

        _____

        _____

    (b) Cén bhaint atá ag Údarás na Gaeltachta leis an scéim seo?

        _____

Fógra a Trí

1.   Cén fáth a bhfuil muintir an Tuaiscirt an-bhuartha?

        _____

2.   Cén tseirbhís a gcuirfear deireadh léi?

        _____

3. Luaigh **dhá** bhaile Gaeltachta a bhfuil an tseirbhís seo ag freastal orthu.
    (i) _____
    (ii) _____

4. Luaigh **dhá chúis** le deireadh a bheith á chur leis an tseirbhís seo:
    (i) _____
    (ii) _____

CUID B

Cloisfidh tú **trí cinn** de chomhráite sa chuid seo. Cloisfidh tú gach comhrá díobh TRÍ hUAIRE. Cloisfidh tú an comhrá ó thosach deireadh an chéad uair. Ansin cloisfidh tú é ina **dhá mhír**. Beidh sos le scríobh na bhfreagraí tar éis gach míre díobh. Ina dhiaidh sin cloisfidh tú an comhrá ó thosach deireadh arís.

Comhrá a hAon

An Chéad Mhír

1. Cén triail ar éirigh le Maidhc inti?

    _____

2. Cén t-éacht a rinne Maidhc, dar le Bríd?

    _____

3. Luaigh **dhá** rud a dúirt Maidhc faoi am na trialach?

    _____

    _____

An Dara Mír

1. Cén fáth a bhfuil Bríd in éad le Maidhc?

    _____

2. Cén **dá** rud atá le déanamh anois ag Maidhc maidir leis an gcarr a cheannóidh sé?

    _____

    _____

3. Cén fáth nach mbeidh nóiméad saor ag Maidhc anois, dar leis féin?

    _____

Comhrá a Dó

An Chéad Mhír

1. Cén drochscéal atá ag Máire faoi chúrsaí sa bhaile mór?

    _____

2. (a) Cé mhéad duine a chaillfidh a bpostanna?

    _____

    (b) Cé hiad na gaolta le Seán atá ag obair sa mhonarcha?

    _____

3.   Luaigh cúis **amháin** le dúnadh na monarchan.

_____

An Dara Mír

1. Cén fáth a bhfuil comhlachtaí ag bogadh leo go dtí tíortha eile, dar le Máire?

_____

2. Luaigh **dhá** rud a deir Seán faoina uncail:

    (i) _____

    (ii) _____

3. Cén fáth a bhfuil trua ag Máire di féin agus do Sheán?

_____

Comhrá a Trí

An Chéad Mhír

1. (a) Cérbh iad na fógraí a chonaic Pól ar an teilifís?

_____

    (b) Cén fáth a scanraíonn na fógraí sin Sinéad?

_____

2.   Cén fáth ar cheart do Shinéad misneach a bheith aici, dar le Pól?

_____

An Dara Mír

1. Cén chomhairle a chuireann Pól ar Shinéad faoi na scrúduithe?

_____

2. Cén craobhchluiche a bhfuil Pól ag tnúth leis?

_____

3. Cén **dá** rud a deir Pól faoi na mná a luann sé?

_____

CUID C

Cloisfidh tú **trí cinn** de phíosaí nuachta raidió/teilifíse sa chuid seo.
Cloisfidh tú gach píosa díobh FAOI DHÓ. Beidh sos le scríobh na bhfreagraí
tar éis na chéad éisteachta **agus** tar éis an dara héisteacht.

Píosa a hAon

1.   Cén fáth a mbeidh áit ag Áine i Leabhar Churiarrachtaí Ghuinness?

   _____

2.   (a) Cé mhéad ama a chaith Áine san fharraige?

   _____

   (b) Luaigh rud **amháin** a rinne Áine mar ullmhúchán don éacht seo?

   _____

Píosa a Dó

1.   Cá bhfuil an córas traenach seo le feiceáil?

   _____

2.   Luaigh **dhá** rud atá neamhghnách faoin gcóras traenach seo.

   _____

   _____

3.   (a) Cad a tharla sa bhliain 1930?

   _____

   (b) Cad leis a bhfuil Comhairle an bhaile ag súil?

   _____

Píosa a Trí

1.   Cén club a chuir fáilte abhaile roimh Pheadar agus Susan?

   _____

2.   Luaigh rud **amháin** a rinne siad le linn an turais.

   _____

3.   Cén post a bhí ag Peadar sula ndeachaigh sé ar phinsean luath?

   _____

COIMISIÚN NA SCRÚDUITHE STÁIT
SCRÚDÚ NA hARDTEISTIMÉIREACHTA, 2005

Gaeilge
Ardleibhéal—Páipéar 1
(170 marc)

Déardaoin 9 Meitheamh
Tráthnóna, 1.30 go dtí 4.20

Treoracha d'iarrthóirí
FREAGAIR CEIST 1 (*leathanach 252*) **AGUS CEIST 2** (*leathanaigh 253–7*)
Ní mór do na hiarrthóirí cúram a dhéanamh de chruinneas na teanga.
Caillfear marcanna trí bheith faillíoch ann.

CEIST 1	—CEAPADÓIREACHT—	[100 marc]

Freagair do rogha **ceann amháin** de *A*, *B*, *C nó D* anseo thíos.
Nóta: Ní gá dul thar 500–600 focal nó mar sin i gcás ar bith.

A	—AISTE—	(100 marc)

Scríobh **aiste** ar **cheann amháin** de na hábhair seo.
(a) An scoil agus an dalta: ní í gcónaí a bhíonn dea-chaidreamh eatarthu inniu.
(b) Is mór an oscailt súl don duine é an taisteal.
(c) Idéil na gCluichí Oilimpeacha—scamall orthu inniu faraoir.

B	—SCÉAL—	(100 marc)

Ceap **scéal** a mbeadh do rogha **ceann amháin** díobh seo oiriúnach mar theideal air.
(a) *Is ina dhiaidh a thuigtear gach beart.*
(b) Bród.

C	—ALT NUACHTÁIN/IRISE—	(100 marc)

Freagair do rogha **ceann amháin** díobh seo.

(a) Léigh tú alt i nuachtán áitiúil le déanaí ó pholaiteoir inar ionsaigh sé teifigh atá ag cur fúthu i do cheantar féin. Chuir an t-alt sin fearg ort. Scríobh an freagra a chuirfeá chuig eagarthóir an nuachtáin ar an ábhar sin.

(b) Tháinig an príomhoifigeach ar eagraíocht idirnáisiúnta carthanachta ar cuairt chuig do scoil le déanaí. Iarradh ortsa agallamh a chur air. Scríobh alt, bunaithe ar an agallamh sin, d'iris na scoile.

D —DÍOSPÓIREACHT/ÓRÁID— (100 marc)

Freagair do rogha **ceann amháin** díobh seo.

(a) Scríobh *an chaint* a dhéanfá i ndíospóireacht scoile ar son **nó** in aghaidh an rúin seo a leanas: 'Tá an tír seo ag titim as a chéile agus níl faic na fríde á dhéanamh ag ár bpolaiteoirí faoi'.

(b) Is Cathaoirleach tú ar Raidió Áitiúil in Éirinn. Iarradh ort labhairt mar aoi-chainteoir ag Craobhchomórtas Náisiúnta Díospóireachta faoi ról an raidió áitiúil i saol an phobail. Scríobh *an óráid* a thabharfá ann.

CEIST 2 —LÉAMHTHUISCINT— [70 marc]

Freagair **A** ar leathanaigh 253–4 *agus* **B** ar leathanaigh 255–6.

A—(35 mharc)

Léigh an sliocht seo a leanas agus freagair na ceisteanna a ghabhann leis.
BÍODH NA FREAGRAÍ I D'FHOCAIL FÉIN, OIREAD AGUS IS FÉIDIR LEAT.

BEAN UASAL NA SAOIRSE

1. Athosclaíodh Dealbh na Saoirse i mbá Manhattan tamall ó shin i ndiaidh di bheith dúnta ón lá cinniúnach úd, an 11ú Meán Fomhair 2001, nuair a leagadh túir Ionad Trádála an Domhain i ndeisceart chathair Nua Eabhrac, achar an-ghearr ón dealbh í féin. Ar an lá scéiniúil sin d'eitil an dá eitleán fuadaithe go híseal os cionn Dealbh na Saoirse sular réab siad an dá thúr as a chéile agus d'fhág 3,000 duine ar lár. Cuireadh córas dianslándála i bhfeidhm ar fud na Stát Aontaithe i ndiaidh an tsléachta, go háirithe ar shéadchomharthaí poiblí, agus dá bharr sin, cinneadh ar chosc iomlán a chur le cuairteoirí dul isteach ar Oileán na Saoirse, áit a bhfuil an dealbh suite.

2. Ócáid an-chiúin, áfach, a bhí san athoscailt i gcomparáid lena chéadoscailt ar an 4ú Iúil 1886. Ar an lá sin chonaic breis agus milliún de chathróirí Nua Eabhrac, a bhí cruinnithe ina sluaite feadh chladach Manhattan, ollbhratach na Fraince á tarraingt anuas de dhealbh mná a bhí ina seasamh 300 troigh os cionn na farraige. Mar, rud nach dtugtar chun cuimhne mórán sa lá atá inniu ann, bronntanas ab ea an olldhealbh sin ó phoblacht nua dhaonlathach na Fraince do mhuintir na Stát Aontaithe. Ag an am sin bhí poblacht nua na Fraince, a bunaíodh i ndiaidh tréimhse fhada ríochta agus impireachta, sé bliana déag ar an saol. Ba iad idéil dhaonlathacha Mheiriceá a spreag agus a

253

threoraigh polaiteoirí na Fraince agus ba chomhartha é ar mhéad a mbuíochais agus a n-ómóis do na Meiriceánaigh bronntanas chomh hollásach leis a thabhairt dóibh.

3. Rud nach dtarlaíonn ach uair amháin feadh na gcianta fada de stair tíre ab ea leithéid chéadoscailt Dhealbh na Saoirse sa bhliain 1886. Agus nuair a réab ollghártha mhuintir Nua Eabhrac an spéir ghorm os a gcionn ar an ócáid stairiúil sin, cé a thógfadh orthu é má chreid a bhformhór go raibh bandia cumhdaitheach, doscriosta anois acu a chosnódh a muirbhealach luachmhar isteach go dtí dugaí na cathrach. Ach, mo léan, ba í íoróin shearbh na staire nárbh ón bhfarraige a thitfeadh na buillí marfacha orthu lá ab fhaide anonn a leagfadh ar lár iontais ailtireachta a seacht n-oiread níos suntasaí ná Dealbh na Saoirse agus trí mhíle dá shliocht chomh maith leo.

4. Thug cruthaitheoir Dhealbh na Saoirse, Frederic Auguste Bertholdi, 'An tSaoirse ag soilsiú an Domhain' ar a ollsaothar dealbhadóireachta mar ba í Meiriceá tobar na saoirse ag am a raibh iliomad ríthe agus impirí ollsmachtacha i réim ar fud na hEorpa. Ba é sin an fáth a shamhlaigh Bertholdi a dhealbh mar bhandia na saoirse ag stánadh go dúshlánach roimpi i dtreo na hEorpa, tóirse na saoirse ardaithe ina láimh dheas. Ag a cosa leag sé slabhraí briste na sclábhaíochta. D'fhág sé cos léi ardaithe amhail is dá mbeadh sí ar tí tús a chur go bródúil lena

turas buacach ag iompar solas na saoirse ar fud na cruinne. Ach, dá cumhachtaí a shamhlaíocht, ní fhéadfadh Bertholdi a shamhlú an t-ardú meanman agus an dóchas a ghinfí i gcroíthe na sluaite dearóile a d'fheicfeadh a dhealbh den chéad uair agus iad á dtreorú isteach ar oileán Ellis tar éis dóibh teitheadh ó chruatan agus ó ghéarleanúint ina dtíortha féin.

5. I mí Márta 2003 d'ionsaigh Stáit Aontaithe Mheiriceá an Iaráic mar chuid dá bheartas in aghaidh na sceimhlitheoireachta idirnáisiunta. Ag am sin na cinniúna don tsíocháin dhomhanda ba é Dominic de Villepain, Aire Gnóthaí Eachtracha na Fraince, ba ghéire a labhair i gcoinne bheartais Mheiriceá os comhair na Náisiún Aontaithe. In ala iompú boise cuireadh deireadh le céad bliain de chairdeas agus de chomhoibriú idir an Fhrainc agus Stáit Aontaithe Mheiriceá. Arbh aon iontas é, dá bhrí sin, nach leomhfadh Méara Nua Eabhraic ar ócáid athoscailt Dhealbh na Saoirse an aithris is lú a dhéanamh ar fhocail a chomh-mhéara céad beag bliain roimhe sin? Leacht cuimhneacháin de dhéantús an naoú haois déag ar 'Ré an tSolais' ar cuireadh tús léi sa Fhrainc dhá chéad bliain roimhe sin is ea Dealbh na Saoirse. Anois ag am a hathoscailte cén leacht a bheidh mar chuimhneachán ar an ré nua atá ag gealadh don domhan?

Bunaithe ar alt san *Irish Times*

Ceisteanna

1. (a) Cad a tharla ar an 'lá cinniúnach' a bhfuil tagairt dó sa chéad alt?
   (4 mharc)

   (b) Cén rud ar cinneadh air faoi Dhealbh na Saoirse de bharr imeachtaí an lae sin, de réir an ailt chéanna? (3 mharc)

2. (a) Cén bhaint a bhí ag an bhFrainc le Dealbh na Saoirse de réir an dara halt? (4 mharc)

   (b) Cén tábhacht, i gcás na Fraince de, a luaitear le 'idéil dhaonlathacha' Mheiriceá san alt céanna? (3 mharc)

3.   (a)   Cén ceangal a dhéantar idir dearcadh mhuintir Nua Eabhrac ar 'a muirbhealach luachmhar' agus Dealbh na Saoirse, de réir an tríú halt?   (4 mharc)

    (b)   Cérbh í 'íoróin shearbh na staire', de réir an ailt chéanna? (3 mharc)

4.   (a)   Cén dearcadh a bhí ag Bertholdi, cruthaitheoir Dhealbh na Saoirse, ar an Eoraip, de réir an cheathrú halt?   (4 mharc)

    (b)   Cén rud nach bhféadfadh Bertholdi a shamhlú faoina dhealbh, de réir an ailt chéanna?   (3 mharc)

5.   (a)   Cén seasamh a ghlac an Fhrainc ar ionsaí Na Stát Aontaithe ar an Iaráic sa bhliain 2003, de réir an chúigiú halt?   (4 mharc)

    (b)   Cén 'ré nua', dar leat, atá i gceist san alt céanna?   (3 mharc)

Freagair **B** ar leathanaigh 255–6.

B—(35 mharc)

Léigh an sliocht seo a leanas agus freagair na ceisteanna a ghabhann leis.
BÍODH NA FREAGRAÍ I D'FHOCAIL FÉIN, OIREAD AGUS IS FÉIDIR LEAT.

NA BUACHAILLÍ GOOGLE

1. Bhí atmaisféar an charnabhail le brath ag oscailt cheanncheathrú Eorpach Google i mBaile Átha Cliath le déanaí toisc go raibh an bheirt fhear óg a bhunaigh an comhlacht le teacht os comhair an tslua beo beathach. Is mó is cosúil le réaltaí rock ná le fir ghnó an bheirt seo, Sergey Brin agus Larry Page, a chruthaigh an t-inneal cuardaigh idirlín, Google, agus a bhunaigh comhlacht príobháideach ar fiú breis agus 37 billiún dollar é sa lá atá inniu ann. Éacht míorúilteach cinnte don bheirt a thréig Ollscoil Stanford, áit a raibh cúrsa dochtúireachta á dhéanamh acu sa mhatamaitic, agus a chuaigh i mbun taighde féachaint an bhféadfaí an mhatamaitic theoiriciúil a ionramháil chun áis scagtha eolais a chruthú. Ba é Google toradh a gcuid taighde.

2. De bhunadh Rúiseach é Sergey Brin, mac le matamaiticeoir Rúiseach, ar éirigh leis dul go dtí Stáit Aontaithe Mheiriceá sa bhliain 1979. Meiriceánach é Larry Page ar saineolaí é a athair ar eolaíocht ríomhairí. Níorbh é an grá don mhatamaitic amháin a shnaidhm dlúthchairdeas idir an bheirt seo a bhí chomh difriúil sin le chéile ó thaobh bunaidh agus cultúir de. D'aithin siad go luath go raibh an tuiscint óigeanta chéanna ar ghreann acu, ach thairis sin, go raibh tuiscint ghéar acu ar bhua intleachta an duine dhaonna agus mar a bheadh dúil an bhuacalla óig iontu araon an bua sin a cheiliúradh trí mhéan na matamaitice agus na heolaíochta. Nuair a thosaigh siad ar an taighde matamaitice agus eolaíochta ar tháinig Google de tamall gearr ina dhiaidh sin, thug siad faoi deara go raibh buanna difriúla acu a d'fhéadfadh comhlánú a dhéanamh ar a chéile dá

mbeidís i mbun gnó le chéile. Bhí an ceart ar fad acu. Ba é Sergey, atá thar a bheith cuideachtúil, a chuaigh i mbun margántaíochta dá gcomhlacht nua fad is a d'fhan Larry, a bhfuil cumas scanrúil sa mhatamaitic aige, sa tsaotharlann ag iarraidh feabhas a chur ar an táirge iontach ríomhaireachta a bhí cruthaithe acu.

3. Nuair a bhí ag éirí thar barr leis an gcomhlacht nua Google a bhunaigh siad, moladh dóibh é a lainseáil ar an stocmhargadh. Thoiligh an bheirt é seo a dhéanamh ach láithreach bhí sé ina spairn idir iad agus stocbhrócaeirí móra Wall Street. Theastaigh uathusan go ndíolfaí an stoc leis na bainc mhóra infheistíochta. Dhiúltaigh Sergey agus Larry glan dóibh agus d'fhógair siad go mbeadh an chéad cheant (díolachán) idirlín riamh á eagrú acu le seans a thabhairt do ghnáthdhaoine sciar den stoc a cheannach. Le fírinne, níor éirigh go rómhaith leis an gceant mar go raibh daoine amhrasach faoi, ach cúitíodh a gcinneadh leis an mbeirt nuair a tháinig éileamh thar na bearta ar an stoc tamall gearr ina dhiaidh sin.

4. Cé gur chuir díol an stoic saibhreas as cuimse ar fáil dóibh, is prionsabal daingean é ag Sergey agus Larry gan a gcuid saibhris a chaitheamh go feiceálach. Ina saol oibre laethúil, dá bhrí sin, is cairr de dhéanamh simplí a thiomáineann siad agus is annamh a d'fheicfí iad ar ócáidí poiblí gan bróga reatha orthu mar thionlacan lena gcultacha galánta! Dar le daoine a bhfuil sáraithne acu orthu, is léiriú é an chaoi a gcaitheann siad a gcuid airgid agus an chaoi a dtagann siad os comhair an phobail ar an tuiscint dhoimhin atá acu ar na mothúcháin dhiúltacha a spreagann an saol rachmasach sa ghnáthdhuine. Agus is ríléir gur chabhraigh cur i bhfeidhm an phrionsabail seo le dul chun cinn míorúilteach a gcomhlachta.

5. Le déanaí, áfach, tá athrú mór tugtha faoi deara ar iompar poiblí na beirte. Is annamh anois a fheictear iad ar sheóanna cainte teilifíse agus is annamh fós é preasagallamh á thabhairt acu do lucht nuachtán agus irisí ag a bhféadfaí ceisteanna a chur orthu. Chomh maith leis sin, tá sé tugtha faoi deara go mbíonn an greann agus geáitsíocht an bhuachalla óig, a chleachtaídís riamh, ar lár nuair a thagann siad os comhair an phobail anois. Is é an míniú coitianta a thugtar air seo ná go bhféadfadh an rud, a déarfaidís le greann, drochthionchar a bheith aige ar dhíol agus ar cheannach stoc an chomhlachta. D'fhéadfaí a shamlú nach dtaitneodh an saol teanntaithe seo leo beag ná mór. Dá mb'fhíor é sin, bheadh praghas an-ard le híoc ag 'na buachaillí Google', mar a thugtar orthu sna hirisí ceirde, ar an rathúnas a thuill siad lena n-ardéirim, lena stuaim agus leis an deighleáil dhaonna a dhealaigh riamh iad ón gcoitiantacht.

Bunaithe ar alt san *Irish Times*

1. (a) Cén fáth a raibh atmaisféar an charnabhail le brath ag oscailt cheanncheathrú Google i mBaile Átha Cliath, de réir an chéad ailt?
(4 mharc)

    (b) Cén t-éacht atá luaite le Sergey Brin agus le Larry Page san alt céanna?
(3 mharc)

2. (a) Cén dúil a bhí ag Sergey agus Brin araon a bhfuil tagairt di sa dara halt? (4 mharc)

    (b) I gcás **duine amháin** den bheirt, luaigh an cúram gnó a thóg sé air féin, de réir an ailt chéanna, agus an fáth ar thóg sé an cúram sin air féin? (3 mharc)

3. (a) Cén fáth a raibh sé ina spairn idir Sergey agus Larry agus stocbhrócaeirí Wall Street, de réir an tríú halt? (4 mharc)

    (b) Cén fáth nár éirigh go rómhaith leis an gceant idirlín, de réir an ailt chéanna? (3 mharc)

4. (a) Cén tionchar a bhíonn ag an 'prionsabal daingean', a bhfuil tagairt dó sa cheathrú halt, ar shaol laethúil Sergey agus Larry? (4 mharc)

    (b) Cén tuiscint, de réir an ailt chéanna, a léiríonn an bheirt seo ar mheon an ghnáthdhuine? (3 mharc)

5. (a) Cén t-athrú ar iompar na beirte atá luaite sa chúigiú halt? (4 mharc)

    (b) Cén 'praghas ard', i gcás na beirte, atá i gceist san alt céanna? (3 mharc)